한국어로 내려온
New Bible

새로운
성 경

제38권

3부 | 총10부

하얀마음

하나님 말씀 중에서

1. 사랑의 하나님

- 세상을 창조하신 하나님은 모두를 사랑하신다. 인간만 특별히 더 사랑하지 않고, 우주 만물을 다 똑같이 사랑하신다. 그러니 하나님이 창조하신 천지 만물과 화친하고, 미물까지도 소중히 대하라.

- 하나님은 특정 종파나 민족만을 더 사랑하지 않으신다. 자기 자신만 구원받겠다는 욕심을 버리고, 자기 종파만 구원받는다는 편협한 교리에서 벗어나야 한다. 종파를 초월해서, 모두를 사랑하라.

- 원수까지 사랑하라 했으니, 이 세상에 사랑하지 못할 자가 누가 있겠는가? 종파가 다르다고 해서 부모 형제와 원수처럼 지내는 자는 인간의 근본을 모르는 자다. 가장 가까운 가족부터 사랑할 때 남도 진심으로 사랑할 수 있다.

- 한 사람을 원수같이 생각하던 마음에서 사랑하는 마음으로 돌리면, 자기 자신의 마음이 가장 기쁘고 행복하다. 하나님께서는 인간의 마음속에 무거움이 없이 기쁘고 행복한 삶을 살기를 바라신다.

- 이웃을 "내 몸처럼" 사랑하라 했으니, 마지막 한 장 남은 천국의 티켓도 이웃에게 양보하라. 자기 중심적인 신앙에서 벗어나서 남을 위해 살아야 한다.

- 독초도, 약초도, 이단도 사탄도 천사도 다 필요하기에 존재한다. 독초일지라도 극소량을 사용해서 생명을 살릴 수 있고, 약초라 하더라도 남용하면 생명을 잃을 수 있다.

- 세상 모든 것을 명약으로 활용하는 것은 인간의 지혜에 달렸다. 어떤 것이든 어떤 사람이든 적재적소에 꼭 필요한 명약으로 승화시키라.

- 사탄도 이단도 천사도 모두 하나님의 주관하에 존재한다. 진정한 하나님의 백성은 사탄과 마귀까지도 감화시켜서 천사로 거듭나게 한다.

2. 기도

- 하나님은 인간의 생각까지 모두를 다 알고 계신다. 우리의 소원도 이미 알고 계시기에, 소원의 기도를 할 필요가 없다. 우리가 받을 자격이 되면 내려 주신다.

- 죄를 짓고 아무리 회개를 해도 용서받지 못한다. 도둑질한 자는 용서해 달라고 기도하고, 도둑맞은 자는 도둑을 잡게 해 달라고 기도하면, 공의의 하나님은 누구의 편에 서시겠는가?

- 자기가 잘못한 것은 그 사람에게 직접 갚고 용서를 구하라. 그가 용서하면 하나님도 용서하신다. 땅에서 매면 하늘에서도 매이고, 땅에서 풀리면 하늘에서도 풀리는 이치다.

- "회당에서 기도하지 말고 골방에서 기도하라" 했다. 눈에 보이는 골방이 아니라, 골방과 같이 고요한 마음이다. 잡념을 버리고 하나님을 향해 마음을 집중하며, 사랑하고 용서하는 아름다운 생각만 나오도록 하라.

- "두드리면 열릴 것이다." 하는 것은 육의 소원을 위해 두드리라는 것이 아니라, 진리의 깨달음을 얻기 위해 두드리라는 것이다.

- 기도하는 방법: 생활 속에서 수시로 기도하는 삶을 살아야 한다.

- "저의 죄를 용서하여 주옵소서." 하는 회개의 기도를 하라.
- 범사에 "하나님! 감사합니다." 하라. 현재 가진 것에 감사하며, 과욕하지 말라. 자기 노력 이상의 것을 더 갖고자 기도하는 것은 도둑놈심보다. 공의의 하나님은 각자 노력한 만큼 주신다.
- "하나님 뜻대로 살아가겠나이다." 하며 마음의 각오를 다지라.

- 기도는 하나님의 말씀을 받아서 "행하는 것"이다. 하나님이 계심을 굳건히 믿고, 하늘을 향하여 한 점 부끄럼 없이 사는 삶 자체가 가장 위대한 기도이며, 삶이 곧 예배다.

3. 지도자

- 똑같이 사랑한다는 말을 해도, 순수하게 하는 말은 천사의 말이지만, 사기 쳐서 재산을 가로채려고 하는 말은 사탄의 말이다.

- 종교 지도자가 아무리 훌륭한 설교를 해도, 신도의 재물을 거둬서 더 큰 교회를 짓고 자기의 부귀영화를 바라며 설교하면 사탄의 가르침이 된다.

- "저희 교회는 만원사례요, 믿음은 다 같으니 이웃의 개척 교회에 가서 예배를 드리시오." 하며, 이웃 교회의 부흥을 먼저 생각하여 제 신도를 보내는 종교 지도자가 있다면 그를 따르라. 그가 하나님의 사랑을 실천하는 자다.

- "부자가 천국에 들어가는 것은 낙타가 바늘구멍을 통과하는 것보다 더 힘들다" 하였거늘, 지금의 교회에서는 부자가 되기만을 기도하고 소원하니, 이는 곧 천국을 포기하고 지옥 행 열차의 티켓을 사는 것과 같다.

- 예수는 빈손이었다. 종교 지도자가 예수보다 더 호화롭고 편안하게 살아간다면 잘못된 것이다. 부귀영화와 명예를 바라는 자는 절대로 갈 수 없는 좁고 협착한 길이 종교 지도자의 길이다.

- 종교 지도자는 유리로 비춰 봐 한 점의 부끄러움이 없이 살아야 한다. 의식주도 직접 일해서 해결하고, 예수의 가르침과 행함을 그대로 따라야 한다.

- 종말은 없다. 지금의 잘못 가는 종교 집단에게만 종말이 있다. 보이지 않는 하나님은 보이는 육의 종말은 관여하지 않으신다. 환경 파괴로 인간이 스스로 멸망을 자초하는 것이다. 종파끼리 싸우기 전에, 무너진 인성을 바로잡고 지구의 몸살을 해결하는 데 뜻을 모으는 게 급선무다.

4. 성전이란

- 이 세상 자체가 하나님께서 만드신 성전이다. 자연보다 더 아름다운 성전이 있는가? 보이는 건물이 성전이 아니라, 성스러운 마음가짐이 성전이다.

- 반석 위에 교회를 지으라 했다. 지상의 단단한 돌은 인간이 쪼갤 수 있으나, 마음속의 굳은 결의는 세상 무엇으로도 쪼갤 수 없다. 바르고 굳건한 믿음으로 성경의 가르침을 실천하는 것이 마음의 반석 위에 교회를 짓는 것이다.

- 손으로 지은 건물의 교회에 모여서 복음을 전하는 것이 아니라, 교회를 개인과 가정에 심어 주어야 한다. 무너지고 부서지는 건물을 짓지 말고, 마음속에 영원히 불변하는 참진리의 교회를 지으라.

5. 십계명

- 십계명은 인간이 죽어서 반드시 통과해야만 하는 열 개의 관문이다.

- 부모를 공경하지 아니한 자는 "네 부모를 공경하라." 하는 제5계명의 관문이 열리지 않으니 구원받을 수 없다.
- 살인, 간음, 거짓, 우상 등의 나머지 계명도 마찬가지다.

- 십계명은 하나님의 친필이다. 모기소리만 한 하나님의 음성이라도 들어 보겠다고 여기저기 찾아 헤매지 말고, 십계명부터 암송하고 지키라.

- 십계명은 영혼을 구원하는 양식이며, 십계명을 지키는 것이 구원을 받는 길이다. 인간이기에 지키고자 노력하고 또 노력한다면 지킬 수 있다.

- 십계명을 지키고 천사처럼 아름답게 살아가는 그 마음 하나면 세상에 이루어지지 않는 것이 없다.

6. 보물

- 하나님은 재물이 아니라 우리의 마음을 받으신다. 사랑을 실천하며 천사처럼 변하는 마음이 하나님께 바치는 보물이다.

- 보이지 않는 하나님께 재물을 바치려 하지 말고, 너희를 길러 준 부모에게 용돈 드리고, 찾아뵙고, 효성을 다하라. 그것이 하나님께 효도하는 것이다.

- 하늘에는 선과 악의 창고가 있다. 자기 창고에 선이 많으면 천국으로 구원을 받고, 악이 많으면 심판받아 지옥으로 간다. 그것이 바로 "선한 일을 행한 자는 생명의 부활로, 악한 일을 행한 자는 심판의 부활로" 나오는 것이다.

- "선악과를 따먹지 말라"는 것은 양심을 지키라는 것이다. 선과 악을 구분할 수 있는 양심을 최초에 인간에게 주셨다. 선한 열매는 취하고, 악한 열매는 버리며, 양심에 비추어 부끄럼 없는 삶을 살아가라.

- 가장 작은 거짓말을 하지 않고, 가장 작은 죄를 짓지 않으며, 가장 작은 선행을 하고, 가장 작은 악행을 멀리하는 것이 율법의 일점 일획도 빠뜨리지 말고 다 지키는 삶을 사는 것이다.

7. 우상

- 박물관에 있는 불상은 하나의 예술품이다. 그 조각품에 대고 제 소원을 빌 때 우상숭배가 된다. 십자가라 하여도 그 앞에서 소원을 빈다면 우상숭배하는 것이며, 하나님께 소원을 빈다면 하나님을 우상으로 전락시키는 것이다.

- 지금 기복신앙에 젖어 있는 모든 사람이 우상 앞에 절을 하고 있다. 조각품을 우상이라며 파괴하지 말고, 네 마음속에 있는 욕심의 우상을 무너트리라.

- 생수를 약초가 먹으면 약을 만들고 독사가 먹으면 독을 만든다. 같은 성경을 봐도 선한 지도자는 신도를 천사로 만드는 데 활용한다. 그러나 욕심이 가득한 지도자는 재물을 거두어들여 제가 부귀영화를 누리는 데 악용한다. 그가 바로 성경을 우상숭배의 도구로 전락시키는 거짓 선지자다.

- 성경을 한 획도 빼거나 더하지 말라는 것은, 그 가르침을 빠트리지 말고 온전히 지키라는 것이다. 성경 속에서 자기에게 유리한 구절만 보는 것은, 자기에게 불리한 구절들을 빼 버리는 것이다. 믿음이 제일이요, 행함은 구원과는 관계없다는 것은 자신에게 유리한 쪽으로 성경을 악용하는 것이다.

- 진정한 종교 지도자는 종파에 관계없이 어떤 종파든 어떤 책이든 접하고 보고 깨우쳐 견문을 넓히도록 인도한다. 참진리를 모르고 자신이 없는 자가 남을 이단이라며 배척하고, 신도들의 눈과 귀를 가린다.

8. 예수

- 예수의 재림은 없다. 예수가 다시 온다 해도, 과연 누가 그를 예수라고 믿겠는가? 예수와 같은 삶의 행함이 곧 예수의 재림이다. 각자 모두가 “재림 예수”가 되는, 차원 높은 믿음으로 가야 한다.

- 예수는 “주여 주여 하지 말고, 아버지의 뜻대로 행하라”고 했다. 예수가 전한 하나님의 뜻이 곧 “길이요, 진리요, 생명”이며, 그 가르침이 예수의 보혈처럼 소중한 것이다. 예수를 믿는 것은, 예수의 가르침을 믿고 따르는 것이다.

- 예수는 낮은 자로서 만백성을 섬기고자 했다. 만나는 모든 사람을 다 하나님이라 생각하라. 돈을 벌수록 겸손하고, 높은 지위를 얻을수록 낮아지라.

▪ 예수는 종파를 만들지 않았다. 인간이 만든 종교와 인간의 교리를 따르지 말고, 예수를 통해 전한 하나님의 참진리를 연구하고 따르라.

▪ 예수가 2천 년 전에 만백성을 위해 죽었으니, 지금 이 땅에는 예수의 가르침대로 사는 천사만 존재해야 한다. 예수가 죽어 가면서 바란 것은 만백성이 천사가 되어 예수의 자리를 채워 주는 것이지, 지금과 같이 재물을 바치면서 중언부언 제 소원만을 비는 백성들을 바란 것이 아니다.

9. 구원

▪ 천사가 사는 천국에는 천사만 갈 수 있으니, 천사 같은 마음을 길러야 한다.

- "천국 열쇠를 네게 주리니 땅에서 무엇이든지 매면 하늘에서도 매일 것이라" 했다. 땅에서 천사같이 사는 자가 하늘에서도 천사가 되어 천국에 들어간다. 모든 사람에게 천사같다는 말을 듣는 삶을 살아야 한다.

▪ 천사의 곱고 아름다운 마음은 부모를 공경하고 어른을 어른으로 대접하는 데에서 출발한다. 효도하는 자는 형제와 화목하게 지내기에 가정이 화목해지고, 이웃과 화목해지고, 국가가 화목해지고, 온 인류가 화목해진다.

- 그러므로 지상의 아름다운 소왕국은 가정에서부터 이루어야 한다.

▪ 선택된 14만 명만 구원받는 것이 아니라, 천사처럼 변하고자 하는 14만 명을 기초로 온 인류가 천사처럼 거듭나는 영적인 개혁이 시작되는 것이다.

▪ 천 년에 걸쳐서 하늘에서 이루어진 것같이 이 세상을 낙원으로 만들어, 만백성이 지상의 천국에서 살다가 죽어서 그대로 하늘의 천국으로 들어가는, 영원한 지상 낙원을 건설하는 것이 하나님의 계획이다.

- **이것이 구약과 신약에 이어 "새로운 성경"으로 역사하시는 하나님의 창조의 완성이다.**

▪ 지금의 믿음으로 구원받을 수 있다면 그 길을 가라. 그러나 자신이 없다면 하나님께서 직접 내리신 160권의 "새로운 성경"을 읽고 구원의 길을 보라!

하나님 머리말씀

이 새로운 성경을 읽는 너희 모두는
이 율법에 따라 행하면 영원히 구원받을 것이니라.

너희 인간이 수년, 수십 년, 평생
성서를 공부하고 기도하는 것은
하늘나라 나의 곁으로 오고 싶은 소망일진대,

몇천 년 전의 너희 인성과 생각이
지금의 너희와는 판이하게 다르니,

꺾여 가고 병들어 가는 너희를 고칠 수 있는 길은,
오늘 내가 선지자에게 내리는 새로운 성경과 같이
너희가 변화되는 것뿐이니라.

나의 예수가 태어난 것처럼
내가 아들 선지자를 선택하여
나의 새로운 성경을 온 세계에 전하고자 하니,

묵은 것은 버리고 새로운 것은 취하여,
너희 모두는
'여호와 하나님! 저의 죄를 용서하여 주옵소서.'
하는 기도문으로 기도하고, 죄를 뉘우치라.

이 새로운 성경은
수천 년간 내려온 성서를 요약한 것이니,
너희는 이 책을 정독하여 쉽게 깨달음을 얻고,
이대로 실천하여 하늘에 오르라.

대역자 머리말

■ 하나님의 율법을 지키는 선지자로 선택을 받도다.

저는 남들처럼 그저 열심히 살아온 평범한 사람이었습니다. 그러나 50대 중반에 사업에 실패하여 많은 부채에 시달렸으며, 건강도 악화되어 눈이 잘 안 보이고, 걷기도 어렵고, 두통이 심해서 잠을 이룰 수 없는 고통의 나날을 보냈습니다. 그때 제가 선택할 수 있는 것은 육의 삶을 끝내는 길뿐이었습니다.

죽기 직전에 그동안에 죄를 지은 이들에게 용서를 빌고 인생을 끝내기로 작정하였습니다. 어려서부터 지은 죄를 빌고 빌다 보니 끝이 없었고, 죽음으로도 그 많은 죄를 용서받을 길이 없다는 생각에 하염없이 눈물이 흘렀습니다. 그 순간 '재래식 화장실의 구더기는 죄를 짓지 않는데, 나는 인간으로서 구더기만도 못한 삶을 살았구나.' 하는 생각이 들면서 괴로움에 몸부림칠 때, 갑자기 하나님의 음성이 들렸습니다.

"나는 여호와 하나님이니라. 너는 십계명을 암송하고 내가 내려 주는 메시지를 받아 책으로 만들어 만백성을 구하라." 하시며, 제 눈을 손으로 문지르게 하시고, 아픈 머리와 다리를 손으로 두드리게 하셨습니다. 그러고 나니 눈도 잘 보이고 걸을 수 있었으며 머리의 통증도 말끔히 낫게 되었습니다. 그때부터 십계명을 암송하고 나면 들려주시는 말씀을 기록하였고, 1999년 8월부터 2004년 7월까지 권당 288쪽, 총 160권을 받아서 "새로운 성경"이라는 책으로 펴내게 되었습니다.

그러한 저에게 죽기보다도 힘든 길이 시작되었습니다. 모든 교인들이 저에게 사탄이요, 이단이요, 악마요, 마지막 시대에 온 거짓 선지자라 하면서 공격하였고, 저를 짐승을 보듯이 대하는가 하면, 편협한 종교 지도자들의 선동으로 신도들이 이 책을 직접 읽어보고 평가할 기회마저 막아 버렸습니다. 그래서 하나님의 말씀을 세상에 내는 데 많은 어려움을 겪으며, 피를 토하는 심정으로 책을 전하고 있습니다.

그러나 아무리 인간의 힘으로 막으려 해도, 하나님의 뜻이 세상에 전해지는 위대한 역사는 계속될 것입니다. 책으로 전해지는 "하나님의 말씀"은 세상 끝날까지 항상 우리와 함께하실 것입니다. 사람은 죽어도, 책에 기록된 말씀은 영원히 남으니까요.

■ 따뜻한 실천

하나님께서는 어려운 사람들에게 삶의 터전을 마련해 주고, 미래를 열어 주는 것을 기뻐하십니다. 어려운 이웃이 스스로 자립할 수 있도록 이끌어 주는 것이 진정으로 이웃을 돕는 것이라고 말씀하셨습니다. 그래서 일자리가 없는 제자들에게 작은 사업장을 만들어 주는 "달란트 사업"을 하고 있습니다. 식당, 반찬 가게 등을 차려 주고, 기존의 어려운 사업장이 자립할 수 있도록 돕고 있습니다(커피숍, 미용실, 의상실 등).

하나님께서는 교회에 나와서 모든 시간과 재물을 쏟기를 원하지 않으시고, 그 시간과 재물을 교육에 투자하여 스스로 미래를 열어 가기를 원하십니다. 그래서 제때 공부하지 못한 제자들에게 학업을 이어 가도록 하였습니다. 중화요리 주방장을 하며 초등학교 검정고시부터 공부하여 2012년에 방통대를 졸업한 36세 남성, 만학도들의 2년제 중학교에 입학해서 2007년에 명지대학을 졸업한 38세 여성, 중학교 검정고시를 시작으로 숭의여자대학을 졸업한 47세 여성 등이 있습니다. 그밖에도 많은 제자들에게 나이를 초월하여 배우고 깨우쳐서 사회 속의 당당한 일원이 되도록 인도하고 있습니다.

학자금 대출로 힘겨워하는 젊은이들을 위해 "따뜻한 바람 장학회"를 발족하여(2016년 12월) 대출받은 학자금 전액을 매월 갚아 주고 있습니다. 또한, 다문화 가정을 위해 "다문화 가족 랜드"를 조성하여, 각종 시설을 무료로 활용하도록 하고 있습니다.

이러한 따뜻한 실천이 아직은 미약합니다. 그러나 책의 수입이 늘고, 저와 뜻을 같이하는 분들이 늘어나면 계속 확대할 것입니다. 지도자로서 신도의 재물을 헌금으로 거둬들여 착복하는 것이 아니라, 하나님께서 기뻐하시는 일에 사용하도록 중매 역할만 하며 살아가고자 합니다. 이런 제가 과연 사탄이고 이단인가요? 하나님께서 기뻐하시는 일이라면, 저에게 사탄이라 하든 거짓 선지자라 하든 굽히지 않고 실천해 나갈 것입니다.

끝으로, 일상의 삶 속에서 "지금 내가 하는 행동이 과연 하나님께서 기뻐하실까, 슬퍼하실까?" 생각하고, 매사에 하나님께서 기뻐하시는 길을 택하기 바랍니다. 교회에 모여서 집단적으로 예배 드리는 것이 아니라, 개인이나 가정 단위로 새로운 성경을 읽어 스스로 깨우치고 그대로 행하면 충분합니다. 그것이 마음속에 성전을 짓고, 신령과 진정으로 예배 드리는 길입니다. 그러면 천국의 문에 들어서게 됩니다.

2017. 2. 1.

하나님 말씀 대역자 김용철

차 례

십계명

이 책은 십계명을 암송하고 나면 내려 주시는 "하나님의 음성"을 듣고 그대로 받아쓴 기록입니다. 하나님께서 십계명을 모세에게 내려 주셨지만, 그것은 만백성에게 내려 주신 것입니다. 마찬가지로 이 책의 모든 말씀도 저에게 내려 주셨지만, 만백성 각자에게 들려주시는 말씀입니다. 여러분도 이 책을 접할 때마다 십계명을 암송하고 나서 정독해 주시기 바랍니다.

제일은, 너는 나 외에는 다른 신들을 네게 있게 말지니라.
제이는, 너를 위하여 새긴 우상을 만들지 말고, 또 위로 하늘에 있는 것이나, 아래로 땅에 있는 것이나, 땅 아래 물 속에 있는 것의 아무 형상이든지 만들지 말며, 그것들에게 절하지 말며, 그것들을 섬기지 말라.
제삼은, 너는 너의 하나님 여호와의 이름을 망령되이 일컫지 말라.
제사는, 안식일을 기억하여 거룩히 지키라.
제오는, 네 부모를 공경하라.
제육은, 살인하지 말지니라.
제칠은, 간음하지 말지니라.
제팔은, 도적질하지 말지니라.
제구는, 네 이웃에 대하여 거짓 증거하지 말지니라.
제십은, 네 이웃의 집을 탐내지 말지니라.

나 여호와가 존재함을 믿는 그 자체가 구원의 길에 들어서는 기본이요, 근본이며, 나의 새로운 성경을 가슴에 안고 정독하는 자, 반석 위에 서서 하늘에 오르는 찬란한 빛을 보게 되는 영광을 얻게 됨이니라. 진정 나를 따르고 믿는 자는 감히 사탄이나 마귀도 근접하지 못하느니라.

〈하나님 말씀〉

2002년 8월

2,799 번째 하나님 말씀

2002년 8월 3일 09시 45분

1 사랑하는 나의 아들아!
2 "네, 아버님! 말씀하옵소서."
3 네가 나의 심성을 따라 내가 원하는 그 마음대로 살고자 하며, 그리하여 그리 사는 길이 신이 되는 길이라 생각하여, 인간이 깨닫고 깨달아 노력하면 너희 인간 또한 신이 될 수 있는 그와 같은 능력을 내가 주었음을 네가 알고 있음이니,
4 그리 행하는 것이 곧 구원의 길을 받는 것임을 알아야 될 것이니라.
5 너희들이 부모와 자식 사이라는 것은 무엇을 말하던가?
6 엄연히 너희들은 그리 구분되어 있음이니라.
7 너희들 인간사에 말하기를, 부모가 되어 자식을 낳아야 그 부모의 심정을 안다는 그와 같은 간곡하고 애절한 말이 있듯이, 너희들은 부모가 되는 것이 무엇이더냐?
8 그들은 반드시 어려서부터 성장하여 남남의 두 남녀가 만나 그 모든 질서 속에 어긋나지 아니하여 그 부부가 한 쌍으로 이루어져 결혼이라는 것을 함이니,
9 그리하여 다음에 자식을 낳았을 때 그 자식으로부터 부모 소리를 듣는 것이니라.
10 결혼하여 자식을 낳지 않은 자는 부모라는 소리를 들을 수 없는 것이 엄연한 사실이며, 자식을 두지 않은 자는 부모 소리를 듣지 못함이니라.
11 이와 같은 이치가 너희들이 간단한 것 같으나 이는 엄연한 큰 차이가 있지 아니한가?
12 자식을 둔 자만이 부모 소리를 들으며, 자식을 두지 못한 자는 부모 소리를 못 들으니,
13 자식을 둔 자만이 자식에 대한 부모의 심정을 알게 되며 부모의 은혜와 공을 안다 하였음이니라.
14 너희들은 여기서 간단한 이치이나, 세속에서 하나 배워야 할 것이니라.
15 창조주인 나 여호와가 너희들을 사랑하는 마음이, 부모가 자식을 사랑하며 자식이 부모가 되어 부모의 심정을 이해하는 것보다 열배 백배 더 형용할 수 없는 많은 사랑으로써 너희들을 세상에 내보냈으며 너희를 내가 보살핌이니라.
16 너희들은 여기서 지금 신이 될 수 없으며 나 여호와의 심성대로 살 수 없다 그리 말하나,
17 부모가 자식을 낳으면 부모라는 소리를 듣듯이, 그 부모의 자격이 무엇이더냐?
18 자식을 낳은 자만이 부모의 자격을 얻는 것이니라.
19 너희들이 하늘에 오르고자 하면 천사와 같은 자가 되지 아니하면 그 천사들의 세상에 살 수 없으니, 천사라는

그 이름을 들을 자격이 없는 것이 너
희들이니라.
20 너희들이 지금 육의 삶에서 천사와 같
다는 소리를 들으며 천사같이 변했을
때, 천사라는 그 소리를 듣는 자만이
나의 하늘나라, 천사들이 사는 이 하
늘의 낙원에 와서 살 수 있는 것이니,
이는 무엇이더냐?
21 곧 부모가 되어 자식을 낳아야 자식으
로부터 부모 소리를 듣듯이, 그와 같
이 엄격한 차이가 있는 것이거늘,
22 어찌하여 너희들은 나의 아들이 지금
나의 심성을 닮아 그가 천사가 될 수
있다 하는 그 말을 바보요, 정신이상
자요, 잘못된 자라 말하는가?
23 나의 아들이 인간이 천사가 될 수 있
다 함은 곧, 너희들에게 희망이요, 너
희들의 꿈이며 너희들이 하늘에 오를
수 있는 그 진리의 길을 깨우쳐 주는
것이니라.
24 너희들이 인간은 천사가 될 수 없다는
생각을 천년만년 가지고 산다면 너희
들은 정녕 너희 말대로 천사가 될 수
없는 것이니라.
25 그러하니 천사가 되지 못한다면 천사
들만이 존재하고 사는 나의 하늘나라
에 너희들이 정녕 오를 수 없는 것이
니라.
26 그리하여 너희들이 구원을 받지 못하
였다 함이 여기에 있는 것이니라.
27 수천 년의 역사가 흐르는 동안에 인간
이 천사가 될 수 있다 말하는 자 누가
있는가?
28 천사가 될 수 있는 것이 너희들이니라.
29 천사의 자격을 얻는 자만이 하늘에 오
름을 너희들이 알아야 될 것이니라.
30 부부가 결혼하여 자식을 두지 아니하
면 부모라는 소리를 듣지 못하듯이,
이와 같이 엄격하게 무서우리만큼 선
이 그어져 있는 것이니라.
31 바로 천사만이 살 수 있는 하늘에 너
희들이 오르는 영광을 얻고 못 얻는
것은 천사가 되지 못하면 올 수 없음
이니라.
32 그리하여 하늘에 오르는 길이 그리 어
렵고 힘들다 하였음이니라.
33 그러나 너희들이 천사가 되는 길이 두
렵고 무섭다 생각하지 말라.
34 나의 십계명을 지킬 수 없다고 마음으
로부터 멀리 도망가는 자는 십계명을
지킬 수 없으나, 그를 지킬 수 있다는
자는 지킬 수 있듯이,
35 너희들이 천사가 되고자 하는 마음을
가지고 천사가 되고자 노력할 때, 너
희들이 살을 깎고 뼈를 깎는 아픔과
고통의 시련을 견디고 이긴다면 너희
들은 천사가 될 수 있음을 알라.
36 세상에 하나의 일인자가 되는 그 모든
인간들의 노력보다 열배 백배 더했을
때 너희들은 천사의 영광을 볼 수 있
는 것이니라.
37 너희들이 세상의 일인자가 되기 위하
여 하는 그 노력은 너희들의 그 모두
를 다 바쳐 죽기 아니면 살기의 그와
같은 집념으로 노력하고 또 노력할 때
세상의 일인자라는 그 이름을 거머쥠
이니라.
38 거기서 너희들이 좀 더 하늘에 오르는
그 믿음의 길로써 천사가 되고자 노력
한다면 인간은 천사가 될 수 있음이니

라.
39 분명한 것은, 내가 오늘 나의 아들을
통하여, 나의 법전을 통하여 만백성에
게 전함이니,
40 하늘나라에 사는 천사가 되고자 한다
면 너희들은 천사가 될 수 있어야 하
는 것을 알라.
41 그렇지 아니하면 구원을 받을 수 없다
말하였음이니라.
42 그러니 내가 너희들에게 믿음이라는
것은, 나의 지상의 낙원이 나의 성전
이니 나의 성전에서 기도하고 너희들
이 천사가 되어 살면 된다 하였음이니
라.
43 그리하여 내가 너희들에게 말하기를,
지상에서 사는 길은 너희들이 손으로
지은 그 성전에 가서 주일이면 헌금을
바치며 십일조를 바치고 감사 헌금을
바치며 눈물로써 감사하듯이, 너희들
이 낳아 준 부모에게 그와 같이 하라
하였음이니라.
44 너희들이 손으로 지은 그 성전에 나가
는 자, 영원히 구원을 받지 못하며 지
옥으로 간다는 것을 알라.
45 그리하여 너희들이 성전에 가서 바치
는 것처럼 너희를 낳아 주고 길러 준
부모에게 1년만 그리 행해 보라 하였
느니라.
46 너희들이 가서 길러 준 부모의 은혜에
감사의 눈물을 흘리며, 너희 손으로
지은 성당이요, 성전이요, 법당이요,
모든 종파에 가서 바치는 것처럼 너희
부모에게 그리 1년만 해 보라 하였음
이니라.
47 그리하면 그는 무슨 소리를 듣느냐?
48 효자요, 효성이 아니라 천사가 나왔다
는 소리를 듣는다 하였음이니라.
49 그가 바로 천사이니라.
50 그리하여 하늘에 오를 수 있는 그 이
치를 내가 너희들에게 손에 쥐여 주었
음이니, 이와 같이 천사가 되는 것이
간단하니라.
51 너희들이 십계명을 못 지킨다고 말하
듯이, 천사가 된다는 것은 너희들이
감히 그 말만 들어도 도망갈 것이니라.
52 지금까지 너희들이 지은 죄요, 앞으로
도 죄를 짓지 않고는 살 수 없기에, 너
희들은 차라리 천사가 되느니 죄인이
되어 하나님께 그 죄의 대가를 받는
길이 낫다 그리 생각할 것이니라.
53 그러나 너희들의 육이 무엇이더냐?
54 썩어 감이니라.
55 너희들이 삶을 마치고 죽어 갈 때, 그
육은 죽어 가며 그 영혼은 영원히 사
는 나라에 와 심판을 받으니,
56 어찌하여 육은 영혼의 집이거늘 그 영
혼이 영원히 구원을 받는 그 바탕과
그 기틀을 만들어 주지 못하는가?
57 너희들이 백 년도 안 되는 삶을 사는
육의 삶은 영원히 사는 영혼의 삶을
위하여 집과 같은 역할을 하는 것이라
하였음이니라.
58 그저 오래 두면 비워져서 쓰러지는 집
처럼, 너희들이 늙고 쇠하면 죽어 가
느니, 그는 그와 같은 형국이니,
59 영원히 사는 영혼을 위하여 집이 존재
함이거늘, 너희들은 집을 위해 사는
그와 같은 삶을 살지 말라.
60 너희들이 정녕 천사가 되고 싶어 하
면, 내가 십계명에 기록해 놓았듯이

'네 부모를 공경하라.' 하였으니 너희
부모부터 공경을 해 보라.
61 너희들이 자식을 사랑하는 것처럼 열
배 백배 부모에게 공경을 해 보라.
62 그러면 너희들이 천사 소리를 듣는 것
이니라.
63 천사가 되는 것이요, 나의 심성대로
사는 것은 아무 것도 아니니라.
64 나의 아들이 나의 심성대로 살아 나
여호와를 대신하여 사는 자라 그리 각
오하며 그가 그리 행하는 모습을 보
며, 변화되는 모습을 너희들이 한번
보라.
65 그리고 그는 천사가 될 수 있다 하여
천사와 같은 마음을 가지고 살아가며
행동하는 그 변하는 모습을 보라.
66 그는 너희들보다 더 진한 흙탕물에서
허덕이고 살아온 자이니라.
67 그리고 그는 세상사에 육을 위해 누구
보다도 열과 성의를 다하여 살았으며,
68 제 가족을 지키며 저 자신을 지키기
위하여 누구보다도 무서우리만큼 제
모두를 바쳐 살아온 자이니라.
69 그리고 부귀와 명예와 권세와 금화와
은화를 얻기 위하여 그는 너희들보다
도 물불을 가리지 않고 더 노력하고
그 길만을 위해서 살아온 자이니라.
70 그러나 그가 천사가 될 수 있는 것이
인간이라 생각하고 천사가 되고자 노
력하며 변화되는 그 모습을 보라.
71 그 모습을 보고도 너희들이 인간이 천
사가 될 수 없다 하거든, 너희들은 나
의 법전을 덮고 떠나라.
72 그러나 '그와 같은 인간이 저리 무섭
게 변하니, 우리도 변할 수 있다.' 생
각한다면 그를 따라 너희들이 변해 보
라.
73 결국 너희들은 천사가 될 수 있는 것
이 인간임을 알라.
74 내가 너희들에게 가장 높은 지혜를 주
며 판단할 수 있는 능력을 준 것은 무
엇이더냐?
75 너희들만이 오로지 천사가 될 수 있음
이니라.
76 모든 동물의 왕이라 함이 무엇이더냐?
77 너희들은 천사가 될 수 있으며, 나의
심성대로 살아갈 수 있으며,
78 나를 대신하여 만백성을 깨우치는 나
와 같은 삶을 사는 자가 너희들이며,
그리 살아갈 수 있는 자들이 너희들이
니라.
79 나의 심성을 닮도록 그리 사랑하라.
80 나의 심성을 닮도록 그리 살아가며 만
백성을 사랑하며 살아가면 될 것이니
라.
81 너희는 천사가 될 수 있음을 잊지 말
라.

2,800 번째 하나님 말씀

2002년 8월 3일 09시 58분

1 사랑하는 아들아!
2 "네, 아버님! 말씀하옵소서."
3 이 세상 동식물 중에 가장 높은 생각
할 수 있는 지혜와 판단할 수 있는 능
력과 사고력을 주어 이 세상을 다 지
배하도록 한 것이 나의 피조물 만백성
너희들이니라.
4 그러나 가을에 떨어지는 그 낙엽만큼
도 깨달음이 없이 살며, 자연의 순리

를 거역하고 사는 것이 너희 인간들이
니라.
5 너희들이 떨어지는 낙엽의 순리만큼
도 지혜를 갖지 못하고 사는 지금의
형국에 이르렀으니, 나 여호와가 제3
의 시대에 너희들을 위한 이 길을 열
지 아니하고는 갈 수 없음을 알아야
할 것이니라.
6 너희들은 들어야 될 것이니라.
7 그 떨어지는 낙엽이 어찌하여 낙엽으
로써 떨어지는가?
8 그는 자기의 직분을 다함이니라.
9 그리고 그는 자기의 직분을 다하여 자
기의 원뿌리가 다시 살아갈 수 있는
그 영양분이요, 모든 양분을 다 비축
해 놓고 자연의 순리대로 떨어짐이니
라.
10 그리하여 그다음에 그 자리에서 또 새
로운 싹이 나와 그 원뿌리를 살리며
원뿌리를 지속할 수 있도록 하는 것이
그 낙엽이 자연의 순리에 역행하지 않
고 그저 살아가는 그와 같은 것이니라.
11 그리하여 자기의 임무를 다하고 조용
히 떨어지는 그 낙엽의 위대함을 너희
들은 봐야 될 것이니라.
12 떨어지는 낙엽이 만일 떨어지지 아니
할 것이고 영원히 존속한다 하며, 떨
어지지 아니하고 자기가 더 존재하며
거기에 더 매달리고자 몸부림치고 발
버둥친다 해서 그 낙엽이 견딜 수 있
는가?
13 그 낙엽은 견딜 수 없고, 떨어짐을 아
느니라.
14 그리하여 그는 자기의 소임을 다하고
그 원뿌리에서 손을 놓고 조용히 땅으
로 바람결에 따라 떨어지는 그 아름다
운 낙엽으로써 모두를 마침이니, 그는
어떠한 역사를 이루는 것이더냐?
15 그 원뿌리를 살리며 다음에 제자리에
새싹이 나올 수 있는 그 길을 위하여
떨어져 가는 훌륭한 자연의 순리에 살
고 감이니라.
16 너희들이 지금 사는 형국이 무엇이더
냐?
17 너희들의 육의 삶이 한계이니라.
18 너희들은 육의 삶을 살다 흙으로 돌아
가니, 그게 바로 낙엽이 되어 떨어지
는 것과 같은 것이거늘,
19 너희들은 그곳에서 무엇인가를 더 얻
고자 자연의 순리를 거역하며 욕심이
라는 것 때문에 너희들이 살아가야 할
길이며 너희들의 원뿌리가 있음을 보
지 못함이니라.
20 너희들의 원뿌리는 무엇이더냐?
21 영혼의 뿌리이니라.
22 그리하여 그 영혼을 관리하는 집이 너
희들의 육이라 하였음이니라.
23 그러나 너희들은 너희 자신이 영원히
사는 그 뿌리요, 그 영혼을 생각하는
것이 아님이니라.
24 그리고 너희들이 잠깐 거쳐 가는 그
집을 위하여 너희들이 욕심이요, 사악
한 생각을 버리지 못하고, 그리고 그
육은 영원히 지속되는 것처럼 착각 속
에서 그리 살아가 너희들이 수많은 죄
를 너희 가슴에 안고 가니,
25 너희들은 어찌하여 조용히 자기 소임
을 다하고 떨어지는 낙엽의 위대한 그
순종함을 모르는가?
26 그와 같은 이치 하나도 깨우치지 못하

고 사는 것이 지금 너희들의 삶이니,
너희들은 조용히 떨어지는 그 낙엽을
보라.
27 그는 모두를 다하여 자기 소임을 마치
고 뿌리를 살리기 위하여 자기 스스로
떨어짐이니라.
28 그리고 다음을 위하여 그는 또 떨어짐
이니라.
29 그와 같은 이치를 깨닫는다 하면, 너
희들이 너희들의 뿌리인 너희 영혼을
살리기 위해서 어찌 살아가야 되는지
를 깨달아야 될 것이니라.
30 너희들이 지금 뿌리를 위하여 떨어지
는 낙엽만도 못한 어리석은 삶을 육에
서 산다 하면, 너희들은 이를 정녕 믿
겠는가?
31 너희들이 아름답고 착하게 살다 너희
후손을 위하여 본보기로써 삶을 살며,
그 후손이 또한 새로운 새싹이 되어
너희들보다 더 아름다운 삶을 살아간
다 하면, 이 지상의 낙원은 천 년의 역
사가 가지도 아니하여 하늘에서 이루
어진 것과 같이 이 땅에서도 이루어질
것이니라.
32 너희들은 떨어지는 낙엽의 순리를 몰
라 너희 육을 위해 무엇을 이루고자,
더 얻고자 사악한 방법으로 세상에서
살다 자식을 둠이니,
33 그 자식이 그 자리를 메울 때 그 아비
의 살아왔던 모습보다도 더 험악하고
더 사악한 방법으로 살아가는 그와 같
은 수레바퀴 같은 역사가 지금 이루어
지고 있다는 것을 깨달아야 될 것이니
라.
34 그리하여 너희들은 조용히 떨어지는
낙엽이요, 그 뿌리를 위하여 떨어지는
낙엽처럼, 천사가 되고자 하는 마음으
로 살아가면 천사가 될 수 있다 함이
니라.
35 떨어지는 낙엽처럼, 너희들의 뿌리인
그 영혼을 위해 아름다운 마음으로 살
라.
36 그리고 그 순리를 보고 거역하지 말라.
37 너희들이 도둑질하지 아니하며 간음
하지 아니하며 남을 욕되게 하지 아니
하여도 이 세상에 살아갈 수 있는 것
이니, 그리 살아가는 자가 바로 천사
이니라.
38 너희들이 십계명 속에서 그를 지키고
산다면 곧 천사이거늘, 이 간단한 이
치를 너희들은 영원히 지킬 수 없으
며, 차라리 죽음이 낫지 천사가 될 수
없다 그리 생각하며,
39 인간이 천사가 될 수 있다 하면 너희
들은 그를 허황된 자요, 정신나간 자
요, 미친 자라 그리 말함이니,
40 조용히 자기 소임을 다하며 그 뿌리와
다음에 그 자리에 새싹이 나는 것을
위하여 조용히 떨어지는 낙엽의 그 이
치처럼 살아간다 하면 너희들이 곧 천
사요, 하늘나라에 오를 수 있는 그 영
광을 얻게 되는 것을 보게 됨이니라.
41 이와 같은 이치를 깨우치라.
42 너희들의 뿌리인 영혼의 삶을 위하여,
조용히 임무를 다하고 떨어지는 낙엽
처럼 너희들이 아름다운 삶을 살고 아
름다운 생각을 하며,
43 그리고 남에게 불쾌하지 아니하게 하
며 남의 언사에 얼굴 붉히지 아니하
며, 남을 위하며 남을 배려하며 사랑

하는 나의 원초적인 마음으로 살아간
다 하면, 그것이 바로 너희들이 내가
되는 것이며 천사가 되는 길임을 잊지
말라.
44 너희들은 내가 될 수 있으며 천사가
될 수 있음을 잊지 말라.
45 오늘 이 아침, 나의 아들에게 전하노
라.
46 떨어지는 낙엽의 그 의미를 보라.
47 그리고 낙엽의 그 위대함을 보라.
48 그만큼도 너희들이 소임을 다 못 하
며, 거역하고자 하며, 너희들이 나에
게 거역하는 삶을 살며, 자연의 순리
를 거역하며, 너희들이 살아온 근본을
거역하며, 나의 가르침을 거역하고 산
다면,
49 정녕 너희들은 천사가 되지 못하며,
천사가 사는 하늘나라에 올 수 없음을
깊이 깨우쳐 행하도록 그리하라.

2,801 번째 하나님 말씀

2002년 8월 3일 17시 27분

1 사랑하는 아들아!
2 "네, 아버님! 말씀하옵소서."
3 나의 피조물 만백성 중에 종교 지도자
요, 하늘에 오르는 길을 인도한다는
자들, 저희들이 손으로 만든 그 성대
한 성전이라는 곳에서 만백성을 이끌
어 하늘에 오른다 하며 너희들로부터
존경받는다는 종교 지도자 그들에게
물어보았을 때,
4 그들은 인간은 신이 될 수 없다 그리
말할 것이라 하였으며, 그와 같이 말
하는 자는 제가 죄를 짓지 아니하고는
살 수 없다 그리 답변하는 것이라 하
였음이니라.
5 그러나 죄를 짓지 않고 살 수 없다 말
하는 자는 정녕 종교의 지도자가 될
수 없음을 너희들은 알아야 될 것이니
라.
6 지금 네가 신의 경지로써, 신의 심성
으로써 살아가고자 하며, 인간은 그리
노력하면 될 수 있다는 그것이 만백성
을 위하는 빛이요, 그들에게 희망을
주는 뜻이라 내가 너에게 전하였듯이,
7 지금 나의 법전을 읽는 만백성은 스스
로 자기 자신을 지키고 다스리는 속에
서 신의 경지에 오를 수 있으며,
8 신의 심성을 가지고 살며 나 여호와의
심성을 가지고 행하는 그와 같은 삶을
살 수 있다 생각할 수 있는 나의 피조
물 만백성에게 희망과 용기를 주는 것
이 지금 나의 법전에 기록되어 네가
행하고 있으며 행할 수 있다 하는 것
이며,
9 그것이 그들에게 가장 큰 선물임을 너
는 알아야 될 것이니라.
10 사랑하는 나의 아들아,
11 너희들이 존경하며 그리 따르는 종교
지도자, 그들이 정녕 신이 될 수 없다
함은 저희들이 죄를 짓지 아니하고 살
수 없다는 그와 같은 그들의 변호요,
변명이라 내가 말하였으니,
12 지금의 인간 너희들이 살아가는 심성
이 어떠한 마음인 줄 아는가?
13 너희들은 보통 흘러가는 말로써 인간
세속에서 하는 말이 있느니라.
14 '사촌이 땅을 사면 배가 아프다.' 하였
음이니라.

15 그 말이 무슨 뜻인지 알겠는가?
16 이제 너희들이 살아오는 지금의 형태
는 형제지간에 땅을 사며 부를 누리며
그가 권좌에 오르는 것을 배아파하는
그와 같은 세상으로 변했음이니,
17 사촌이 땅을 사면 배가 아프다 하는
그런 말이 왜 너희들에게 해당되는가,
너희들은 그 말의 부끄러움을 알아야
될 것이니라.
18 너희들은 너희들이 갈 길을 가며 너희
들이 노력해서 얻을 만큼 그 대가를
얻으면 되는 것이거늘,
19 너희들은 각자 노력의 대가로 남이
이익을 취하는 것을 보지 못하며,
20 너희들과 관계없이 남이 더 무엇인가
를 취하고 얻었을 때, 그를 축하해 주
고 격려해 주는 그와 같은 심성을 갖
지 못하며 그를 질투하고 시기함이니
라.
21 다섯 개라는 것을 너희가 받아야 할
때 그 다섯 개를 받으면 그것으로써
감사하고 만족하면 될 것이거늘, 남이
열 개를 받는 것에 왜 배 아파하고 괴
로운 마음을 가지며 그를 질투하고 시
기하는 마음을 갖는가?
22 이것이 너희들이 다 가지고 있는 심성
이라면, 너는 과연 그를 믿겠느냐?
23 그와 같은 마음을 갖지 아니하는 자,
그와 같은 것을 생각하지 아니하는
자, 그것이 너희들이 살아가는 생활에
서 하나를 놓고 생각하는 차이점이니
라.
24 남이 더 큰 것을 얻는 것을 축하해 주
며 기뻐해 줄 수 있는 마음과 그를 시
기하고 질투하는 마음은 그 마음의 차
이이나, 그것은 하늘과 땅의 차이이니
라.
25 남이 취한 것을 질투하고 시기하지 않
고, 저와 관계없이 남이 많은 것을 얻
었을 때 그를 격려해 주고 축하해 주
며 같이 기뻐하는 마음, 이것이 신이
되고자 하는 그 신의 심성이니,
26 너희들은 매사에 행하고 살아갈 때 그
와 같은 마음을 갖도록 그리하면 세상
이 아름다우며, 그 아름다운 답이 끝
이 없음을 알아야 될 것이니라.
27 사랑하는 나의 아들아, 시간이 없음이
니라.
28 지금 너희들이 수천 년 역사 동안 그
믿음이 내려왔으니,
29 내가 너에게 간곡히 일러 말하였느니
라.
30 구약의 시대에는 그들이 우상을 만드
는 것으로써 그 지도자인 모세에게 거
역을 했으며,
31 그리하여 4천 년의 역사가 흘러오는
동안에 너희들이 반성하고 회개한 백
성으로 살아왔다 하면 신약의 시대가
이루어지지 않았을 것이며,
32 4천 년이 흘러오는 동안에 너희들이
아름다운 심성으로 변해 왔다 하면 나
의 아들 예수가 나의 성령을 가지고
세상에 나가 만백성을 깨우치려 할 때
그를 그와 같이 처참히 죽이는 행위는
하지 아니하였을 것이니라.
33 구약의 시대에 모세 앞에 우상을 만들
어 광란을 부렸던 그 백성보다도 4천
년의 회개하는 그 세월이 흐른 신약의
시대에 더 사악해졌으며,
34 나의 아들 신약의 시대에 그 사악했던

백성이 2천 년이 흐른 지금에 와서 선
하고 천사와 같이 변해진 것이 아니
요, 온 세상을 사탄이 지배하며 사악
한 자가 지배하는 이와 같은 형국을
이루었음이니, 그게 바로 무엇이더냐?
35 사람의 생명을 놓고 금화와 은화로 거
래하는 이 사악한 시대가 되었으니,
더 악한 것이 되어 있는 것이 지금의
형태라 말하였음이니라.
36 그러니 이것이 정녕 나의 믿음이 아니
요, 나의 뜻이 아니요, 나에게 구원을
받을 수 있는 백성들이 아님을 알아야
될 것이며,
37 너희들이 그리하여 잘못 가고 있음을
깨달아야 한다는 것을 내가 누누이 너
에게 강조하였음이니라.
38 너희들이 정녕 나의 진리에 따랐더라
면 이와 같은 변화의 역사가 흐르지
아니하였을 것이니라.
39 위에서 열이라는 것을 가지고 깨우쳤
을 때 지금도 똑같이 그 열이라는 것
을 깨우치는 그와 같은 백성으로 살아
왔다면 나로부터 선택된 백성으로서
혈통을 유지할 것이며, 그 속에서 사
는 자 구원을 받는 나의 아들과 딸로
서 살아갔을 것이니라.
40 그러나 너희들은 그 원천의 샘은 다
버려둔 채로 수천수만 가지로 갈라지
고 찢어져 지금 그와 같이 와서 더 사
악한 역사가 이루어지는 시대로 변했
으니,
41 지금서부터 너희들이 천 년, 2천 년의
역사가 더 흐른다면 얼마나 더 사악한
시대가 되겠는가?
42 너희들은 감히 인간이 두려워서 바깥
출입도 못하는 그와 같은 무서운 형국
으로 될 것이니, 세상에 인간보다 더
무서운 것이 없는 그와 같이 사악한
형국으로 될 것이니라.
43 짐승들은 간계를 부리지 아니함이니
라.
44 그리고 저희들의 진리에 순응하며 자
연의 진리와 저희들의 선택된 그 삶에
순종하며 살아가며 그들은 변함이 없
느니라.
45 그러나 내가 지혜를 높게 준 인간 너
희들은 수천수만 가지 형태의 방법으
로써 너희들이 바꿔놓으며 생각하며
연구하는 그와 같은 형태로 변해지니,
46 그 연구하고 변하는 것이 너희들이 사
악한 쪽으로 변하여 사탄과 악마로 변
할 때, 이는 누구도 감당할 수 없는 무
서운 형국으로 변함이니라.
47 그리하여 앞으로 너희들이 천 년의 역
사가 더 흐른다면 이 지상에서는 영원
히 구원의 빛을 볼 수 없기에, 내가 지
금 나의 아들을 통하여 천 년 동안에
새로운 역사요, 새로운 나라를 건설하
고 새 시대를 열기 위하여 나의 성령
을 태워 나의 아들에게 내려보내니,
48 바로 지금서부터 나의 아들이 신의 경
지요, 신의 심성으로 살아가는 깨달음
을 가지고 그와 같이 갈 때, 너의 제자
들이 그와 같이 깨우쳐 같이 동참하여
가는 자만이 구원을 받을 수 있다는
것을 깨우쳐야 될 것이니,
49 이것이 하늘이 원하는 답이요, 너희들
이 정녕 가야 할 길이기에 내가 이를
다시 한 번 너희들에게 강조함이니,
이를 깊이 깨우쳐 행하며 너희들 가슴

속에 깊이 심어야 될 것이니라.
50 너희들이 신과 같은 심성을 가지고 살
고자 아니 할 때 너희들은 하늘나라에
오를 수 없음을 알아야 될 것이니라.
51 죄악의 굴레 속에서 더덕더덕 죄를 지
은 자가 하늘나라에 오를 수 있다면
너희들은 여기서 깨우쳐야 될 것이며,
52 그리하여 네가 하나의 죄를 지은 자
하늘에 오를 수 없으며 나의 영광인
천국의 그 문을 들어설 수 없다 말하
면, 모든 종교 지도자들이요, 만백성
으로부터 존경받는 그 백성들이요, 지
도자요, 그들이 말할 것이니라.
53 저 사람은 사탄이요, 사악한 자니 그
말을 듣지 말라 그리 말할 것이니라.
54 여기서 그리 말하거든, 너는 깨우쳐
그들의 손에 쥐여 주라.
55 '너희들이 육신의 삶에 죄를 더덕더덕
짓고 하늘나라에 올라갈 수 있다면 하
늘과 지상이 구분되어 있지 아니한 것
을 너희들은 모르느냐?' 그리 물으라.
56 너희들이 육의 삶에 살다가 그 죄를
가지고 천국의 나라에 가 구원을 받을
수 있다면 천국과 지상이 구분되지 아
니한 형국이니라.
57 천국과 지상이 구분되지 아니하였기
에 지상에서 죄지은 자가 그 죄를 가
지고 천국에 가 구원을 받으며 천국에
천사와 같이 살 수 있다면 이는 죽도
밥도 아닌 그와 같은 형국이니,
58 지상이 없으며 하늘이 없으며 천국이
없으며 지옥이 없는 것이니라.
59 하늘의 법도와 지상의 법도가 엄연히
구분되어 있으며, 그 선은 아무나 넘
을 수 없는 것이거늘,
60 너희들이 지상에서 죄를 지은 그 인간
의 형태로써 천국에 가서 그가 그대로
살 수 있고 지탱할 수 있다면 이는 천
국이 없으며 구원이 없으며 너희들의
육의 삶이 없으며 지상의 삶이 없으며
지옥이 없다는 것과 마찬가지이니라.
61 너희들이 이를 깨달았다면, 죄를 짓고
육의 형태로써 육의 삶에서 더덕더덕
지은 그 죄를 가지고 천사가 사는 하
늘나라에 절대로 갈 수 없는 그 이치
를 알아야 될 것이니라.
62 하늘에 천사가 사는 그 세상과 지상에
너희들의 육이 사는 세상의 삶과는 엄
연히 구분되어 있으니, 그는 아무도
넘을 수 없음이니라.
63 그리하여 너희들이 죄를 짓고는 그 선
을 넘을 수 없다는 것이니라.
64 육의 삶에서 지은 죄를 가지고 너희들
의 영이 넘어갈 수 없음을 알아야 될
것이니라.
65 이 이치를 깨달았다면, 너희들은 정녕
천사가 되지 아니하면 하늘에 오를 수
없다는 나 여호와의 그 뜻을, 그 무서
운, 내가 내리는 하늘의 뜻을 깨달아
받들어야 할 것이니 그리 알라.

2,802 번째 하나님 말씀

2002년 8월 3일 18시 01분

1 사랑하는 나의 아들아!
2 지금의 모든 종파요, 그 종교 지도자
들이요, 나의 피조물 만백성을 하늘에
오르는 길로 인도한다 하며, 그들이
오르고자 하는 자들을 반드시 하늘에
오르는 자라 그리 말하는 지도자들이

지금 어찌 행하고 있는가?
3 그들은 나의 계명이요, 십계명이요,
나의 율법을 지킬 수 없다 그리 말한
다 하였음이니라.
4 너희들은 여기에서 하나 깊이 깨우치
고 넘어가야 할 것을 알아야 할 것이
니라.
5 너희들은 십계명 전체를 지키지 못하
고, 지킬 수 있고 없음을 논해서는 아
니 될 것이니라.
6 십계명이라는 그 계명 중에 너희들이
한두 개를 지키고 못 지킴이 아니요,
너희들이 십계명에서 그 한 줄의 천
분의 일이요, 만 분의 일이라도 지키
지 못했을 때 너희들은 구원의 길이
요, 하늘의 영광스런 나의 낙원의 나
라에 올 수 없다 내가 그리 말하였음
이니,
7 너희들은 이와 같은 이치를 이제 깨우
쳐야 될 것이니라.
8 너의 제자들과 나의 법전을 읽고 깨우
치는 만백성 너희들은 알아야 될 것이
니라.
9 인간이기 때문에 십계명 전체를 지키
지 못하고 살며 너희들이 지은 죄를
용서를 빌면 구원받는다 하나, 그와
같은 것으로써 너희들이 하늘에 오르
고 못 오름이 아니니라.
10 너희들이 십계명 중에 하나라도, 수억
만 분의 일이라도 지키지 못하는 부분
이 있다면 너희들은 절대로 나의 나라
에 올라올 자격이 없다는 것을 만백성
에게 전해야 될 것이니라.
11 이것이 하늘과 땅과의 세상의 차이이
며, 너희들의 영혼의 세상에 구원받는
나라와 구원받지 못하는 나라의 차이
가 이와 같이 무서우며 엄격함을 그들
에게 전해야 될 것이니라.
12 그러니 너희들이 지금 얼마나 잘못 가
르치고 잘못 가고 있는가를 알아야 될
것이니라.
13 나의 피조물 만백성 너희들은 이제는
듣고 너희 눈으로 확인할 때가 왔음을
알아야 될 것이니라.
14 내가 나의 백성을 구하기 위하여 나의
성령을 내려 그 가슴에 심어 나의 법
전이요, 책으로 만드는 그 성령의 내
용이 과연 무엇이 어찌 잘못되었으며,
그것이 잘못 가르쳐 주는 부분이 있으
며 불의를 행하라는 내용이 거기 있는
가를 너희들이 첫째 찾아볼 것이며,
15 둘째는 나의 이 뜻을 받아 기록하는
나의 선지자요, 나의 아들이라 명한
자가 과연 그대로 살아가는가 살아가
지 아니하는가 이것을 점검할 것이며,
16 너희들이 지금 공부하는 그 방법과 너
희들이 성서를 깨우치고 공부하며 하
늘에 오르는 그 방법을 교육받는 그
방법과 또 그리고 너희들을 깨우쳐 하
늘에 오른다 하여 단상에 서서 설교하
며 너희들에게 가르치는 종교 지도자
들이 살아가는 그 생활 형태의 외면과
내면의 그 모두를 너희들이 들춰 보며,
17 나의 아들이 살아가는 그 모습을 너희
들이 외면과 내면을 다 들춰 봐 그를
한번 견주어 보라.
18 그러면 너희들이 여기서 답을 얻을 것
이니라.
19 그때도 너희들이 바른길이 무엇인가
를 모른다면, 너희들은 정녕 구원의

길을 받을 수가 없음이니라.
20 내가 너희들에게 말하지 아니하였는
가?
21 조용히 떨어지는 그 낙엽은 자기 소임
을 다하여 그 뿌리를 살리기 위하여,
제자리에 새로운 싹이 나게 하기 위하
여 고요히 떨어진다 하였음이니라.
22 그것은 자연의 진리요, 순리에 순응하
는 것이라 하였음이니, 가장 지혜를
높이 가진 너희들이 지금 나의 아들이
살아가는 형태요, 나의 법전에서 너희
들에게 가르치는 그 내용과 너희 손으
로 지은 그 성전에서 성서를 가지고
공부하여 깨우침과 깨달음과 그 지도
자가 생활하는 것을 견주어 봐 너희들
이 정답을 찾으라 하였음이니,
23 이와 같은 것을 보고도 너희들이 깨우
치지 못하며, 이 길을 선택하여 너희
들이 바른길을 찾는 그 역사를 이루지
아니한다면, 너희들은 정녕 자기의 소
임을 다하고 떨어지는 꽃잎만도 못한
그와 같은 인생을 사는 것임을 알아야
될 것이니라.
24 사랑하는 나의 아들아!
25 "네, 아버님! 말씀하옵소서."
26 내가 나의 법전에 기록하여 만백성에
게 너의 살아가는 그 외면과 내면을
들춰 보며, 나의 법전을 들춰 보며, 그
리고 그들이 살아가며 지금까지 믿어
오는 그 모든 생활의 형태를 견주어
보라 말하였음이니라.
27 여기에서 너의 제자들과 나의 법전을
읽고 깨우쳐 하늘에 오르는 나의 성령
의 가르침을 받는 너희들은 이제 내가
만백성에게 너희들을 보라 하였음이
니,
28 너희들이 여기서 한 점의 부끄러움이
있어 말 못하고 고개를 돌리는 그와
같은 삶을 살아가는 자, 정녕 나에게
구원을 받을 수 없다는 것을 알아야
될 것이니라.
29 나의 아들이 신의 심성으로 살아가고
자 발버둥치듯이, 나의 법전을 읽고
깨우친 나의 아들의 제자 너희들이 그
와 같이 살아가지 못한다면 너희들은
나의 성전에 올 자격이 없으며 구원받
을 자격이 없음을 알아야 될 것이니라.
30 내가 이제 세상 세파 속에 너희들을
던져 놓았음이니, 너희들이 나의 자식
이요, 나의 딸이요, 아들로서 존속하
며 나에게 올 수 있는 것은 오로지 이
제 너희들의 행함에 달렸음이니라.
31 내가 너희들을 아들이라 딸이라 부르
는 것은 무엇이던가?
32 항상 내 품에 올 수 있으며 나의 나라
에 올 수 있는 너희들이기에 내가 아
들과 딸이라 부름이니라.
33 내가 정녕 아들이요, 자식이라 부르지
않는 자, 항상 내 앞에 올 자격이 없음
이니라.
34 너희들은 내 앞에 올 수 있는 자격을
부여하였음이니, 너희들이 그 자격에
걸맞은 행위와 삶을 영위하지 못한다
면 너희들은 나로부터 버림을 받는 자
식과 딸이 됨을 알아야 될 것이니라.
35 너희들은 정녕 어떠한 길을 선택할 것
인가 이제 너희들이 결단을 내릴 때가
되었음이니라.
36 나의 법전을 가지고 공부했으며 나의
성령을 들었으며 나의 아들이 가르치

는 그 성령의 깨달음을 너희들이 이제
들을 만큼 들었으며 깨우칠 만큼 깨우
쳤음이니라.
37 이 단계에서 너희들이 바로 서는 그
길을 가지 못한다면 정녕 너희들은 나
의 성전을 떠나야 될 것이며, 나의 아
들의 제자로서의 자격이 없으며, 구원
받을 수 있는 영광에 선택된 나의 아
들과 딸로서 자격이 없음을 알아야 될
것이니라.

2,803 번째 하나님 말씀

2002년 8월 3일 18시 21분

1 사랑하는 나의 아들아!
2 "네, 아버님! 말씀하옵소서."
3 내가 너에게 나로부터 나의 성령을 받
아 기록하라 명했을 때 너는 이를 거
부하며, 당황하며, 네가 그 역사를 이
루지 아니하려 하였음이니라.
4 그리하여 내가 너를 달구고 또 달구어
나의 성령을 받아 법전을 세상에 내도
록 했음이니, 그때의 너의 처지와 너
의 위치가 어떠했던가?
5 그러면서 네가 변해 온 지금의 시점에
서 네가 서 있는 자리는 어떠한 자리
인가?
6 얼마나 많은 변화와 역사를 이루었는
가?
7 네가 외형적인 그와 같은 변화는 떠남
이요, 네 마음속의 변함이요, 너 자신
이 변화된 오늘의 네가 서 있는 자리
는, 그 변화만큼은 나 여호와밖에 모
름이니라.
8 인간 속성의 뿌리깊은 마음을 통제하
는 능력을 네가 가지고 있으며 네 속
에 깊은 그 뿌리와 지금 네가 남들에
게 말하며 행하는 행동과 그 모두가
일치되는 속에서 살아가고 행한다는
것은 누구도 이루기 쉬운 일이 아님을
알아야 될 것이니라.
9 만백성이 너를 보고 말하기를 이단이
요, 사탄이라 하며, 종교 지도자들 또
한 나의 법전이 잘못된 것이며 이를
열어 봐서도 아니 되며, 이를 보는 자
는 현혹되어 사탄으로 넘어감이니, 나
의 법전을 듣지도 말고 보지도 말라
그리 말함이니라.
10 그러나 지금 너는 나의 뜻에 따라 어
떠한 역사를 이루고 있는가?
11 너는 비록 가진 것이 없으며 내가 너
에게 재물을 주지 아니하였다 하여도
너는 내가 역사해 주는 그 테두리 안
에서 5달란트를 가지고 10달란트를
만들 수 있는 자를 선택하여, 그가 의
식주를 해결하며 나를 믿는 자는 육의
영광의 행복함을 느끼며 구원의 길을
바라보며 살아가는 그와 같은 역사를
네가 지금 이루어 감이니,
12 그걸 보고 많은 사람이 사탄이 하는
짓이니 시간이 지나면 네가 그 모두를
다 그들로부터 빼앗아 감이니, 그때
그들은 다 허탈함을 느끼고 설 자리마
저 잃는 것이 지금의 형국이라 그리
말하지 아니하는가?
13 그러나 내가 너에게 5달란트를 가지
고 10달란트를 만들 수 있는 그 역사
를 이루는 것은 수천 년 동안 종교 집
단이 흘러오면서도 그를 깊이 깨우쳐
연구하지 아니하였으며 그 뜻이 무엇

인가 바라보지 아니한 것이 너희들이 행하며 살아온 지금의 형국이니라.
14 그리하여 지금 네가 그를 행하며 그를 실천하고 있음이니, 비록 지금은 미약하나 그가 세월이 흐르면서 두 개가 네 개가 되며 네 개가 여덟 개가 되며 이와 같이 늘어 갔을 때, 과연 그때 가서도 그들은 그와 같은 말을 할 수 있겠는가?
15 사랑하는 나의 아들아,
16 네가 지금 5달란트를 가지고 10달란트를 만들 수 있는 자에게 희망과 용기를 주었음이니, 그가 바로 절대로 쓰러지지 아니할 것이니라.
17 그는 반드시 10달란트를 만들어 또 하나의 그 역사의 기적을 이루며 세월이 지나면 지날수록 그것이 수십 개, 수백 개로 그와 같이 번져 갈 것이니, 그것이 바로 내가 역사하는 것이며, 나의 뜻에 따라 행하는 자에게 얻어지는 것이니라.
18 네가 처음에 나의 뜻을 받을 때 그 자체도 구분하지 못하였으나, 지금 법전이 3부에 돌입하여 곧 3부가 세상에 나오니, 곧 48권이라는 대장서가 세상에 나오는 것을 예측했겠는가?
19 너는 지금 네가 있는 그 성전의 호화롭고 호화롭지 아니함과 크고 작음을 놓고 평가하지 말며, 너의 제자들의 머릿수를 가지고 평가해서는 아니 될 것이니, 너는 개의치 말라.
20 너는 네가 신이 되는 그 길을 가고자, 신의 심성을 가지고 살아가고자 하는 것이 네가 변한 것 중에 가장 큰 역사를 이루는 것이니, 그리고 네가 나의 법전의 48권을 세상에 낼 수 있는 그 역사를 그동안에 이루었음이니,
21 이 두 가지를 가지고도 세상의 어떤 것보다도 위대한 기적이요, 역사가 이루어졌음을 너는 알아야 될 것이니라.
22 나의 법전 160권이 세상에 나가 만백성이 이를 보고 깨우친다 해도, 이를 받아쓴, 저희들과 육을 똑같이 가지고 있는 네가 변하지 아니한다면 그들은 이를 팽개치며 침을 뱉을 것이니라.
23 그러나 그들로서는 도저히 갈 수 없는 그 길을 네가 갔을 때 그들은 160권의 법전이 나 여호와의 성령이라는 것을 믿을 것이며, 너를 진정한 나의 아들이라 그리 믿게 됨이니,
24 오늘 그와 같은 역사를 이룰 수 있는 너의 변화가 얼마나 위대한 것인지, 세상 어떠한 기적보다도 무서운 기적임을 알아야 될 것이니라.
25 네가 3부의 48권의 법전을 머지않아 세상에 내보냄이니, 이것은 구약의 시대요, 신약의 시대에 이루어졌던 역사보다도 더 위대한 역사임을 알아야 될 것이니라.
26 구약의 시대는 흘러와 신약의 시대에서 종말을 했으며, 신약의 시대에 그 많은 역사의 기적은 제3의 시대에서 종말됨이니,
27 이 법전이 제3의 시대에 새로운 역사를 이루는 나의 피조물 만백성이 천사들만이 존속하며 하늘의 그 영광이 지상에서 이루어지는 그 영광을 이루는 법전을 내가 세상에 내려보냄이니, 그리하여 네가 더 이상 그보다 위대한 역사가 없다 내가 너에게 말하였음이

니라.
28 너는 몇 년 동안에 그와 같이 크나큰
역사의 변화의 소용돌이를 지금 만들
어 가고 있음이니, 오늘의 네 처지와
오늘의 너의 제자들의 머릿수와 네가
있는 이 성전의 크고 작음에 너 스스
로 자책하지 말며, 너 스스로 나 여호
와의 능력의 한계에 의심치 말라.
29 그리고 불안해하지 말라.
30 이보다 더 큰 역사와 이보다 더 큰 변
화가 없음을 알아야 될 것이니라.
31 그리하여 지금 네가 5달란트를 가지
고 10달란트를 만들 수 있는 너의 제
자에게 그 역사를 이루었듯이, 지금은
초라하나 그것이 열 개, 수 십 개, 수
백 개로 변할 때, 나의 선택된 백성들
이 그곳에서 이루어지며 하나의 나라
가 형성되는 그 역사가 이루어질 것이
니, 너는 이를 의심치 말라.
32 사랑하는 나의 아들아!
33 "네, 여호와 하나님! 말씀하옵소서."
34 너는 나의 법전을 세상에 만들어 내는
것과 네가 천사의 심성으로 변하는 그
것으로써 네 임무요, 네가 갈 길이니
라.
35 너의 제자들과 나의 법전을 읽고 깨우
치는 만백성에게 너는 깨우쳐 일러야
될 것이니라.
36 너희들이 정녕 나로부터 성령의 깨우
침을 받으며, 하나님의 법전이요, 이
성령을 듣는 것으로써 영광이요, 영화
라 생각하지 아니하며 육의 생활과 육
의 부귀영화를 같이 얻고자 한다면 너
희들은 둘을 양손에 쥘 수 없음이니,
하나의 길을 선택해 그리 가라 이르라.
37 나의 성전에 와 기도하고 경배하며 나
의 아들로부터 나의 성령의 강론을 들
으며 나의 법전을 가지고 공부하는
자, 너희들이 하늘에 오르는 길을 보
며 하늘의 이치를 깨닫는 그것으로써
너희들은 얻는 것을 더 이상 바라거나
생각해서도 아니 되거늘,
38 어찌하여 너희들이 그리 갈구하고 원
하는 영혼의 세계에 구원을 받는 그
깨달음을 얻는 거기에 또한 부귀영화
와 권세와 금화와 은화요, 그 축복의
영광을 너희들에게 내려 주기를 바라
는가?
39 이와 같은 생각을 가진 자, 나의 성전
의 문에 발을 들여놓지 말라 그리 이
르라.
40 깨우침만을 얻고자 하는 자, 그것으로
써 행복한 자, 그것으로써 만족하는
자, 그리고 그것을 영광으로 생각하는
자, 그만이 나의 성전에 와 나의 아들
이 강론하는 그 설법을 들으라 그리
전하라.

2,804 번째 하나님 말씀

2002년 8월 3일 21시 49분

1 사랑하는 나의 아들아!
2 "네, 아버님! 말씀하옵소서."
3 지금 수천 년 역사 동안에 흘러오며
다져지고 굳어진 그 종교의 실태가 정
녕 그들이 다 옳다 생각하는 줄 너는
알고 있으나, 그들의 많은 인원이 이
는 잘못되었으며 잘못 가고 있음을 아
느니라.
4 그러면서도 그들은 다음의 어떠한 대

안이 없으며 저희들을 하늘에 인도하
는 자가 없으며 말씀의 성령이 없기
때문에 지금 그곳에 그냥 얽매여 그리
살아가느니라.
5 그것이 잘못된 줄 알며 잘못 가는 길
인 줄 알며 잘못 가르치는 종교 지도
자가 단상에 서서 강론하는 것인 줄을
알면서 그들이 그리 따라가는 마음이
오죽이나 답답하고 아프겠는가?
6 그들은 다음의 말씀이 없기 때문이니
라.
7 정녕 성령의 말씀이 없기 때문이니라.
8 그러나 지금 내가 나의 모든 성령을
너에게 전하여, '하늘에 오르는 길'이
라 하여 네가 나의 법전을 만들어 세
상에 전함이니,
9 그들이 이를 접하며, 이게 정녕 나 여
호와가 직접 내린 성령의 말씀이며 구
원의 길의 말씀이요, 구원의 빛이라
할 때, 그들은 무너지는 것처럼 무서
우리만큼 네 앞에 모여들 것이며, 나
의 법전을 손에 쥐기 위하여 몸부림칠
것이니라.
10 그와 같이 몰려드는 그때를 대비하여
네가 지금 만반의 준비를 해야 되나,
그들이 밀어닥친다 하여도 네가 지금
그를 막을 수도 없으며 그들을 어찌할
수도 없는 그와 같은 형국에 있기 때
문에, 서서히 네가 다져 가야 함을 알
아야 될 것이니라.
11 지금 수천 년 동안 내려오는 그 종교
지도자들이요, 저희들이 평생 재물을
바치며 고통 속에 지금까지 끌고 온
그 속에 대부분의 나의 피조물 만백성
이 이것은 아니며 이 길이 아니라는
것을 알고 있음이니라.
12 그러면서도 그들이 그곳을 뛰쳐나와
하늘에 오르는 길을 보고자 하여도,
나의 인도하는 빛을 모르며 나의 성령
을 듣지 못하기에 그들이 지금 아픈
가슴을 쓸어안고 그저 견디고 가고 있
는 실정이니라.
13 그들에게 네가 전하는 그 법전이 정녕
나 여호와의 성령이라는 것을, 성령의
말씀이라는 것을 그들이 깨우쳤을 때,
그들이 너에 대한 힘이 될 것이며, 네
가 가고자 하는 그 길을 열어 줄 것이
니라.
14 너는 그때를 대비하여 지금 나의 법전
을 열심히 기록하며, 3부 이상의 나의
성령의 법전이 세상에 나갔을 때 그와
같은 역사가 이루어진다 함은, 네가
그들에게 깨우쳐 줄 수 있는 충분한
나의 성령의 자료가 있어야 될 것이며
나의 법전의 책이 세상에 있어야 하기
때문이니라.
15 그리하여 네가 3부를 다 기록하여 세
상에 펴낼 때쯤 되면 그와 같은 역사
의 회오리바람이 불어올 것이니, 너는
조금도 염려하지 말며 두려워하지 말
라.
16 모두의 승자는 네가 될 것이니라.
17 지금 네가 나 여호와의 심성으로 살아
가고자 하며, 나의 뜻을 받아 지키고
자 하며 네가 천사들의 심성으로 살아
가고자 무서우리만큼 그리 변하여 가
니,
18 이 세상의 수천, 수억의 종교 지도자
그들은 감히 신이 될 수 없다 말하며
그와 같이 살 수 없다 그리 말하는 속

에 네가 하나의 횃불을 비추고 있음이
니, 그 횃불은 꺼지지 않을 것이며 그
횃불은 세상을 비추게 될 것이니라.
19 너는 조금도 두려워하지 말며 겁먹지
말라.
20 너는 지금 나의 성령을 전함에 있어
서, 과연 이 법전이 봄바람이요, 하늘
에서 내리는 비처럼 온 세상을 덮을
것인가 하는 그와 같은 초조한 마음으
로써 괴로워하고 있는 것을 나 여호와
가 아느니라.
21 그러나 서서히 다져 가야 됨이니라.
22 급히 지은 집은 오래 견고히 가지 못
함이니라.
23 서서히 굳혀 가며 짓는 집이 견고하
며, 너희들이 말하는 모든 역경에서
견딜 수 있는 그와 같은 힘이 있으며,
그와 같이 다져짐이니라.
24 그리하여 내가 어떠한 형국에도 넘어
지지 않는 완벽한 건축물을 짓기 위하
여 지금 서서히 다져 가며 굳혀 감이
니, 너는 조금도 두려워하지 말며 겁
먹지 말라.
25 너와 같이 변하는 자가 세상에 없음이
니, 이는 오로지 나의 아들임을 네가
증명하는 것이며, 네가 나로부터 모든
성령의 뜻을 받아 만백성을 구하는 선
택된 나의 아들이라는 것을 알게 될
것이니라, 그들은.
26 그때가 머지않았음이니라.
27 네가 무섭게 변해 가는 만큼, 네가 무
섭게 법전의 3부를 세상에 낼 때쯤 되
면 그 모든 역사가 이루어질 것이며,
그 일을 위하여 많은 준비된 자를 내
가 너에게 보낼 것이니, 너는 그들과
의논하고 협의하여 그 역사의 틀을 다
져 가도록 그리하라.
28 너 혼자로서 이룰 수 없으며 지금의
너의 제자들로서 그와 같은 역사를 이
룰 수 없음이니라.
29 이제 내가 그 일을 할 수 있는 선택된
자들을 너에게 보낼 것이니 그리 알라.
30 또한, 네가 살아가면서 너의 제자들이
요, 만백성을 이끌어 감에 있어 그들
이 천태만상의 생각이요, 마음을 가지
고 있는 것을 네가 잘 헤아려 사람을
요소요소에 잘 쓰도록 하는 그 현명함
을 잊어서는 안 될 것이니라.
31 열 번을 손에 쥐여 줘도 그걸 이해 못
하는 자가 있으니, 그렇다 해서 그를
버려서는 아니 될 것이니라.
32 그는 그대로 또 훌륭한 점이 있으며
나로부터 받은 그 나름대로 가지고 있
는 장점이 있으니 그것을 찾아 네가
활용하고 쓰면 될 것이니,
33 인간사 내가 만들어 보낸 모든 나의
피조물 만백성이 한 사람도 버릴 사람
이 없음이니,
34 그와 같은 이치를 깨달아 네가 많은
사람들을 씀에 있어서 골고루 그들을
선택하여 현명하게 쓰는 그 노력을 게
을리해서는 아니 될 것이니, 이를 명
심하라.

2,805 번째 하나님 말씀

2002년 8월 3일 22시 41분

1 사랑하는 나의 아들아!
2 "네, 아버님! 말씀하옵소서."
3 구약의 그 광란의 시대에 그들이 하늘

의 문을 닫게 하였으며, 그리하여 내
가 몇천 년의 역사가 흐른 뒤 신약의
시대를 열어 나의 아들 예수를 통하여
참진리를 세상에 내려보내 너희들을
깨우쳐 하늘에 오르는 그 길을 인도하
도록 그리하였으며 너희들이 구원을
받고자 하였으나,
4 너희들이 그 시대에 이를 이루지 못하
도록 그와 같이 참혹하고 간악한 행동
으로써 나의 아들을 팔아 그 모두가
내려가지 못하도록 그리하였음이니
라.
5 그리하여 참진리요, 진정한 나의 성령
을 너희들이 내려가지 못하도록 그리
중단하여 그를 세상에 내려보내지 못
하였으니, 이는 곧 너희들의 생명수가
중단되는 그와 같은 시대를 열었음이
니라.
6 그리하여 너희들은 그 암흑의 시대에
서 너희들의 구원의 길이요, 영원히
하늘에 오르는 길이라 하여 지금까지
돌고 도는 그와 같은 방법으로써 나의
피조물 만백성을 이끌어 왔음이니라.
7 그리하여 너희들이 암흑에서 허덕이
고 진정한 그 길을 보지 못하며 하늘
에 오르는 빛을 보지 못하여, 내가 너
희들을 불쌍히 여겨 너희들을 구하고
자 참진리 속에 너희들이 깨우칠 수
있도록 나의 성령을 세상에 지금 내려
보내니,
8 이게 곧 나의 아들을 통하여 기록하는
법전이요, 책으로써 세상에 나감이니
라.
9 그리하여 참진리 속에 살고자 하는
자, 그 참진리를 깨우쳐 하늘에 오르
는 길을 볼 수 있도록 나의 법전이요,
나의 성령을 너희들에게 이리 내려보
내는 것이니라.
10 그리하여 나의 법전이요, 나의 성령을
듣는 자, 이를 듣지 못하는 자, 이를
보고도 깨우치지 못하는 자, 이와 같
은 너희들의 지금의 형국에 흐르고 있
음이니라.
11 그리하여 내가 나의 아들을 통하여 너
희들에게 간곡히 부탁하며 또 애원하
듯이, 나의 법전을 보고도 깨우치지
못하며 그를 들고도 보지 못하는 그와
같은 어리석은 삶을 사는 자, 너희들
에게 나의 법전만이 하늘에 오르는 길
이요, 구원을 받는 길이라 내가 그리
간곡히 전함이니,
12 그리하여도 너희들이 이를 보지 아니
하며 이를 깨우쳐 하늘에 오르는 그
이치를 깨우치려 하지 아니하고 있음
이니, 이것이 지금 너희들이 가고 있
는 형태임을 알아야 될 것이니라.
13 나의 법전을 보는 자, 보지 아니하는
자, 너희들이 구원을 받을 자와 구원
을 받지 못할 자로 구분되며 분류된다
는 이 엄연한 사실을 다시 한 번 깨우
쳐야 될 것이니라.
14 그리하여 너희들이 나의 법전을 읽고
정독하는 자만이 구원을 받을 자와 구
원을 받지 못할 자로 내가 그리 심판
하는 시대에 너희들의 법전이라 하여
내려보냈음이니, 지금 바로 너희들을
직접 심판하고 있음을 알아야 될 것이
니라.
15 이는 구약의 시대와 신약의 시대의 역
사가 흐르면서도 너희들을 바로잡아

깨우치지 못하였기에,
16 내가 인간인 모세를 보내어 너희들을
다스리고자 했으나 실패했으며, 또 그
보다 더한 나의 아들을 직접 내려보내
어 너희들을 구하고자 하였으나 너희
들은 나의 상속자요, 내 안에 있는 나
의 아들의 그 뜻을 듣지 아니하였으며
나의 성령으로만 행하는 나의 아들을
그리 죽게 하였음이니,
17 이제는 그 누가 세상에 내려가 너희들
을 구할 수 있겠는가?
18 그리하여 내가 마지막이라 함은, 나
여호와가 직접 성령으로 내려가 법전
이요, 책으로 만들어 그 속에 내가 너
희들과 같이한다 하였음이니, 이는 곧
나의 성령이요, 나임을 알아야 될 것
이니라.
19 그리하여 내가 너희들을 지금 직접 다
스려 하늘에 오르는 그 이치를 깨우쳐
주며 하늘에 오르는 그 길의 빛을 보
도록 하기 위하여 나의 법전을 너희들
에게 전함이니,
20 그러한 나의 법전을 너희들이 쳐다보
지 아니하며 이를 이단이요, 사탄의
짓이라 하며 불태우는 자, 찢어 버리
는 자, 그와 같은 행위를 하는 자는 구
원을 받고 못 받는 그 법전을 남들이
깨우쳐 하늘에 오르는 것마저 막는 그
와 같은 행위이기에, 나의 법전을 찢
고 태우는 자, 그 죄가 얼마나 큰 것인
가를 알아야 될 것이니라.
21 너희들이 스스로 보지 아니하며 너희
들이 깨우치지 아니하며 너희들이 구
원받지 못하는 것은 너희들의 탓이라
하나, 나의 법전을 태워 버리고 찢어
버리고 짓밟아 나의 피조물 만백성까
지도 그들이 깨우쳐 하늘에 오를 수
있는 그 길을 막음이니,
22 그 죄가 얼마나 큰 것인가를 너희들이
알게 된다 하였음이니, 너희들이 죽어
내 앞에 와서도 과연 그와 같은 행동
을 할 수 있을 것인가?
23 그 죄가 얼마나 무거운지, 너희들의
그 죄는 용서받지 못하며 벗어날 수
없는 벌을 받는 것을 너희들이 죽어
왔을 때만 알게 될 것이니,
24 그때에 와 너희들이 후회하는 그와 같
은 삶을 살지 않도록 내가 이 밤 나의
아들을 통하여 너희들에게 다시 간곡
히 전함이니,
25 사랑하는 나의 아들딸들아! 이를 보
고 깨우쳐 하늘에 오르는 그 구원의
길을 보도록 그리하라.

2,806 번째 하나님 말씀

2002년 8월 3일 22시 48분

1 사랑하는 나의 아들아!
2 "네, 아버님! 말씀하옵소서."
3 내가 말하지 아니하였더냐?
4 너희들이 나의 성령으로써 충만되도
록 마음이 깨끗하며 추한 마음을 갖지
아니하였을 때, 너희들 인간의 원초적
인 마음이요, 천사와 같은 그 심성으
로 살아가고자 너희들이 비우고 살아
갈 때, 그때 나의 성령이 너희들에게
임하게 됨이니,
5 너희들이 나로부터 선택된 나의 아들
딸이요, 그리하여 너희들이 나의 혈통
을 받은 나의 자식이라 내가 그리 말

하였음이니라.
6 나의 혈통을 받은 자요, 나의 성령으
로써 충만된 나의 아들과 딸들은 온
세상 방방곡곡에 어느 한 곳도 빠짐이
없이 나의 법전을 전할 것이며,
7 온 세상을 비가 내려 적시듯이 너희들
은 나의 법전을 가지고 만백성을 구하
기 위하여 세상 방방곡곡에 그리고 대
대손손에 길이길이 남을 수 있도록 나
의 피조물 만백성을 구하는 자가 될
것이니,
8 그리하여 너희들이 지금은 초라하며
가진 것 없으며 남에게 내놓을 것 없
으나, 그리고 너희들이 아무런 능력이
없는 자라 생각하나, 너희들은 나의
성령이 임한 나의 아들딸들이니, 너희
들이 온 세상을 구하는 그 역사를 이
룸이니, 너희들의 이름이 후세에 기록
될 것이니라.
9 너희들이 후세에 기록되어 나의 피조
물 만백성 대대손손이 너희들을 기억
하며, 너희들의 삶을 본보기로 나의
백성들이 변화되고 새로운 역사를 이
루는 데 기틀을 이룰 것이니, 그리하
여 너희들이 지금 천사의 심성으로 살
아갈 때 너희들은 곧 무엇을 증명하는
것이던가?
10 너희가 그와 같이 삶을 살아가며 온
세상에 나의 법전을 다 전하여 만백성
을 구하는 역사를 이룰 때, 너희들은
나 여호와가 존재함을 증명하는 것이
며, 나 여호와가 너희들의 어버이임을
증명하는 것이며,
11 또한 나의 성령으로써 기록된, 내가
직접 내려가 너희들을 깨우치고자 하
는 나의 법전이요, 나의 성령을, 그리
고 내가 하늘에 오르는 길이라 하여
만든 이 책이 나의 성령임을 증명하는
그와 같은 역사를 이루기 때문이니라.
12 이게 곧 내가 직접 내려가 너희들을
구하고자 하는 나의 성령이요, 내가
낸 책이니, 그 책 속에 내가 같이 있다
하였음이니,
13 그 모두를 너희들이 증명하는 자이기
때문에 너희들이 길이 후손에 전해지
는 그 기록이 될 것임을 너희들은 의
심치 말아야 할 것이니라.
14 사랑하는 나의 아들아!
15 "네, 아버님! 말씀하옵소서."
16 이와 같이 나의 혈통이요, 나의 성령
을 받은 나의 아들딸들이 세상 방방곡
곡에 만백성을 구하기 위하여 나의 법
전이요, 나의 성령을 전해야 할 것이
니, 너는 오늘의 삶에 두려워 말며, 너
는 울지 말라.
17 네가 지금 마음이 흔들리며 두려운 마
음을 가지며 너 자신의 육신을 지탱하
는 것을 힘겨워 함이니, 너는 그리 생
각하지 말라.
18 나의 법전이 나의 혈통을 받은 나의
아들딸들의 그 역사를 위하여 온 세상
을 덮는 날이 머지않았음이니,
19 너는 내가 명한 대로 그 삶을 살 것이
며, 오로지 법전이 세상에 나와 나의
많은 백성들이 이 법전을 보며 나 여
호와의 성령이요, 진리의 말씀이라 따
르는 자들이 이 세상을 이룰 것이니,
그때까지 너는 법전을 쓰는 데 그 모
든 정열을 다 바쳐야 될 것이니라.
20 이제 나의 법전이 진정한 성령이요,

나의 뜻이라는 것을 깨닫는 만백성이 끝이 보이지 아니할 정도로 너를 따를 것이며, 그들이 인산인해를 이룰 것이니라.
21 너는 염려 말며 두려워 말라.
22 나의 성령의 뜻을 듣고 깨닫고 이것이 진정한 나 여호와 하나님의 뜻이며 너희들의 구원의 길이라 깨우치는 만백성이 늘어나고 또 늘어날 때, 그 백성이 깨우치고 그 백성이 또 깨우치며 그와 같이 전해질 때,
23 감히 너를 해하고자 하는 자 해하지 못할 것이며, 너를 해할 수가 없음이니라.
24 너는 곧 나의 아들이요, 내가 명한 너의 그 모두를 너는 임할 것이며, 내가 너에게 명한 160권의 법전을 세상에 내놓는 그 역사를 이룰 것이며, 네가 죽어 나에게 오를 때까지 나의 성령을 받아 만백성을 깨우치는 그 역사를 이룰 것이니,
25 너는 너 자신이 변화될 것을 미리 생각하여 두려워하거나 울지 말라.
26 그 누구도 너를 울리지 못할 것이며, 너를 두려움에 빠트리고 핍박하는 그와 같은 역사를 이루지 못할 것이니 그리 알라.

2,807 번째 하나님 말씀

2002년 8월 3일 23시 04분

1 사랑하는 나의 아들아!
2 "네, 아버님! 말씀하옵소서."
3 너의 제자들이 나의 성전에 와 나의 법전을 공부하며, 또 너희들이 나의 법전에 따라 나의 성령의 뜻을 나의 아들로부터 들어 깨우침을 받음이니라.
4 그리하여 너희들은 각자가 믿음의 길에서 또는 그 믿음의 세계에서 믿음의 길을 가다가 나의 성전이요, 나의 아들이 있는 이곳에 와 나의 성령을 직접 들으며 나의 법전의 공부를 함이니,
5 너희들은 다른 곳에서 깨우쳤던 그 성령의 깨달음을 가지고 여기 와서 영적인 깨달음의 높이를 측정하여 말하지 말라.
6 너희들이 20년, 30년, 몇십 년을 딴 데서, 믿음의 길에서, 새로운 길에서 영적인 깨달음의 그 공부를 했다 하더라도, 너희들은 그것을 가지고 깨달음의 높이라 나의 성전에 와 평하지 말라.
7 그 모두는 너희들이 나의 성전이요, 나의 아들에게 와 나의 성령의 뜻을 받으며 나의 법전을 공부하는 그 순간에 너희들은 다 똑같이 처음으로 입학한 학생들과 같음이니,
8 너희들이 밖에서 배우고 깨우쳤다는 그 믿음을 가지고 이곳에 나의 법전을 놓고 너희들이 그 믿음의 점수를 받으려 하지 말라.
9 세상사 너희들이 살아가는 속에서는 너희들의 고과표의 점수가 있으며 너희들이 살아가는 경력에 의하여 서로 이곳에 가나 저곳에 가나 그와 같은 점수를 주나, 그것은 인간 세상에서 이루어지는 평가의 기준이요, 급수를 주는 것이니라.
10 그러나 나 여호와로부터 구원받으며 하늘에 오르는 그 영혼의 길을 깨우침

은 너희들이 다른 곳에서 배운 것은
하나도 그 점수가 되지 못하니, 기본
이 아님을 알라.
11 너희들이 그와 같이 배웠던 그 모두를
다 버리고 나의 법전 1권을 읽을 때,
그 첫 장서부터 너희들이 다시 배우는
그와 같은 자세로써 와야 될 것이니라.
12 그리고 너희들이 다시 시작할 때 그를
깨달을 것이니라.
13 너희들이 법전을 정독하며 초보자의
그 교육 과정을 거치는 그때부터 너희
들은 다시 태어남을 알라.
14 이곳은 나의 성령을 직접 들으며 나의
법전을 직접 들어 공부하는 곳이니,
다른 곳에서 깨우치고 공부해 왔던 것
을 가지고 너희들이 선배요, 후배요,
깨달음이 높다 낮다 하며 영으로써 너
희들이 높고 낮음을 그리 평가해서는
아니 될 것이니, 앞으로 그와 같은 생
각을 모두가 다 버려야 될 것이니라.
15 나이가 많든 적든, 너희들이 믿음의
세월을 많이 가졌든 안 가졌든, 너희
들이 소위 권사요, 장로요, 목사요, 전
도사요, 하고 부르는 그와 같은 직함
은 여기 와서 하나도 보탬이 되는 것
이 없음이니, 너희들이 깨우치는 데
역행만 하게 됨이니라.
16 그러니 너희들은 입학한 자로서, 입학
한 그 기준에 의하여 '하나', '둘'서부
터 배우는 그와 같은 자세로 돌아갔을
때, 너희들이 정녕 나의 아들의 제자
가 될 수 있으며, 법전을 보고 깨우치
는 너희들이 되어야 될 것이니라.
17 너희들의 깨달음의 등급을 너희들이
매겨서는 아니 될 것이니라.
18 이는 곧 내가 나의 피조물 만백성 누
구도 평가할 수 없다 하였거늘, 더군
다나 나의 법전을 공부하며 나의 성령
을 깨우치는 너희들이, 아무것도 모르
는 너희들이 같은 제자라 하여 그 등
급으로써 그리 휩쓸려 보지 말라.
19 나 여호와만이 너희들의 점수를 매길
수 있으며 너희들의 그 깨달음의 깊이
를 알 수 있나니, 너희들이 절대로 등
급을 매겨 평가하지 말라.
20 그와 같이 평가하는 자는 내가 용서할
수 없음이니, 저 자신을 모르면서, 그
의 믿음의 깊이를 모르면서 그를 평가
하는 그와 같은 행위를 하지 말라.
21 너의 제자 중에 각계각층의 역사가 있
음이니라.
22 성령으로써 일찍 깨달아 우등생인 제
자가 있는가 하면 또한 경제적인 면에
서 그 모두를 움직이는 제자가 있으
며, 각계각층의 형태로써 제자의 임무
와 등급이 다 있으니, 너희 스스로 일
괄하여 그 등급을 매겨 좌지우지하지
말라.
23 다 각자의 등급이 있으며 각자의 임무
가 있으니, 너희들은 절대로 그와 같
은 평가를 해서는 안 될 것이니, 각자
가 그 형태에서 가장 낮은 자세라 생
각하며 가장 초보자라는 생각을 가지
고 너희들이 가야 할 것이니 그리 알
라.
24 너희들은 모든 나의 아들의 제자들을
하나로 일괄하여 전면적인 어떤 면으
로써 평가해서는 아니 될 것이니라.
25 오로지 각자의 임무가 있고, 각자의
등급은 나 여호와만이 알 것이니, 각

자 쓰이는 그들의 임무에 그가 충실
하면 될 것이니,
26 너희들이 그 등급을 매긴다면 너희 스
스로 너희 자신부터 먼저 평가해야 될
것이니,
27 너희 자신이 어느 부분에서 어떤 쪽에
서 어떠한 임무로 쓰이는지 그 자체
도 모르면서, 너희들이 성령의 믿음이
요, 깨달음이라는 그것을 가지고 일괄
적으로 평가하는 그와 같은 우를 범하
지 말라.

2,808 번째 하나님 말씀

2002년 8월 3일 23시 12분

1 사랑하는 나의 아들아!
2 "네, 여호와 하나님! 말씀하옵소서."
3 내가 너의 제자들에게 등급을 매기지
말라 하였음이니라.
4 오로지 이 세상에 하늘에 오르는 길이
요, 나 여호와가 직접 나의 성령이요,
나의 뜻을 전하는 것은 2천 년 역사
요, 4천 년 역사요, 6천 년의 그 역사
가 흐르는 동안에 지금이 처음이며 정
확한 답이니라.
5 예수에게 내렸던 그 시대에, 또 모세
에게 내렸던 그 기적, 그다음에 진정
으로 내가 선택된 나의 아들에게 내리
는 것은 지금이 가장 정확한 나의 성
령이 직접 내려감이니,
6 이 세상 모두의 가르침이요, 깨달음
은, 하늘에 오르는 길은 이것밖에는
정통이 없으며 정확한 것이 없음이니
라.
7 그리하여 너희들이 다른 곳에서 배워
서 깨달아 온 믿음은 나 여호와의 가
르침이 아니요, 내가 내린 그 가르침
이 아니요, 깨달음이 아니기에,
8 이곳에 와서 너희들이 나의 법전을 보
는 그 속에 너희들은 그와 같은 이치
의 깨달음이 틀림을 알아야 할 것이니
라.
9 오로지 모든 백성을 구하는 성령이요,
내가 직접 내리는 나의 성전에서는,
너희들이 어느 곳에서 어떠한 것을 깨
우쳤다 해도 그것은 진정한 정통의 길
이 아니요, 하늘에 오르는 길이 아니
요, 나의 성령이 아니기에,
10 너희들이 그를 가지고 여기에 와서 평
가하고 나의 아들의 제자요, 그 백성
들을 평가하는 그와 같은 우를 범해서
는 아니 되기 때문이니, 너희들은 그
이치를 깊이 깨우쳐 알도록 하라.
11 그리고 너희들이 하나의 마음으로 되
어야 할 것이니라.
12 초보적인 가장 낮은 단계로서 너희들
이 똑같은 수준이라 하여 너희들이 같
이 손을 잡고 원의 형태에서 하나가
되었을 때, 너희들의 그 기초의 깨우
침부터 알아야 될 것이니라.
13 사랑하는 나의 아들아,
14 이와 같은 나의 뜻이요, 이 진실된 것
을 그들에게 가르쳐 그들의 마음속에
깨달음이 있으며 가슴속에 깨달음이
있으며 그들이 뉘우쳐 바른길을 다시
공부할 수 있도록 그리해야 될 것이며,
15 나의 법전을 정독하며 진실로 그 속에
있는 이치를 깨달은 그 시점부터 너희
들이 다시 시작하는 자라 그리 알아야
될 것이니,

16 그렇지 아니하는 자는 정녕 하늘에 오
르는 그 빛을 볼 수 없으며, 너희들이
잘못 배워 온 그 상식이요, 그 믿음 때
문에 나의 성령이 너희 가슴에 심어질
수 없음이니,
17 너희들이 정녕 하늘에 오르는 길이요,
진정한 나의 아들의 제자로서 따라가
고자 하며 그 자리를 지키고자 하여도,
18 너희들이 지금까지 믿어 왔던 그 형태
를 버리지 못한다면, 너희들은 애를
쓰며 몸을 다루며 나의 아들의 제자로
서 우등생으로 가고 싶어 해도 너희
스스로 갈 수 없게 됨이니,
19 이를 너희들이 빨리 버려 깨우침을 얻
어야 된다는 것을 잊지 말라.
20 내가 너희들을 사랑하며, 너희들이 소
중하며, 나의 아들에게 너희들이 소중
한 기둥이요, 그를 따라갈 수 있는 자
가 너희들이기에,
21 너희들이 지금까지 배워 왔던 그 믿음
의 세계에 가지고 있는 그 상식을 마
음속에서, 가슴속에서 다 털어 버리고
빈자리가 되었을 때, 내가 너희들에게
넣어 주는 진정한 성령이요, 나의 혈
통이 너희들 몸에 임하게 될 것이니,
22 이 이치를 깊이 깨우쳐 한 점의 너희
들의 마음에 얼굴을 붉히는 자가 없도
록 그리하라.
23 사랑하는 나의 아들아!
24 "네, 아버님! 말씀하옵소서."
25 너의 제자들에게 그리 잘 깨우쳐 주어
야 될 것이며, 그를 받아들이는 자만
이 제자로서 그 자리에 설 수 있음을
알 것이니라.
26 너희들에게는 간단한 이치가 있지 않
으냐?
27 너희들은 무엇인가를 얻고자 하며 무
엇인가를 이루고자 한다면 너희들이
먼저 주는 것부터 배워야 될 것이며
던지는 것부터 배워야 될 것이니라.
28 곧 주는 것이 얻는 것이니, 너희들이
나의 법전을 가지고 깨우쳐 하늘에 오
르는 길을 얻고자 한다면 너희들이 지
금까지 잘못 깨닫고 잘못 왔던 그 모
두를 집어던질 때 그 속에 나의 성령
이 임함이니 너희들이 복을 받는 역사
를 이루게 될 것이니라.
29 곧 너희들은 얻는 것이 무엇이더냐?
30 너희들이 주는 것이 얻는 것이며, 너
희들이 베푸는 것이 또한 그게 복임을
알라.
31 그리하여 너희들이 지금 가슴에 있는
지난날의 깨달음이요, 너희들이 하늘
에 오르는 길이라 하여 공부하여 너희
가슴에 넣었던 그 믿음을 빨리 던져
버리고 털어 버렸을 때, 곧 역으로 나
의 성령이 너희 가슴에 임하며 너희들
이 나의 혈통을 받는 아들과 딸들로
되는 것이니,
32 주는 것이 얻는 그 이치를 알라.
33 어서 던져 버리며 그를 다 버리라.
34 그리했을 때 정녕 하늘에 오르는 그
빛이요, 나의 성령이요, 나의 법전의
그 뜻을 너희들이 가슴에 받아들일 수
있음을 알라.
35 사랑하는 나의 아들아,
36 너의 제자들에게 그리 말하며, 너의
제자들을 사랑하는 나의 이 뜻을 그들
에게 전해 주도록 그리하라.

2,809 번째 하나님 말씀

2002년 8월 4일 01시 27분

1 사랑하는 나의 아들아!
2 "네, 아버님! 말씀하옵소서."
3 너의 제자들에게 일러 깨우쳐야 될 것
이니라.
4 너희들은 정녕 천사의 심성으로써 삶
을 살아가지 아니한다 하면 하늘의 이
치에 눈을 뜨지 못하게 될 것이니라.
5 너희들이 하늘의 이치에 눈을 뜨지 못
하면 너희들이 오르고자 하는 그 구원
의 길의 빛조차도 볼 수 없음이니, 너
희들이 정녕 영원히 나의 나라에 오른
다는 것은 생각할 수도 없음을 알아야
될 것이니라.
6 오로지 너희들이 구원을 받으며 나로
부터 영원히 사는 나의 낙원에 와 존
재할 수 있는 것은, 천사의 심성으로
삶을 살았을 때 하늘의 이치에 너희
스스로 눈을 뜨게 되며,
7 너희들이 하늘의 이치에 눈을 떠 하늘
에 오르는 그 길을 바라볼 때 죽은 세
계에서 너희들이 구원의 빛을 보게 되
며, 사탄의 굴레 속에서 나 여호와의
나라로 너희들이 올 수 있을 것이니라.
8 그와 같이 너희들이 변화되었을 때 너
희들이 원하는 그 모두는, 너희들의
육의 행복이요, 육의 부귀와 영화요,
또한 너희들이 구원의 길을 가기 위하
여 매달리는 그 모든 수고는 이루어진
다는 것을 알아야 될 것이니라.
9 너희들이 천사의 심성과 같은 마음을
갖지 아니하고 살아갈 때 너희들의 육
의 소원이요, 너희들이 구원을 받는
그 구원의 이루어짐이요, 그 모두는
정녕 너희들로부터 이루어질 수 없음
을 알아야 될 것이니라.
10 내가 너희들에게 말하기를 천사의 심
성으로 살라 하였으니,
11 정녕 너희들이 이 뜻을 깨우치지 못하
여 그와 같은 삶을 살지 못하며, 너희
들은 인간이기에 그와 같은 생활을 할
수 없다 생각하며, 너희들은 인간이기
때문에 죄를 짓지 아니하고 살 수 없
다 그리 말할 때, 너희들은 죄의 굴레
에서 영원히 벗어나지 못함이니,
12 너희들은 어떠한 영광과 육의 행함과
너희들의 소원함을 정녕 이룰 수 없다
는 것을 다시 한 번 깨우쳐야 할 것이
니라.
13 너희들의 육의 삶의 구원이요, 육의
삶 속에서 부귀와 영화요, 세속의 행
복을 얻는 그 자체까지도 너희들이 그
와 같은 마음을 다스려 가고자 노력하
며 너희들이 그를 깨달아 그리 행하여
그 구원의 길을 오고자 하지 아니하였
을 때, 너희들은 아무것도 이룰 수 없
음을 알아야 될 것이니라.
14 인간은 천사와 같은 삶을 살 수 없다
말하나, 너희들은 천사와 같은 심성으
로 살 수 있다는 그 이치를 깨닫고 그
와 같이 삶을 행할 때만이 너희들의
모든 육의 영화요, 하늘의 구원을 얻
는 그 길을 보게 되는 그 이치를 깨달
아야 될 것이니라.
15 그와 같은 이치를 깨닫고 그리 행하지
아니하는 자는 아무것도 이룰 수가 없
음을 알아야 될 것이니라.

2,810 번째 하나님 말씀

2002년 8월 4일 01시 32분

1 사랑하는 나의 아들아!
2 "네, 아버님! 말씀하옵소서."
3 너희는 구원을 받았다 하며, 또 너희
는 하늘의 그 영광의 자리에 올 수 있
는 나의 아들 예수의 피로써, 보혈로
써 그 죄를 다 씻어 너희들이 구원을
받은 자처럼 그리 말하나,
4 내가 나의 아들을 통하여 너희들에게
말하기를 구원받은 자 하나도 없다 하
였으며 구원을 받을 자 또한 하나도
없다 하였음이니, 그 이치를 너희들은
깊이 깨우쳐야 할 것이니라.
5 내가 나의 아들을 통하여 구원받은 자
없으며 구원받을 자 없다 그리 너희들
에게 명하는 것을, 그 깊은 뜻을 깨우
치지 아니하면 너희들은 정녕 구원의
길을 볼 수 없음이니라.
6 지금은 어떠한 시대에 어떠한 현실에
서 너희들이 구원을 받았다며 그리 살
아가는가?
7 예수의 보혈로써 용서받아 죄사함을
받았으니 죽어 천국에 가는 길만이 남
았다 너희들이 말하느니라.
8 너희들은 육의 삶을 살다 죽어 천국에
올라가는 그 영광의 길밖에 없다 그리
말하며 지금 그리 가고 있으며,
9 너희들이 지금 종교 지도자들이 이끄
는 너희 손으로 지은 그 성전에 가 눈
물로써 기도하며 회개한다 하며 그리
고 너희들이 지은 죄를 금화와 은화로
써 다 갚는다 그리 생각하며 그리 가
고 있음이니,
10 너희들은 꿈속에서, 그 어둠의 세계에
서 헤매는 너희들의 형상을 깨우쳐야
될 것이며,
11 거기서 너희들 자신을 돌아다봐 그곳
에서 탈출하는 자, 그곳에서 나오는
자만이 구원받을 수 있음을 알아야 될
것이니라.
12 지금 너희들이 육신의 삶을 마치면 죽
어 와 너희들은 오로지 천국에 올 수
있는 모든 준비가 다 된 자들이며 너
희들은 그저 천국에 오를 수 있다 그
리 말하며, 그저 육의 삶을 살다 천국
에 가는 그 길밖에 남지 않았다 그리
하여 너희들이 자만하고 살고 있음이
니,
13 너희들이 그와 같은 형태에서 그 어둠
속에서 꿈을 깨야 될 것을 내가 다시
한 번 너희들에게 경고함이니, 너희들
은 이 이치를 깊이 깨우쳐야 될 것이
니라.
14 너희들의 삶이 과연 어떠하였던가?
15 너희들은 신약의 시대를 지나며 지금
까지 너희가 믿고 구원의 길을 달려왔
으나,
16 너희들이 달려온 그것은 잘못된 길이
었으며, 잘못된 종교 지도자들의 가르
침에 의하여 하늘의 이치조차도 깨우
치지 못하였으며, 구원의 길조차도 모
르며, 나 여호와의 뜻조차 모르고 있
는 그러한 너희들이 구원을 받았다 하
는 지금의 형국이니라.
17 정녕 하늘에 오르는 그 이치를 깨우치
지 못했으며 내가 원하는 뜻이 무엇인
가 그 자체도 알지 못하는 너희들이
나의 나라에 와 나로부터 구원을 받았

다 하는 그와 같이 망발이요, 착각 속
에 살아감이니,
18 너희들은 지금 너희 자신을 다시 한
번 돌아다보는 그와 같은 현명함을 얻
지 못한다면 영원히 구원을 받을 수
없음을 알아야 될 것이니라.
19 이 이치를 너의 제자들에게 너는 깊이
심어 주어야 될 것이니라.
20 너희들이 지금 구원을 받았다는 그 망
상에서 깨어나야 될 것을 알아야 될
것이니라.
21 하늘의 이치요, 나의 뜻이요, 내가 이
루고자 하는 그 자체도 모르는 너희들
이 어찌하여 천국의 문에 들어설 자격
이 있다 그리 말하는가?
22 그 꿈에서 깨어나는 자만이 구원의 길
을 볼 수 있음을 알라.

2,811 번째 하나님 말씀

2002년 8월 4일 08시 20분

1 사랑하는 나의 아들아!
2 "네, 아버님! 말씀하옵소서."
3 아들이란 무엇이더냐?
4 한 가정의 가문을 이어 가며 그 집의
대를 이어 가며 그 집의 혈통을 이어
가는 것이 너희들 인간 세상에 살아가
는 자식과 부모의 그 사이가 아니던가?
5 내가 너를 아들이라 부름이니, 너희들
은 '이와 같은 세상에 어찌하여 하나
님의 아들이 있으며 하나님의 아들이
라 제가 감히 칭할 수 있는가? 이는
정신 나간 자만이 그리 말할 수 있을
것이다.' 그리 말하나,
6 나의 피조물 만백성 너희들은 깨달아
야 될 것이니라.
7 창조주인 나 여호와가 나의 아들이라
부르면 나의 아들인 것이며, 내가 나
의 아들이기 때문에 나의 아들이라 부
름이니, 그는 바로 나의 대업을 이어
새로운 역사를 이룰 수 있는 자이거
늘, 너희들은 어찌 그와 같이 소중함
을 모르는가?
8 너희들은 이 시대에 내가 나의 아들이
라 불러 세상에 내보냄이니,
9 나의 아들 예수를 세상에 내보내어 그
와 같이 처참하고 고통스러운 죽음을
당하게 하였으면서 또다시 나의 아들
을 세상에 내보내 나의 성령을 그로
하여금 전하여 너희들을 구원하는 법
전이라는 이 책을 만들어 가고 있음이
니, 나 여호와의 마음이 얼마나 고통
스러운가를 너희들은 어찌하여 생각
하지 못하며,
10 자식을 죽인 부모가 또 자식을 그 사
자 굴에 밀어 넣는 이와 같은 형극의
길을 가고 있는 나 여호와의 아픈 마
음을 너희들은 어찌하여 잠시도 생각
해 보지 못하며 그와 같은 점을 생각
하지 못하는가?
11 '이 천지에 어찌하여 여호와 하나님의
아들이라는 자가 세상에 있는 이와 같
은 사기극을 벌이는 자가 있느냐?' 너
희들은 그리 말하고 그리 보는 그 마
음을 돌려야 될 것이니라.
12 '우리가 오죽이나 잘못 살았으며 오죽
이나 죄를 많이 지었으며, 하나님께서
아름답게 살라는 이 지상의 낙원이 얼
마나 사악하게 되었으면, 그분이 아들
을 죽게 한 그 몇천 년의 역사가 흐른

다음 또 아들이라 하여 그분의 모든
성령의 뜻을 내려보내겠는가? 그리고
그 아들인들 누가 놔두겠는가?' 생각
해 보라.
13 사자 굴에서 죽게 한 그 자식을 또 사
자 굴에 보내는 전지전능한 하나님,
너희들의 창조주가 오죽이나 답답하
고 괴로우며 더 이상 견딜 수 없으면
그 자식을 또 사자 굴에 내려보내겠는
가?
14 그러한 나의 은혜와 은총과 그 사랑에
너희들은 감사하는 마음을 가질 수는
없는가?
15 나 여호와의 내리는 그 마음을, 너희
들은 부모가 자식으로써 만백성을 구
하기 위하여 그와 같이 희생시키는 그
마음의 아픔을 돌아다본다 하면 나의
법전을 다시 한 번 봐야 될 것이며, 내
가 전하는 이 성령의 뜻을 가슴에 안
고 정독하여 깨우치는 그 길을 가야
할 것이거늘,
16 너희들은 어찌하여 그리 어리석고 우
매한 행위만을 하는가?
17 내가 아들이라 부른 뜻이 여기에 있음
이니라.
18 너희들이 너무나 사악하고, 지금의 살
아가는 방법이 하늘에 오르는 길이라
하여 너희들이 믿고 따르는 그 모두의
믿음이 나에게 거역하는 길을 가고 있
으며 나의 뜻과는 다른 길을 가고 있
음이니, 그들이 과연 어디로 가고 있
는 것인가?
19 그리하여 너희들이 불쌍하고 또 불쌍
하여 나의 아들을 사자 굴과 같은 이
험악한 세상 속에 던지니,
20 너희들은 나의 아들을 해하려 할 것이
며, 나의 법전을 찢어 버리고 태워 버
리며 세상에 존재하지 못하도록 세상
이 다 발칵 뒤집히는 개혁의 바람이
불 것이니,
21 이와 같이 위험한 것을 알면서 나의
아들을 세상에 또 한 번 내려보내는
나 여호와의 이 아픈 마음을 너희들이
돌아다볼 수 있는 그와 같은 마음을
갖도록 그리 깨우치면, 나의 법전이
얼마나 소중하며 나의 성령을 담아 내
리는 '하늘에 오르는 길'이라는 이 책
이 얼마나 소중한 것인가를 너희들이
알 것이니,
22 그와 같은 마음으로 너희들이 깨우침
을 얻어야 될 것이니라.

2,812 번째 하나님 말씀

2002년 8월 4일 08시 27분

1 사랑하는 나의 아들아!
2 "네, 아버님! 말씀하옵소서."
3 너희들이 항상 얼굴을 맞대며 형제처
럼 사는 인간관계의 너희 세속에서도
남의 집을 방문할 때는 그 주인의 허
락이 있어야 그 집을 들어가는 것이
며, 그 주인이 문을 닫고 허락하지 아
니하면 너희들은 그 자리에 들어갈 수
없는 것이니라.
4 너희들이 인간사에 살아가면서 너희
들의 직장이요, 또한 너희들의 집단에
속하는 자도 그 집단에서 원하는 그
뜻을 갖추며 그 기준을 갖추며 그 집
단에서 요구하는 실력의 형태를 갖춘
자가 그 집단에 가서 일할 수 있으며,

소위 그 직장에 가서 일하며 근무할
수 있는 것이 인간 세속의 흘러가는
규칙이 아니더냐?
5 그것이 너희들의 법도이니라.
6 남의 집에 문을 닫았을 때 너희들이
들어갈 수 없으며, 들어가고자 할 때
그 주인의 허락 없이 들어갈 수 없는
것이며, 너희들의 직장이요, 너희들이
선별되어 근무한다는 그곳에도 그 주
인이요, 그 기업의 장이 원하는 실력
과 원하는 기준과 그가 원하는 조건을
다 갖춘 자가 그곳에 가 일하며 그 대
가의 보수를 받는 것이 너희들 세상사
의 흐름이 아니던가?
7 그러면서도 하물며 너희들은 영원히
사는 구원이요, 육의 삶의 세상이 아
니요, 영혼의 세상인 천사들만이 존재
하며 사는 나의 나라에 오겠다 하는
자들인 너희들은 그렇다면 과연 어찌
해야 되는가?
8 너희들이 육의 삶을 마치고 하늘나라
에 오를 수 있다는 것은 나 여호와가
너희들에게 원하는 그 기준을 갖춘 자
며 내가 원하는 것을 행하는 자며 내
가 너희들에게 명하는 것을 순종하고
따르는 자만이 하늘나라에 올 수 있는
이 엄연한 사실을 너희들은 어찌 모르
는가?
9 내가 그리하여 너희들이 하늘에 올 수
있는 자격을 기록하여 세상에 내보냈
음이니라.
10 그것이 바로 내가 불로 쓴 십계명이니
라.
11 하늘나라의 주인인 내가 있는 천국의
문에 들어서는 자는 그를 완벽하게 지
키는 자만이 올 수 있음을 어찌 너희
들은 모르는가?
12 내가 너희들에게 말하였느니라.
13 십계명의 한 계명 중에서 천 분의 일,
억만 분의 일을 어겼어도 너희들은 하
늘나라에 들어올 수 있는 자격이 없으
니 내가 천국의 문을 열어 주지 아니
함이니라.
14 너희들은 내가 원하는 자격의 기준이
요, 내가 원하는 삶을 살지 않았으며
내가 원하는 것을 행하지 않고 살았기
때문에 내가 천국의 문을 열어 줄 수
없는 것이니라.
15 그러니 너희들이 하늘에 오르고자 발
버둥치며 하늘에 오르는 것이 너희들
의 소원이요, 너희들의 크나큰 뜻이
요, 가장 너희들이 원하는 것이라 하
면서 그와 같이 말로써만 하고 발버둥
치며 노력하는 자들이,
16 하늘의 주인인 내가 지키라는 그 뜻은
지키지 아니하며, 하늘에 오를 수 있
는 자격을 갖추라 하였거늘 너희들이
그 자격을 갖추지 아니하고 하늘에 오
르려 함이니, 어찌 너희들이 하늘에
오를 수 있겠는가?
17 하늘에 절대로 오를 수 없는 그 이치
를 깨우치라.
18 너희들이 계명을 지키며, 나의 성서에
너희들에게 지키고 살라 명한 그 율법
을 지키는 자가 하늘에 오를 수 있음
이니,
19 그리하여 너희들이 이를 지키지 아니
하고 지금은 사악한 자들이 세상을 덮
었음이니, 구약과 신약의 그 방법으로
써 너희들을 인도하여서는 하늘에 오

르는 길에 오르게 할 수가 없음이니라.
20 구약과 신약을 가지고는 너희들이 내
가 명하는 것을 따르지 아니하며 내가
원하는 것을 지키지 아니함이니,
21 도리어 너희들은 말하느니라.
22 내가 지키라는 그 계명이요, 율법을
인간이기 때문에 지킬 수 없다 그리
말함이니, 너희들이 얼마나 무서운 죄
를 짓고 있으며, 나와는 정반대의 길
을 가고 있는가?
23 그리하여 그 길을 가며 그 길을 가르
치는 자에게, 하늘에 오르는 길이라며
나의 사랑하는 백성들이 그리 따라감
이니,
24 이는 너희들이 정녕 꿈에도 생각해서
는 아니 될 것이니, 구원의 길과는 정
반대로 가고 있음을 알아야 될 것이니
라.
25 천국에 구원의 길이 아니면 어떠한 길
이더냐?
26 너희들은 지옥의 길로 감이니라.
27 그리하여 내가 구약과 신약을 덮는다
하였음이니라.
28 구약과 신약을 덮는 이유를 너희들이
확실히 알았는가?
29 구약과 신약으로써는 내가 원하는 그
삶과 내가 원하는 자격의 기준을 갖추
지 못하기 때문에, 내가 새로운 제3의
시대를 열어 너희들이 공부하고 깨우
치고 연구하여 자격증을 얻으라 하여,
내가 그 교과서요, 교본을 세상에 내
려보내는 것이 나의 성령을 기록하여
내리는 나의 법전임을 너희들이 어찌
하여 그리도 모르는가?
30 이제는 너희들이 내가 원하는 답안지
요, 내가 너희들에게 깨우쳐 오르는
그 모두의 교과서를 내려보냈음이니,
그 교과서를 보고 그대로 살지 않은
자는 하늘에 오를 수 없으며 구원을
받을 수 없음이니라.
31 그는 무엇이더냐?
32 천국의 문을 들어서는 것은 이것을 지
키지 아니하고 이것을 행하지 아니하
고는 들어올 수 없도록 내가 엄히 정
한 것이 지금 제3의 시대에 내가 내리
는 법전이니라.
33 그리하여 너희들이 지금 내가 원하는
방향으로 살아왔으며, 주인이 원하는
대로 따라왔으며, 천국의 문을 열어
줄 수 있는 나 여호와가 너희들에게
지키고 살라는 그대로 순종하고 지키
는 사람이 되어 변화되었다면 너희들
은 오를 수 있으나,
34 구약과 신약의 시대 가지고는 이제는
그와 같은 하늘에 오르는 길을 볼 수
없으며 점점 더 멀어져 가는 길로 달
려가고 있음이니,
35 너희 조상들이 잘못 가르쳤으며 너희
들이 또 잘못 가르쳤으며 다음 세대에
너희 후손들이 또 더욱더 잘못 가르치
는 그와 같은 상태로 가니, 이 세상이
발 디딜 틈 없는 사악한 곳으로 변하
게 됨이니라.
36 그리하여 내가 구약과 신약을 덮는 것
이 여기에 있음이니라.
37 그리하여 너희들이 천국에 오를 수 있
는 새로운 답안지를 세상에 내려보낸
것이 나의 법전이니라.
38 그리하여 나의 법전을 지키지 아니하
고 이를 보고 깨우치지 아니하는 자는

정녕 하늘나라에 오를 수 없음이니라.
39 하늘의 문을 열어 주는 나의 뜻에, 자
격에 미달되는 것이기 때문에, 너희들
이 하늘에 오를 수 있는 그 자격을 획
득하는 것은 내가 내린 교과서요, 교
본인 나의 법전을 보고 깨우쳐 그대로
행하는 길밖에 없음이니라.
40 즉, 무엇이더냐?
41 천사의 심성을 가지고 살아가는 자,
천사의 심성이 되고자 하는 자, 나 여
호와의 심성이 되고자 하는 자, 그러
한 자만이 천국의 문을 들어올 수 있
는 자격이 있음을 너희들은 알아야 할
것이니라.

2,813 번째 하나님 말씀

2002년 8월 4일 08시 36분

1 사랑하는 나의 아들아!
2 "네, 아버님! 말씀하옵소서."
3 구약의 시대부터 신약의 시대까지 그
많은 나의 백성들이 세상에 나와 살다
죽어 갔음이니라.
4 그리고 지금까지 하늘에 오르는 길이
요, 나의 뜻이요, 참진리를 찾아 하늘
에 오르고자 모두를 다 바치는 백성들
이 수없이 이 세상에 존재했으며,
5 그들을 바른길로 인도하며 구원의 길
로 인도한다 하여 종교 지도자라 하는
자들이 수없이 세상에 나와 저희들 마
음대로 저희 뜻대로 나의 피조물 만백
성을 우롱하다 죽어 갔음이니라.
6 그러나 너희들이 하늘에 오르는 길이
라 하여 가르치고 또 가르쳤던 그 모
두는 너희들이 나에게 오를 수 있는,
주인이 원하는 것이요, 천국의 문을
열어 주는 나 여호와의 뜻에 맞춰 산
자가 없다 내가 그리 말하였음이니라.
7 사랑하는 아들아,
8 너희들이 하늘에 오르고자 한다면 진
정한 나 여호와에게 진정으로 감사하
며, 너희들이 지금껏 살아가며 지은
그 죄의 용서를 빌며, 너희들이 살아
가면서 지은 죄를 회개하고 반성하며,
9 그리고 죄를 짓지 않고 선행을 하며
살아가겠다는 너희들의 굳은 의지의
마음과, 너희들이 살아가면서 나 여호
와가 존재함을 깊이 깨우치고 깨달아
나 여호와의 뜻에 의하여 천사와 같은
심성을 가지고 살아가는 자가 세상에
있었다 하면, 그리고 그와 같은 후손
이 또 후손을 세상에 낳도록 그리했다
하면,
10 지금과 같이 제3의 시대를 열어 나의
아들을 통하여 밤과 낮을 가리지 아니
하고 너희들이 깨우쳐 하늘에 오르는
그 나의 성령이요, 나의 법전이라 하
여 책으로 만들어 내는 이와 같은 역
사의 고통은 있지 아니하였을 것이니
라.
11 그러나 너희들은 죄짓고 용서를 빌며
선행을 하며 나 여호와의 뜻에 의하여
살아간다는 자 중에 천사와 같은 심성
을 가지고 살아가는 자가 한 사람도
이 세상에 없었다 하면, 너희들은 이
뜻을 믿을 수 있겠는가?
12 구약과 신약의 지금의 시대까지 오면
서 너희들이 나 여호와가 원하는 심성
이요, 하늘의 뜻을 하나도 어김이 없
이 지켜 가고자 발버둥치며 살아가는

자가 한 사람도 없었다 하면 너희들은
어찌하여야 되겠는가?
13 너희들은 그와 같이 천사와 같은 아름
다운 마음으로써 나의 뜻을 지키고 살
아가는 자가 없는가 하면, 더욱이 인
생이요, 육의 삶을 살아가면서 너희들
이 생각을 하며 살아가는 그 삶의 형
태가 어떠했던가?
14 너희들은 생각하는 것이 남을 기만하
고 속이는 것이며, '남을 어찌하면 짓
밟고 내가 일어설 수 있는가?' 하는
그와 같은 생각으로써 젖어 와 세상을
살아갔음이니,
15 오죽하면 너희들 인간 세속에서 너희
스스로 추하고 부끄러운 그 말을 만들
어 냈겠는가?
16 핏줄이 같은 형제인 사촌이 땅을 사고
사촌이 더 잘 되면 아무런 관계도 없
는 너희들이 배가 비틀어지며 아프고
통증을 느낀다는 그와 같은 말을 했으
니, 이게 얼마나 너희 인간의 형태를
너희 스스로 잘 나타낸 부끄럽고 추한
말들이던가?
17 그와 같이 행하고 살아오는 것이 너희
들이니, 과연 지금까지 깨우쳐 살아왔
다 하는 자들이 나의 뜻대로 살아가는
자가 한 사람도 세상에 없었다 하면,
너희들은 이를 얼마나 생각하며 받아
들이겠는가?
18 이와 같이 황당무계한 자 없을 것이라
너희들은 말할 것이니라.
19 너희 종교 지도자들이 그런 말을 하며
너희들에게 가르치는가?
20 지금 나 여호와 하나님의 뜻대로 천사
와 같이 아름다운 모습으로 살아가는
자가 세상에 한 사람도 없으니, 단상
에 서서 지도하는 저 자신도 그와 같
은 자격이 없다 말하는 자가 과연 있
겠는가?
21 너희들은 지금까지 나의 뜻대로 살아
가는 자가 한 사람도 없었다 함을 알
아야 될 것이니라.
22 한 사람도 없었음이니라.
23 오직 나의 아들 예수만이 나의 성령이
임하여 살았으니, 세상의 육신의 삶을
너희들에게 비춰 준 그 외에는 아무도
없었음이니라.
24 그리하여 구약과 신약을 지나 제3의
시대에 나의 아들을 세상에 내보내어,
60평생 너희들과 얽히고설켜 살아온
그가 지금 천사의 심성을 따라가고자
발버둥치며 목숨을 내걸고 노력하고
가는 그 모습과 그가 변하는 것을 보
라.
25 그를 따라 변하지 아니한다면 너희들
이 구원을 받을 수 없음이니라.
26 나는 공의의 하나님이요, 똑같이 너희
들을 사랑하기에, 너희들 중에서 그
누구도 그와 같이 스스로 깨닫고 똑같
이 변해 가며 살지 못할 때 내가 그에
게 은혜와 은총을 내리지 아니하며 그
를 거둬들이지 아니한다 그리 말하였
음이니라.
27 나의 아들 또한 스스로 깨닫고 나의
심성대로 살아가지 아니하면 내가 너
희와 똑같이 버린다 하였음이니,
28 이것이 공의의 하나님이요, 공평한 하
나님이요, 질서를 행하는 하나님이라
함을 너희들은 알아야 될 것이니라.

2,814 번째 하나님 말씀

2002년 8월 4일 12시 09분

1 사랑하는 나의 아들아!
2 "네, 아버님! 말씀하옵소서."
3 나의 성전에 와 나의 성령의 뜻을 듣
는 너의 제자들에게 이르라.
4 너희들은 나의 심성으로 살아갈 수 있
으며, 천사와 같은 그 심성으로 살아
갈 수 있는 그와 같은 마음을 가진 것
이 너희들이며, 또한 그와 같이 살아
갈 수 있는 자들이 지금 나로부터 선
택되어 이곳에 남아 있음을 알아야 될
것이니라.
5 너희들은 그와 같이 갈 수 있느니라.
6 영원히 천사들이 사는 하늘의 그 영광
을 너희들이 다 얻을 수 있는 것은 그
곳에 올 수 있는 자격과 기준이 갖춰
진 자만이 올 수 있음이니,
7 너희들이 육의 삶에서 어떠한 일을 거
치고 또는 행하며 살아오더라도 너희
들이 최종적인 그 선을 넘을 수 있는
것은 천사와 같은 심성으로 산 자만이
60점이라는 그 점수의 선을 넘어 너
희들이 그리도 갈구하는 영혼의 세계
에 올 수 있다는 것을 알아야 될 것이
니라.
8 내가 너희들에게 다시 한 번 일깨워
주고자 말하노니, 너희들이 육의 세상
에서 사는 그 삶의 입은 옷은 너희들
이 검정 옷을 입고 사는 것과 마찬가
지이니라.
9 검정 옷을 입고 살던 너희들이 하늘의
천사들이 입는 그 하얀 옷으로 바꿔
입는다는 것은 그 검정 옷을 벗어 던
질 수 있는 자격을 갖춘 자뿐이며, 하
얀 옷을 입을 수 있는 자격이 되어야
거기서 갈아입게 됨이니,
10 이와 같이 너희들에게 일깨워 줌이니
너희들은 오늘 이 이치를 깨우치지 못
하면 아니 되느니라.
11 너희들이 정녕 검정 옷을 벗고 흰옷을
입는 그 하늘나라에 올 수 있는 자격
은 오로지 너희들이 천사가 되고자 하
는 그와 같은 심성으로 살아야만 된다
는 것을 잊지 말라.
12 모든 종파의 종교 지도자요, 모든 너
희들을 지도하는 사람들도 간단히 말
할 것이니라.
13 인간은 신이 될 수 없다 그리 말하노
니, 그게 얼마나 무서운 말이며 얼마
나 큰 죄악을 저희들이 입증하는 것인
가를 너희들은 알아야 될 것이니라.
14 절대 저희들은 선량하고 착한 사람으
로 살 수 없다는 것이 그 하나의 대답
이요,
15 두 번째는 자기는 그저 사는 대로 살
다가 그 복잡하고 어려운 하늘나라에
는 가지 않겠다는 그와 같이 포기의
생각에서 하는 자들의 말임이니,
16 너희들은 이게 얼마나 무서운 말인가
를 세월이 지난 다음에 깨닫게 될 것
이니라.
17 사랑하는 나의 아들아!
18 "네, 아버님! 말씀하옵소서."
19 너의 제자들에게 일러 일깨워 주라.
20 너희들은 내가 너희들에게 무엇을 역
사해 준다 하며 무엇을 이룬다 하며
너희들에게 축복과 부귀와 영화가 있
으며 하늘에 오른다 그리 말함이니,

21 너희들은 너희들에게 내가 내려 주는
축복과 영화요, 너희들이 구원을 받는
다는 소리에는 귀가 번쩍 트여 그걸
로써 가슴에 받아들이나, 그것은 독약
인 것이니라.
22 너희들이 어찌하여 그와 같은 독약은
받아들이면서 너희 몸에 필요한 약은
받아들이지 아니하며 쓰지 아니하려
하는가?
23 내가 너희들에게 축복을 주며 구원을
주며 너희 이름을 지상에서 하늘의 낙
원에 기록해 놓으며 너희들의 육의 삶
의 부귀와 영화를 내려 준다 할 때, 그
다음에 반드시 너희들이 정해야 될 것
이요, 행해야 될 조건이 있음이니라.
24 그리하여 너희들이 어떠한 길을 가고
어떠한 깨달음을 갔다 해도 내가 너희
들에게 내려 준다 그리 말하나, 너희
들은 너희들이 받는다는 것에만 귀가
트이고, 너희들이 지키고 행해야 된다
는 그것은 행하지 아니함이니,
25 너희들이 내가 준다 하는 것을 가슴에
새기는 것은 독약을 받는 것이요, 너
희들이 지켜야만 구원을 받는다는 것
을 가슴에 새기는 것은 너희들에게 그
게 보약이니라.
26 너희들은 그 보약을 받으려 하지 아니
하고 그를 지키려 하지 아니함이니,
너희 몸을 어찌 추스르고 어찌 고치겠
는가?
27 너희들은 반드시 깨우쳐야 될 것이니
라.
28 내가 너희들에게 역사하고자 하기 위
해서는 너희들이 변하는 것이 있으며
내가 너희들에게 원하는 것이 있음이
니, 그를 너희들이 고치지 아니하고
변화되지 아니하면 줄 수 없음을 알아
야 될 것이니라.
29 너의 제자들은 깨우쳐 일러야 될 것이
니라.
30 내가 너희들에게 역사를 이루는 것을
생각하기 전에, 먼저 너희들이 내가
너희보고 지키고 살라 했던 그것을 지
키고 변화될 때, 그 모두는 너희들에
게 얻어진다는 것을 생각해야 될 것이
니라.
31 지금 나의 피조물 만백성이 잘못 가고
잘못 깨우치며, 한 사람도 구원받을
자 없으며, 나의 뜻을 아는 자 없으며,
나의 뜻대로 살아가는 자가 이 지상
수십억 인구 중에 한 명도 없다 하면,
너는 그를 믿겠는가?
32 이것이 엄연한 사실이니라.
33 너희들은 어찌 살아가는가?
34 그저 구원을 받았다는 편안한 방법으
로써 살아가며, 성전이라는 곳에 찾아
가서 구원을 받는다 그리 말함이니,
너희들이 그와 같은 깨달음으로 살아
온 것이 얼마나 어리석고 우둔한 믿음
이었는가?
35 너희들이 지금 여기서 지키고 행해야
될 길이 얼마나 험난하고 힘든가?
36 두 개를 놓고 비교해 볼 때 어떠한 것
이 진정한 너희들이 가야 할 길이며
지켜야 할 것인가를 알 것이니라.
37 오늘 내가 너희들에게 간곡히 명함이
니, 이를 실천하라.
38 너희들은 나에게 받는 것을, 내가 내
린다는 것을 듣기 전에, 내가 너희들
에게 지키고 행하라는 것부터 더 기쁨

으로 받아들이며 영광으로 받아들이
며, 먼저 그를 행하고 실천하는 속에
너희들 스스로 자신도 모르게 모든 영
광이 너희들 앞에 내려진다는 것을 잊
지 말라.

2,815 번째 하나님 말씀

2002년 8월 4일 14시 26분

1 사랑하는 나의 아들아!
2 "네, 아버님! 말씀하옵소서."
3 지금 제3의 시대를 열어 가며 나의 법
전을 세상에 내보내지 아니한다 하면
너희들은 걷잡을 수 없는 파장의 소용
돌이에서 아무것도 수습할 수 없는 그
와 같은 형국이 이루어지게 됨이니,
4 너희들은 지금 2천 년 동안 내려오면
서 뭐라 말하였느냐?
5 나의 아들 예수가 재림하여 너희들을
다시 구원의 길에 인도한다 하였으며,
그와 같은 방법으로써 너희들이 나의
피조물 만백성을 이끌고 또 이끌어 왔
음이니,
6 이는 결국 그와 같이 너희 후손이 또
종교 지도자라는 자들이 그와 같은 방
법으로 계속 이끌어 간다 하면 계속
거짓과 거짓으로 이끌어짐이니,
7 어디까지 나의 피조물 만백성이 그러
한 거짓 선동에 속아 넘어간다 말할
수 있겠는가?
8 내가 너에게 일찍이 말하여 주지 아니
하였더냐?
9 지금 성전이라 하여 너희들이 손으로
짓는 그곳이 밤마다 십자가에 불을 켜
나를 고문하는 그와 같은 곳이 앞으로
열 발짝 안에 하나씩 생긴다 하였음이
니라.
10 지금 수천 개, 수만 개 생겨 있는 종교
지도자들은 그나마 그래도 그 숫자로
써 저희들이 잘못하고 잘못 가는 것을
그저 덮어 나갈 수 있으며, 나의 피조
물 만백성이 그를 속아 넘어갈 수 있
음이니라.
11 그러나 그 성전이 열 집 건너 하나씩
생길 때, 잘못 가르치고 잘못 가는 종
교 지도자들이 그와 같이 우후죽순으
로 계속 늘어날 때,
12 종교 지도자들이 실수하는 것과 그들
이 잘못 가는 것과 그들이 잘못 가르
치는 그것을 나의 피조물 만백성이 알
게 되며 그들이 잘못되었다는 것을 깨
닫게 되며 그들이 해서는 안 될 행위
를 하는 것을 나의 피조물 만백성이
많이 보게 되며,
13 또 종교 지도자들이 지금의 숫자보다
더 많이 늘고 늘어남으로 인해서 그들
이 실수하며 오판하며 나의 피조물 만
백성만도 못한 행위를 저지르는 그와
같은 역사가 수없이 이루어질 것이니,
14 그와 같이 열 발짝도 안 돼서 하나의
성전이라는 것이 이루어지는 그와 같
은 형국이 생겼을 때, 그 숫자만큼 종
교 지도자들의 겉과 속이 다른 그러한
추한 행위를 나의 피조물 만백성이 보
게 되었을 때, 정녕 만백성들은 더 이
상 참지 아니할 것이니라.
15 그리하여 만백성이 그들을 보고 폭동
을 이루었을 때 그것은 어떠한 결과가
나오는가?
16 나 여호와가 존재하지 아니하다는 것

으로써 그들은 밀어붙일 것이며, 그리
하여 '여호와 하나님이 존재하긴 무슨
존재하느냐, 여호와 하나님에게 인도
하며 그 선택받았다는 자들이 하는 행
위가 이리도 추하고 우리 만백성을 속
인다.' 하여 폭동을 이루어 그 문을 부
수며 그곳에 돌입하여 돌팔매질하며
불을 지를 때, 그들은 어떠한 형국이
이루어지겠는가?
17 정녕 나 여호와가 세상을 지배하는 여
호와가 아니며, 하늘에 존재하는 나
여호와가 없다 너희들은 생각하여 육
의 삶의 그 향락의 세상으로 빠져 들
어갈 것이며,
18 모세의 구약 시대의 그 백성들이 우상
을 만들어 광란의 시대를 이루었듯이
그와 같이 세상이 걷잡을 수 없게 될
것이니라.
19 종교 지도자가 늘면 늘수록, 너희들이
성전이라 하며 짓는 것을 지으면 지을
수록 선하고 착한 나의 백성이 되는
것이 아니라, 종교 지도자들의 악행을
더 보게 되며 또 추한 모습을 보게 되
며,
20 그리하여 잘못 깨우침을 가고 있다는
것을 깨달은 백성들이 일어나 폭동을
이룰 때는 그 성전의 문을 닫게 하는
것만이 아니라, 나 여호와가 존재한다
는 그 자체까지도 그들은 지워 버리고
그를 망각하며 살아가는 그와 같은 무
서운 폭동의 결과가 일어나는 것은 당
연한 것이니라.
21 그리하여 그와 같은 것을 막기 위하여,
22 나마저 지우며 나마저 존재하지 아니
한다 하며 정녕 돌이킬 수 없는 사악
한 쪽으로, 광란의 형태로 나의 피조
물 만백성이 다 뒤집어져 바뀌어졌을
때는 더 이상 그를 잡을 수 없으며 그
들에게 근접하여 뿌리를 내릴 수 없
게 되며, 그와 같은 근거가 아무것도
없게 됨이니라.
23 그리하여 너희들이 열 발짝마다 하나
씩 성전이 생기며 잘못 가는 종교 지
도자들의 그 숫자가 늘고 또 늘어 그
들의 비행을 보며 그들의 잘못과 추한
모습을 보고 나의 백성들이 폭동을 이
루어 정녕 나 여호와가 존재하지 아니
함을 그들의 머릿속에 심는 그와 같은
무서운 결과를 이루는 것을 막기 위하
여,
24 지금 내가 제3의 시대에 그들이 나의
법전을 보고 나의 성령이라는 것을 깨
닫고 저희들의 광분된 마음을 달래며,
하늘에 오를 수 있는 길이 이쪽에 있
음을 알고 깨우쳐 하늘에 오르는 그
길을 볼 수 있으며, 그 광분한 마음을
달랠 수 있으며, 진정한 나 여호와의
하늘에 오르는 길을 깨달아 그 마음을
다스려 평온을 찾으며,
25 나 여호와가 존재함을 만백성이 길이
기억하며, 그리하여 천사와 같이 변하
는 백성들이 내가 이루는 새 시대에
새 역사를 이루는 데 기틀을 동시에
이루고자 하는 것이 나의 뜻임을 너희
들은 알아야 될 것이니라.
26 제3의 시대에 나의 성령을 태워 나의
아들에게 보내는 '하늘에 오르는 길'
이요, 나의 법전이라 하여 기록되어
이 책이 세상에 나가 만백성이 이를
접하지 아니하면, 너희들이 극에 달하

는 폭동의 시대가 이루어질 것이니,
그는 걷잡을 수 없으며, 지금의 믿음
의 길로 인도한다는 너희들은 모두가
다 재가 될 것이니라.
27 그리하여 또한 그들이 이 세상을 다
지배했을 때 어떠한 결과가 나오는가?
28 나 여호와의 이름조차도 이 지상에 존
재하지 못하는 그와 같은 험악한 형국
이 이루어질 것이니,
29 그를 다스리며, 내가 이루는 새로운
천 년의 새 역사를 이루는 데 너희들
이 깨달아 동참하며 동시에 구원을 받
는 길을 다스리고 일깨워 주기 위하여
나의 법전이 세상에 나가는 이 깊은
뜻을 이제 너의 제자들이 깨달을 때가
되었음을 알라.

2,816 번째 하나님 말씀

2002년 8월 4일 14시 49분

1 사랑하는 나의 아들아!
2 "네, 아버님! 말씀하옵소서."
3 너희들은 정녕 구원의 길이요, 믿음의
가는 그 길이 무엇이라 말하며, 하늘
에 오르는 그 축복을 얻는 영광의 길
이 무엇인가 너는 알겠는가?
4 "네, 아버님! 알겠사옵나이다.
5 전지전능한 아버님께서 내리신 그 모
든 말씀은 참진리이며, 그 진리만이
하늘에 오를 수 있는 길이라 깨달았사
오며,
6 그 진리의 말씀대로 살아가는 자, 그
리고 그리 지키는 자만이 구원의 영광
을 볼 수 있다 그리 생각하고 깨달았
사옵나이다. 그리하여 그 진리는 변하
지 아니하며 그 진리의 말씀은 썩지
않는다 저는 깨달았사옵나이다.
7 그리하여 부족하고, 완벽한 인간이요,
신의 심성으로 살아가지 못하는 저희
들은 그 진리의 말씀에 따라 살아가며
그 진리에 근접할 수 있도록, 신의 심
성의 경지에 도달할 수 있도록 깨우침
의 노력과 노력을 더하여 그와 같이
변하여 가는 그 삶이 여호와 하나님으
로부터 구원의 길을 얻을 수 있는 것
이라 생각되오며,
8 그것만이 하늘나라, 곧 천사들이 사는
그 영광된 나라에 오를 수 있다는 것
을 깨달았사옵나이다."
9 사랑하는 아들아, 그러하니라.
10 내가 너희들에게 전하는 성령의 뜻은
곧 참진리요, 그것이 모든 너희들의
구원에 오르는 정답이며, 그게 바로
길이니라.
11 너희들이 과학이라는 그 변화의 발전
도 또한 인간사에서 어찌 이루어지던
가?
12 너희들이 하나의 제품을 만들어 거기
에서 연구하고 몰두하며 많은 시간과
모든 것을 다 투자함으로 인해서 그
기계의 완벽함을 만들며, 그 기계에
무한한 변화의 역사로써 너희들이 경
탄할 그와 같은 완제품을 만들어 내는
것이 아니더냐?
13 너희들이 좋은 쪽으로, 새로 발명하는
쪽으로, 새로운 역사를 이루는 쪽으로
모두를 바쳐 노력하고 노력함에 따라
서 그 제품이 더 발전되며 더 위대한
역사를 이루는 그와 같은 것으로써 이
루어지지 아니하더냐?

14 바로 믿음이 그러하니라.
15 그와 같이 참진리인 나의 진리를 따라
가고자 노력하는 자, 그리 변하는 자
만이 구원의 길을 얻을 수 있는 것이
니라.
16 그러나 지금 수천 년 동안 흘러오는
이 종교의 가르치는 자, 믿음을 따르
는 자, 그리고 구원을 받았다 말하는
그들이 어찌 살아가는가?
17 그들은 인간의 욕심이라는 그 인간 본
연의 틀을 벗지 못하며 인간이 원하고
자 하는 그 사욕을 버리지 못하고 있
음이니, 그들은 참진리의 길을 가려
하지 아니함이니라.
18 참진리의 그 길을 내가 너희들에게 원
하며, 너희들에게 명하며, 너희들이
지키고 하늘에 올 수 있는 모든 계명
을 내리고 지키라 하는 것은 너희들이
어렵고 힘들며 인간으로서는 할 수 없
다 그리 미리 판단을 하여, 그와 같이
가고자 하는 자들까지도 그리 갈 수
없으니, 편안한 길을 선택해서 가라
그리 말함이니라.
19 그 편안한 길을 선택하는 것은 바로
지옥 불로 떨어지는 그와 같은 길로
가는 것이거늘, 너희들은 그리 가르치
는 자들의 말을 믿어 너희들이 편안한
그 길을 선택하게 됨이니, 그게 바로
너희들이 구원을 받지 못하며,
20 하늘에 오를 준비가 된 자요, 하늘에
오를 만큼 깨달은 자가 이 세상에 한
명도 없다 내가 말하는 뜻이 여기에
있으니, 너희들이 나의 뜻을 거역하고
가고 있기 때문이니라.
21 사랑하는 나의 아들아!
22 "네, 아버님! 말씀하옵소서."
23 이와 같이 지금 잘못 가는 그 백성들
이 저희들이 가는 길이 진정한 길이라
그리 믿고 가니, 그들을 과연 어떠한
방법으로써 깨우칠 수 있으며 인도할
수 있다 생각하는가?
24 한 사람의 설교와 설법을 하는 자로서
그를 깨우칠 수 있다 말하는가, 그리
고 말재주를 가지고 있는 자가 그를
깨우칠 수 있다 너희들이 말하는가?
25 어떠한 형태로든 그들을 깨우쳐 이끌
어 갈 수는 없음이니라.
26 오로지 참진리는 변하지 아니함이니,
너희들이 변하지 않는 그 진리를 보고
읽고 깨우칠 수 있도록 그와 같이 책
으로 만들어 내며 글로 만들어 내, 그
게 너희 대대손손이 읽고 깨우쳐 갈
때 그대로 그 뜻을 계승하며 그와 같
이 흘러가는 것이 바로 너희들을 깨우
쳐 구원에 오르는 길을 인도할 수 있
는 것임을 너희들은 어찌하여 그리 모
르는가?
27 정녕 나 여호와가 나의 아들을 통하여
너희들에게 구원에 오르는 길이요, 구
원에 오르는 그 답을 깨우쳐 주거늘,
이게 정녕 잘못되었다 너희들은 생각
하는가?
28 지금 너희들이 가고 있는 그 믿음의
길이 어렵고 힘든 참진리의 길을 찾아
가기 위하여 노력하고 또 노력하고 깨
우쳐 가는 것이 아님이니라.
29 그리하여 너희들이 역행하는 그 삶으
로 가고 있다는 것을 너희들은 오늘
깨우쳐야 될 것이니,
30 이를 깨우치고 지금의 세상에 흐르는

것을 너희들이 본다 하면 어느 것이 잘못되었으며 어느 것이 진정 하늘에 오르는 길인가를 알게 될 것이니, 이제 이를 깨우칠 때가 되었음을 알아야 될 것이니라.

2,817 번째 하나님 말씀

2002년 8월 4일 16시

1 사랑하는 나의 아들아!
2 "네, 아버님! 말씀하옵소서."
3 내가 너에게 일러 말하지 아니하였더냐?
4 깨우친 자며 깨달은 자는 어찌 살아가야 된다 하였느냐?
5 진흙탕 속에서 허덕이는 나의 피조물 만백성을 위해, 그 진흙탕 속에 들어가 거기에 제가 물들지 아니하며 그 속에서 그들을 구원하여 건져 내는 자가 진정한 깨달음을 행하는 자라 그리 말하였느니라.
6 깊은 산 속에 혼자 세상의 이치를 깨달으며, 진리를 깨달았다 하며, 인간의 사는 도리를 알았다 하여 물과 솔잎을 먹고 사는 자가 저 혼자 깨닫고 이치를 깨달으면 무엇하겠느냐, 저 혼자 구원받고자 한다면 무엇하겠느냐?
7 그가 그 깨달음을 가지고 세속에 나와 만백성을 구하는 그 길을 가는 것이 근본이요, 본분이라 하지 아니하였던가?
8 나의 아들아!
9 "네, 아버님! 말씀하옵소서."
10 너는 지금 인간 세속의 육 속에서 살아가며 너와 같이 더불어 만백성이 살아가는 그 형태 속에서 살아가고 있음이니라.
11 네가 나의 심성을 닮으며 천사와 같은 심성으로써 살아가고자 노력하며 변해 가나, 네가 그와 같이 너 스스로 마음을 다져 가도, 인간 세속에서 살아가는 사람들에게 네 모습이 그리 비치고 그리 깨닫기에는 많은 시간이 필요하며, 또한 그와 같이 확실히 그들의 눈에 비쳤을 때 그들은 네가 변한 것을 알게 될 것이니라.
12 네가 육의 삶에서 그 언행이요, 행함이 변화되지 아니하며, 남들이 봐서 네 행동에 눈살을 찌푸리는 그와 같은 일이 있다 하면, 네가 내면으로 아무리 높이 깨우쳐 행한다 해도 그건 그들에게 설득력이 없으며, 그들을 깨우칠 길이 없음이니라.
13 너는 네가 여기서 하나를 알아야 될 것이니라.
14 네가 나의 뜻을 받아 하늘의 이치를 알며 하늘의 뜻을 알며 나로부터 성령을 받는 나의 아들로서 살아갈 때, 그 마음이 얼마나 깨끗하며 고운지를 나는 아노라.
15 그러나 네가 육의 삶에 살아가면서 남들로부터 그와 같은 언행으로 비치지 아니할 때, 그들이 너의 내면을 봐 주기를 바란다는 것은 네가 너무나도 잘못 생각하는 것이며, 그것은 네 판단의 착오임을 알아야 될 것이니라.
16 그들이 너의 내면의 가지고 있는 성품이나 인성을 보기에는 너무나도 많은 시간이 걸리며, 또한 그를 이해할 수 있는 사람은 세상에 없음을 알라.

17 그들과 대화하며 행동하는 속에서 하
나의 실수가 없으며 오점을 남기지 않
는 그와 같은 삶으로 살아갈 때, 그를
더 따르고 존경하게 됨이며 그 사람의
말을 신뢰하는 것이 인간 세속의 살아
가는 방법이니라.
18 많은 사람들은 행동을 다스리지 못하
며 제 마음을 다스리지 못하나, 너는
스스로 네 마음을 다스리면서 네 행동
에 대한 그 오점을 남기는 일이 있어
서는 아니 될 것이니,
19 육의 세상의 행동함을 네가 이제 돌아
다보며 그 세상 속에 맞춰 행동을 해
야 될 것이니라.
20 네가 지금 나의 160권의 법전을 받아
세상에 내야 되며, 지금까지 네가 밤
낮 쉬는 시간 없이 3부의 법전을 만들
기 위하여 나의 성령을 받아 기록하
며, 이를 책으로 만들어 만백성에게
전하며, 또 그들에게 전하기 위해서
얽히고설킨 복잡하고 힘든 그 속에서
헤쳐 가고자 노력함을 나 여호와는 잘
알고 있음이니라.
21 그러나 네가 지금 거기까지 깨우쳐 오
면서 네 성령이요, 네 마음이요, 네 심
성이 변해 오는 데는 최선을 다하여
사탄들도 감히 고개를 흔들 정도로 네
마음이 변해 있는 것을 나는 아노라.
22 그리고 천사들도 알고 있음이니라.
23 그러나 이 세상에 인간의 형태로써 너
와 더불어 사는 다른 사람들은 천사가
아직 아니지 않더냐?
24 그러니 네 마음을 아직 모름이니라.
25 네가 행동하는 모습을 보고, 너의 눈
빛 하나, 너의 눈썹 하나 움직이는 것,
너의 손가락 하나 움직이는 것, 그들
은 그것을 보고 평가하며 다스려짐이
니,
26 네 깊은 속마음은 그들이 천사가 아니
기 때문에 알 수 없음이니, 그 마음을
믿어 그들이 그를 알아주기를 바라며
그 마음이 비치기를 바란다면 아니
됨을 이제 알아야 될 것이니라.
27 3부의 법전을 받아써 네가 이만큼 깨
달은 경지에 올라왔으니, 너는 오늘부
터 육의 삶의 그 형태로써 다시 돌아
가 인간 세속에서 살아가는 데 하나의
차질이 없도록 아름다운 모습으로 살
아가는 그와 같은 훈련을 시작하여,
우선 만백성에게 거울이 되어야 될 것
이니 그리 알아야 할 것이니라.
28 사랑하는 나의 아들아,
29 어렵고 힘든 이 길을 너는 가야만 되
며, 너는 또 승자가 될 수 있으며, 갈
수 있는 자이니라.
30 육신의 다스림보다도 마음이요, 정신
을 다스리기가 더 어렵고 힘들거늘,
네가 이제 육신보다도 정신과 생각으
로써 모두를 다 다스려 나감이니, 육
의 다스림과 행함은 아무것도 아닐 것
이니,
31 이제 육의 다스림과 살아가는 모습이
만백성에게 아름답게 비칠 수 있도록
그와 같은 육의 행동에 네가 역점을
두는 훈련에 들어가도록 그리하라, 나
의 사랑하는 아들아!

2,818 번째 하나님 말씀

2002년 8월 4일 16시 13분

1 사랑하는 나의 아들아!
2 "네, 아버님! 말씀하옵소서."
3 내가 너에게 일깨워 말하기를 뭐라 하였더냐?
4 네가 한 송이 꽃을 보면 네 마음을 그 꽃 속에 보내라 했으며, 봄에 일찍 피는 노란 개나리를 볼 때 그 개나리 나무 속에 너를 들여보내 네가 그속에 들어가서 그와 같은 깨우침을 얻으라 하였음이니라.
5 그리고 내가 너에게 뭐라 일렀던가?
6 네가 사람과 대화하되 그 사람의 마음 속으로 네 마음을 보내 그와 같이 대화할 때 네가 가장 낮은 자가 될 수 있다 그리 말하였음이니라.
7 너는 어찌하여 거기서 그 하나의 깨달음 이외에는 깨닫지 못하는가?
8 내가 너에게 내리는 모든 것을 살과 뼈를 만들어 그를 깨달아 네 것으로 만들라 하였음이니, 이제 이만큼 나의 법전을 읽고 깨우친 너는 모든 사람과 대화하는 그때마다 네 마음을 진정 그 상대방의 가슴속에 보내야 될 것이니라.
9 그 가슴속에 네 마음을 보내어 그가 무엇을 좋아하며 무엇을 싫어하는지를, 그가 기뻐하는 것과 기뻐하지 않는 것을 알기 위하여 그 사람 속에 너 자신의 영혼을 보내라는 것이 아니며 네 마음을 그리 보내는 것이 아님을 알라.
10 사람과 사람이 대화할 때 네가 그 사람의 가슴에 너의 가슴의 모든 심성을 다 보내어 그 사람이 되라 함은, 그 사람의 장점이요, 그 사람의 단점이요, 그가 가지고 있는 성격이요, 그가 가지고 있는 특성을 깨달아 그와 더불어 대화할 수 있는 사람이 되어야 한다는 것을 내가 너에게 깨우쳐 주고자 하였음을 알아야 할 것이니라.
11 네가 사람과 대화할 때 그 상대방에게 네 마음을 다 보낼 때, 너는 가서 그 사람이 기뻐하고 슬퍼하는, 그와 같은 즐거워하고 즐거워하지 않는 것에 그 대화의 초점을 맞춰 가라는 것이 아니며, 그 사람의 어떠한 심리 상태를 파악하라는 것도 아니니라.
12 자기만의 특성이요, 성격이요, 아름다운 장점과 또한 고쳐야 할 단점과 이와 같은 것을 가지고 있는 것이 사람이지 않은가?
13 그리하여 네가 그 사람의 장점을 들여다보고 또 그 사람이 고쳐야 할 단점을 들여다보는 이와 같은 마음을, 네가 상대방에게 네 마음을 보내어 그를 깨우쳐 그와 대화하며 행하라 하였음이니라.
14 네가 그와 같이 마음을 다 주어서 상대방의 마음의 장점과 단점을 깨달았을 때, 너는 그 사람과 하나가 되는 것이며, 너를 배신하지 않는 너의 제자요, 너의 동료요, 친구로 이룰 수 있느니라.
15 네가 그와 같은 심성으로 보지 아니하고 그와 대화한다면 언제나 너희들은 떠날 사람이며 헤어질 수 있는 사람이라는 것을 알아야 될 것이니라.

16 서로 그 깊은 마음을 알고 알아줄 때,
그리고 서로 같은 속에서 같은 대화를
나누며 같이 생각이 맞아 갈 때, 그때
너희들의 끈끈한 인간의 맺어짐은 절
대 끊어짐이 없으며 흐트러짐이 없음
이니라.
17 이는 자기만이 가지고 있는 장점을 상
대방이 알아주기 때문이요, 자기가 가
지고 있는 단점을 상대방이 알아 주기
때문에, 그를 만났을 때 가장 평온하
고 가장 편안한 마음의 친구요, 스승
이요, 제자와 같은 인간관계가 형성되
는 그와 같은 뜻이 거기에 있음이니라.
18 그리하여 네가 누구를 만나든 네 마음
을 그 사람의 가슴속에 보내라 함은
이와 같은 것을 네가 깨달아 인간과
인간 사이에 이루어지는 그 대화 속에
서 하나의 오차나 실수가 없는 삶을
살아가도록 하고자 하는 데에 내가 너
에게 일깨워 준 뜻이 있음이니라.
19 네 밑에 와서 10년이요, 몇 년이요, 많
은 세월을 공부하고 깨달은 제자, 그
리고 네 앞에 와서 1년이요, 또는 몇
개월 동안에 나의 법전을 읽고 깨우쳐
너의 제자가 되고자 하는 자, 네가 네
제자에게 그 마음을 주어 그 마음의
장점과 단점이요, 그의 특성을 깨우쳐
바라보고자 하는 마음이 없다 하면 그
들은 항상 그 세월에 관계없이 물과
기름같이 겉도는 그와 같은 인간관계
가 형성됨이니,
20 항상 그들은 기름은 기름을 찾아가며
물은 물대로 흘러가는, 서로 헤어지고
또 헤어지는 그와 같은 인간관계가 형
성되게 되어 있음을 너는 알아야 될
것이니라.
21 모든 사람들이 너에게 와 제자라 임하
며, 또는 너와 더불어 나의 법전을 깨
우쳐 만백성에게 전하겠다 그리 생각
하며, 너와 한 시대를 같이 가고자 하
는 그 사람들이 너에게서 떠나며 그들
이 등 돌리고 가는 것은 나의 성령이
나의 성령의 뜻이 아님도 아니요, 나
의 가르침이 잘못됨도 아니요, 네가
또한 마음씀이요, 행동을 잘못하는 것
보다도,
22 너 자신이 그들과 일맥상통하는, 그의
장점과 단점과 고쳐야 할 점 그리고
그의 특성, 그가 가진 아름다운 마음,
이와 같은 것을 네가 전혀 파악하지
못하며 그 마음을 들여다보지 못하며
그와 같이 행하지 못하기 때문에 그와
같은 형국이 이루어진다는 것을 너는
깊이 깨달아,
23 네 앞에 오는 한 사람의 제자라도 네
마음의 전부를 그 가슴에 진정으로 보
내서 바로 그가 가지고 있는 모든 장
점을, 또 단점을, 그의 특성을, 그와
같은 것을 네가 같이 깨우쳐 갈 때 너
와 그는 영원히 헤어지지 않는 그와
같은 인간관계가 형성되어 간다는 것
을 알아야 될 것이니라.
24 내가 너에게 말하지 않더냐?
25 아무리 수박이라는 것을 겉을 핥아 보
아도, 아무리 겉을 긁어 보아도 그 맛
을 모른다 하지 아니하였더냐?
26 수박을 쪼개 그 속을 먹어 볼 때만이
그 맛을 알 수 있으며 그 신비함을 알
수 있는 것이며 그 전부를 알 수 있는
것이 아니더냐?

27 그와 같은 것이니라.
28 외형적으로 너희들이 주고받는 형식
적인 삶의 인간관계를 10년 아니라
죽을 때까지 간다 해도 거기에는 진실
한 맺음이, 끈끈한 정이 없음이니라.
29 수박의 속을 쪼개서 맛을 보고 깨우쳐
야 그 진미를 알듯이, 그와 같이 너의
제자와 너는 하나가 되어야 될 것이
며, 그 마음속의 깊은 곳까지 헤아리
고 바라볼 수 있는 그와 같은 자상한
마음을 가지는 것이,
30 네가 수박의 겉을 핥는 것이 아니라
그 속을 알듯이, 너와 더불어 살아가
는 나의 피조물 만백성의 겉모양이요,
허례허식이요, 형식적인 것이 아니라
진실한 그 깊은 곳에서 서로 기쁨과
아픔을 같이 논할 수 있는 그와 같은
것이 얼마나 위대한 삶인가를 너는 알
아야 될 것이며,
31 스승으로서, 제자를 다스리는 선생으
로서 그는 네가 갖추어야 할 가장 중
요한 필수 덕목이며 네가 행하여야 될
것이라는 것을 깊이 깨달아야 될 것이
니라.
32 또한 이와 같은 대목을 너를 따르는
너의 제자들에게 일깨워 주어 그들도
하나같이 그와 같은 마음으로써 서로
동료를 바라보며, 저희 이웃을 바라보
며, 형제들을 바라보며, 또 저희보다
늦게 들어온 후배들을 바라보고 행하
고 서로 사랑하며 살아갈 수 있도록
그리 그들에게 깨우쳐 주라, 나의 아
들아!
33 이제 너희들이 경지에 오를 만큼 올랐
음이니라.
34 나의 법전의 3부를 기록하며, 너희들
이 1부를 공부하는 자가 두 번째, 세
번째 되며, 또 곧 2부의 모든 내용들
과 3부에서 내가 나의 아들을 통한 성
령의 앞에 가는 깨우침을 수없이 들어
와서 너희 마음의 경지는 높으나,
35 너희들이 행하는 것을 모르며 갈 바를
모르기에 내가 하나하나 너희들이 행
해야 할 것을 손에 쥐여 줌이니,
36 이를 놓쳐서는 아니 될 것이니, 너희
것으로 만들어 너희들이 내가 원하는
자식이요, 아들과 딸로서 성장해 나에
게 올 수 있는 그와 같은 영광을 얻도
록 그리하라.

2,819 번째 하나님 말씀

2002년 8월 4일 16시 58분

1 사랑하는 나의 아들아!
2 "네, 아버님! 말씀하옵소서."
3 네가 160권이라는 나의 장서의 이 법
전을 쓸 때마다, 네가 나로부터 성령
의 메시지를 받아 기록할 때마다 네가
십계명을 암송하지 아니한 적이 없음
이니, 네 입이 부르트도록 나의 십계
명을 암송하며 나의 성령을 받아 160
권의 법전을 만들어 만백성을 구하고
자 이 책을 기록함이니,
4 내가 십계명이 너희들의 영혼이 사는
생명수요, 너희들이 하늘나라에 오르
는 근본이요, 너희들의 영양분이라 하
였음이니라.
5 그리하여 시간 시간마다 네가 나로부
터 성령을 받을 때 한 구절 한 구절마
다 네가 간곡히 나의 십계명을 외우지

아니하고 받아 기록한 적이 없으니,
6 이 세상 어떠한 책이요, 어떠한 장서
라 하여도 너희들이 그 글을 쓰기 위
하여 쓸 때마다 나의 십계명을 그 앞
에 암송하고 또 암송하며 그것만이 하
늘에 오르는 길이라 하여 그와 같이
정성을 들여 나의 법전과 같은 책을
만든 자 있는가 한번 물어보라.
7 세상에 수없는 책들이 나왔으며, 수없
는 너희들의 가르침의 교과서요, 많은
시집이요, 책이 이 세상에 수없이 많
으니, 그 책들이 나올 때마다, 한 페이
지 한 페이지 쓸 때마다 나의 십계명
을 암송하며 나에게 간곡히 기도하여
그와 같이 책을 쓴 자 있는가 물어보
라.
8 지금 나의 아들이 3부의 책을 들어감
에 있어서 그 날짜 날짜마다 기록한
책의 장수가 수천수만 장이 될 것이
니, 그 장장 마다 그는 한 번도 십계명
을 암송하지 아니하고 기록한 적이 없
음이니라.
9 그와 같이 그가 십계명을 암송하여 정
성을 들여 나의 성령을 받아 기록한
책이 세상에 어디에 있는가 너희들은
물어보라.
10 아무리 법전이 기록되어 있는 책이요,
너희들이 말하는 팔만대장경이라 하
는 그와 같은 것도, 몇십 권의 소설책
이요, 몇백 권의 소설책으로 엮어진
것이 있다 해도,
11 과연 그들은 나에게 경배하며 기도하
며, 나의 법전이 세상에 나오는 것처
럼 그리 정성 들이고 십계명을 암송하
며 나를 찾으며 나에게 기도하여 경배
하며, 그리하여 나로부터 성령을 받아
세상에 책을 만들어 낸 자 있는가 물
어보라.
12 나의 아들이 법전을 만들어 세상에 전
할 때마다 기도하고 경배하며 십계명
을 외우듯이 그와 같이 살아온 자 있
는가 물어보라.
13 수천 년 동안에 종교 지도자라 하여
내려오는 몇천 년의 역사가 흘러오는
동안에 지금, 가장 위대한 종교 지도
자라 그리하여 나의 피조물 만백성을
하늘로 이끌어 간다 하여 단상에서 열
변을 토하며 설교라는 것을 하는 자
들, 과연 너희들이 나의 계명을 얼마
나 외웠는가?
14 그리고 나의 계명을 얼마나 암송하며
너희들이 그리 나에게 기도하고 경배
하며 그들을 깨우쳤는가?
15 나의 아들이 너희들에게 나의 법전을
가르치며 나의 성령을 전할 때 그것이
끝남과 동시에 기도를 드리기 위하여
나에게 십계명을 암송하지 않은 적이
한 번이라도 있는가?
16 그는 수천수만 번 십계명을 암송하고
기도하면서 이 법전을 세상에 만들어
냈으니,
17 이 세상에 나오는 나의 법전에 기록된
나의 성령의 뜻보다도 그가 암송한 그
십계명의 내용을 그때마다 기록했다
면 이 책의 두께보다도 더 많은 십계
명을 암송하며 이 책을 만들었음을 너
희들은 알아야 될 것이니라.
18 나의 아들이 160권의 그 장장마다 이
책을 만들어 낼 때 그 160권의 책의
분량처럼 십계명을 암송하며 외웠다

면 이는 320권의 책을 쓰는 것과 마찬
가지의 그와 같은 고통과 어려움 속에
서 나 여호와를 간곡히 찾았으며 나에
게 간곡히 기도를 드렸음이니,
19 이와 같이 나를 찾으며 나에게 정성
들여, 내가 영혼의 생명이라 이른 그
십계명을 그리 찾고 암송하며 그를 지
켜 하늘에 오르겠다 하여 그와 같이
암송한 자 있으면 나와 보라 하라.
20 여기에서 너희들은 알아야 될 것이니
라.
21 내가 너희들의 영혼의 양식이요, 구원
의 양식이라 했던 그 십계명을 그와
같이 암송하며, 그 길대로 살아가겠다
하여 나의 아들보다 더 많이 암송하며
더 나에게 기도하여 바친 자 있으면
어떤 종교 지도자든지 나와 보라 말하
라.
22 십계명을 지키지 아니하고 나의 율법
을 지키지 아니하고 나의 법전을 지키
지 아니한 너희들은 절대로 구원을 받
을 수 없으며,
23 너희들의 하늘에 오르는 양식이요, 기
본은 십계명이라 하였으니, 나의 아들
보다 더 그 십계명을 암송하며 이 법
전을 기록하기 위하여 간곡히 기도를
드린 자 있는가 물어보라.
24 너희들은 지나는 길에 말하기를, 십계
명은 인간이 지킬 수 없다 그리 덮어
두고, 지킬 수 없기 때문에 너희들은
이와는 관계없다 그리 가르치는 종교
지도자들과,
25 그가 단상에 서서 나의 피조물 만백성
을 깨우칠 때마다, 그리고 그가 그 깨
우침을 전할 때마다 십계명을 암송하
지 아니한 적이 없으며 160권의 법전
의 한 장 한 장을 기록할 때, 하나의
기도를 할 때마다 십계명을 먼저 암송
하지 아니하고 기록한 적이 없음이니,
26 이와 같이 뼈를 깎는 고통 속에 이와
같이 정성 들여 나를 찾으며 세상에
나온 책이 어디에 있는가?
27 너희들이 사탄이요, 사악한 자라 하여
나를 속여 한두 번의 십계명을 외우며
어떤 말을 엮어 갈 수도 있으나, 이렇
게 수천수만 번 160권의 책을 내가 나
의 아들을 통하여 전하며 그와 같이
160권만큼의 십계명을 그가 외워서
기록한 책이라는 것을 너희들은 이와
같은 이치를 깨우쳐 볼 때,
28 그러고도 너희들이 나의 아들을 통하
여 내리는 이 성령의 법전이 사탄의
장난이요, 사악한 것이요, 이 세상에
나와서는 안 될 책이라 말할 수 있는
가 한번 깨우쳐 보라.
29 이를 보고도 너희들이 정녕 나의 성령
으로써 내가 만백성을 구하기 위하여
하늘에서 지상에 내려와 너희들에게
직접 관여하며 심판하는 그와 같은 법
령을 내려보내어 너희들을 다스리고
있다는 것을 너희들이 부인할 수 있다
말하는가?
30 너희들이 나의 아들이 너희 영혼의 양
식인 십계명을 암송하고 암송하며 나
의 피조물 만백성이 깨우치는 법전을
쓸 때마다 그를 수천수만 번 암송하며
나의 법전을 기록한 그와 같은 책이
세상에 있으면 내 보라 하라.
31 그리고 그가 설교하며 가르칠 때마다
십계명을 외워 그 제자들의 가슴에 심

어 준 것처럼 너희들이 나의 십계명을
얼마나 암송하며 그들에게 깨우쳐 주
었는가?
32 이는 곧 하늘에 오를 수 있는 양식이
요, 하늘에 오르는 기본이라 하였으니,
33 그 기본과 양식을 나의 피조물 만백성
의 가슴에 심어 준 하나의 역사가 됨
을 알아야 될 것이니, 감히 나의 법전
을 보고 너희들이 갑론을박하지 말라.
34 나의 십계명이 눈이 내리듯이 세상을
덮지 않는 곳이 없으며, 나의 법전이
비가 내리듯이 이 세상 구석구석을 적
시지 않는 곳이 없을 날이 머지않았음
이니,
35 이제 곧 그와 같은 역사가 시작됨이
며, 세상이 개혁되며 세상이 변화되며
모든 종교 지도자들이 부끄러워 고개
를 들지 못할 그날이 머지않았음이니,
36 그 회오리바람이 불어 세상을 강타하
고 지나갈 때, 너희들의 설 자리요, 앉
을 자리가 없음을 알아야 될 것이니라.
37 이제 그와 같은 역사가 곧 시작될 것
이니, 너희들이 똑바로 그를 보고 깨
우쳐 하늘에 오르는 길을 접하도록 하
라.
38 이것이 내가 너희들에게 가르치는, 내
가 너희들에게 원하는 나의 뜻임을 깊
이 알아야 할 것이니라.

2,820 번째 하나님 말씀

2002년 8월 4일 20시 31분

1 사랑하는 나의 아들아!
2 "네, 아버님! 말씀하옵소서."
3 구약의 역사의 그 슬픈 시대에 내가
천국의 문을 닫으며 신약의 시대의 그
아픈 역사를 지나 내가 천국의 문을
닫았음이니,
4 너희들이 아무리 구원을 받았다 하며
너희들이 지은 성전에 가 발버둥치고
기도하며 통곡한다 해도, 그 문이 지
금까지 닫혀 있음을 안다면 너희들은
너희들이 살아오는 그 자세가 얼마나
잘못되었는가를 돌이켜 봐야 될 것이
니라.
5 그리하여 내가 제3의 시대에 나의 성
령을 세상에 내려보내어 내가 천국의
문을 열며 그곳에 오를 자를 직접 선
별하고자 함이니,
6 지금 나의 성전에서 나의 아들과 더불
어 나의 법전을 공부하며 나의 성령을
직접 듣는 너희들이 얼마나 완벽한 사
람으로 되어야 하는 것인가를 알아야
될 것이니라.
7 너희들마저 완벽한 사람이 될 수 없다
면 이 지상의 모든 나의 피조물 만백
성이 완벽한 사람이 될 수 없음이니라.
8 그리하여 내가 너에게 뭐라 말하였느
냐?
9 천사의 심성으로 살아가는 그 길을 위
하여 너희들이 달려오라 하였음이니
라.
10 나의 성전에서 이루어지는 너희들의
마음가짐이 과연 어떻던가?
11 하늘에 오르는 길이라 하여 저희들의
손으로 지은 그 궁궐보다도 더 궁궐처
럼 호화롭게 차려 놓은 그 속에서 깨
우치는 자들이 서로 시기하고 질투한
다 하였음이니라.
12 오늘 너희들은 나의 아들을 통하여 내

가 내리는 나의 이 뜻을 깊이 새겨야
될 것이니라.
13 너희들이 나의 160권의 법전이 세상
에 나오는 것이 얼마나 기나긴 역사이
며 얼마나 힘든 길인지 아는가?
14 너희들이 말하는 성서라는 것이 몇 년
이라는 역사에 걸쳐 이 지상에 나왔는
가?
15 1500년이요, 1600년이라는 그 세월
속에 이 성서가 기록되고 전해져 오며
세상에 나왔으며, 몇백 년 전에 너희
들이 이를 읽을 수 있는 그와 같은 역
사의 기회가 세상에 이루어졌다 하면,
너희들은 과연 그를 어찌 생각하는가?
16 지금 나의 아들을 통하여 내가 나의
성령을 내려보내어 나의 법전이요, 나
의 뜻을 기록하여 '하늘에 오르는 길'
이라 하여 책으로 만들어 냄이니,
17 1부의 열여섯 권을 짧은 기간에 만들
어 낸 그 제자들의 노고와 그들이 가
시밭길보다 더 어렵고 힘든 그 길을
온 것을 너희들은 과연 아는가?
18 너의 제자들에게 직접 한 권의 법전을
만들어 세상에 내 보라 그리 이르라.
19 너희들이 기록하며 정리해서 한 권의
법전을 세상에 한 사람씩 만들어 낼
때 그것이 얼마나 어렵고 힘든 것인가
를 알게 될 것이니라.
20 나를 따르는, 그리고 나의 아들을 따
르는 그 제자들이 밤과 낮을 가리지
아니하고 저희들의 생활을 다 저버려
두며, 오로지 나 여호와의 법전이 세
상에 나가는 것이 그들의 제일 첫 번
째의 삶이요, 두 번째의 삶도 그것이
요, 네 번째요, 다섯 번째의 그 모든
삶도 나의 피조물 만백성을 구할 수
있는 나의 법전이 세상에 빨리 나와
전해지는 것이 그들의 소망이라 하여
그 모두를 접어 두고 여기에 매달림이
니,
21 과연 너희들은 그들이 가는 그 고통스
러운 길에, 그들의 가정에 위로하는
일을 했으며, 그와 같이 가는 자에게
너희들이 은화 몇 닢을 전해 주며 금
화 몇 닢을 전해 주어 그에게 용기를
주고 그의 수고로움을 위로한 적이 있
는가?
22 너희들이 할 수 없는 것을 대신하는
자를 위하여 너희들은 과연 무엇을 했
으며, 그들의 수고로움에 무엇으로써
너희 마음의 자세를 전했는가?
23 너희들은 그들이 밤낮을 가리지 아니
하며 피를 쏟는 그 고통에서 법전을
만들어 냈을 때, 나의 성전이라는 곳
에 와 너희들이 읽고 깨우쳐 하늘에
오르는 길을 깨달았으며, 이것이 정녕
나 여호와의 성령이라는 것을 깨달았
으니,
24 그들이 이 세상에서 지금 그 피나는
노력과 고통 속에서 법전을 만들지 아
니하였다면 이 법전이 나올 수 있었겠
는가?
25 어찌하여 너희들은 한 형제요, 이 세
상에 누구보다도 완벽하게 믿음의 길
을 가야 된다는 너희들이, 지금 궁궐
같이 지은 성전에서 잘못 가는 자들이
치고받고 이웃과 더불어 싸우며 시기
하고 질투하는 그와 같은 형국을 여기
서 그리 행하려 하는가?
26 너희들이 그곳에서 배웠던 그 습성을

아직도 버리지 못하기에 너희들이 그
와 같은 자들이요, 불평불만을 함이니,
27 어찌하여 너희들이 160권의 법전이
세상에 나오려면 2부요, 3부요, 그 역
경의 고통의 세월이 지나가야 되거늘,
28 그들을 너희들이 업어 주지 못하고 위
로해 주지 못하며 그들의 생활에 너희
들이 십일조와 같은 재물을 거둬서 주
지는 못할망정, 어찌하여 너희들이 그
를 비방하고 시기하고 질투하는 그러
한 행위를 하는가?
29 너희들이 이것이 얼마나 무서운 죄이
며, 너희들이 얼마나 잘못 깨우치고
가는 것인가를 아는가?
30 나의 법전을 만들어 세상에 나오게 하
지 못하는 너희들이 그를 만들어 가는
자를 저주하고 시기하며 질투하는 그
와 같은 마음으로써 그를 바라본다면,
너희들이 나의 법전을 태우는 자요,
찢어 버리는 자들과 다른 것이 무엇이
있는가?
31 나 여호와가 밤과 낮을 가리지 아니하
고 나의 아들에게 성령의 나의 뜻을
전하여 세상에 내려보냄이니,
32 어찌하여 이를 받아 기록하는 그들에
게 너희들이 위로와 격려는 못 할망
정, 밤잠도 아니 자고 피를 쏟아 가며
고생하여 이 법전을 만드는 자들을 너
희들이 색다른 눈으로 바라보며, 그들
을 이상한 쪽으로 몰아가며,
33 그들의 마음을 불편하게 하며, 그들이
연필을 꺾고 선지자의 옆을 떠나가고
싶게 하며, 하루에도 수십 번씩 그들
가슴을 울리는 그와 같은 죄를 짓는가?
34 대역사의 160권의 법전이 세상에 나
감이니, 1500년이요, 1600년이라는
길고도 긴 역사 속에 흘러와서 세상에
나온 이 법전을 단 몇 년 만에 이루는
그것을,
35 너희들이 죽기 전에 이 역사를 이루
며, 이 역사의 소용돌이가 얼마나 무
서운가를 너희들이 본다 하였음이니,
이가 세상에 나오는 그 시간은 너희들
이 얼마만큼 노력하느냐에 달렸거늘,
36 나의 법전이 세상에 나오는 것을 돌아
보지 못하며 생각하지도 못하는 너희
들이, 어찌하여 그들이 만들어 놓은
법전을 보고 탄복하고 경탄하며 너희
들이 구원의 길을 받으면서, 그것을
만든 자들이 연필을 꺾고 선지자 옆에
서 눈물로써 떠나도록 하는 그와 같은
행위를 하는가?
37 그를 시시비비하는 자, 용서치 아니할
것이니라.
38 다만, 그와 같은 행위를 하는 자는 작
은 것은 바라보나 큰 역사에 이루는
것을 보지 못함이니,
39 이제는 너희들이 마음자리를 잡았으
며, 남아 있는 제자 너희들이 그와 같
은 행위를 너희 스스로 깨우쳐야 될
것이며,
40 너희들이 어떠한 길을 선택해서 가야
되며 어떠한 길로써 역사하는 것을 도
와야 될 것인가를 알아봐야 될 것이니
라.
41 이제 나의 법전을 만들어 밤을 새워
고생하는 그들에게 너희들이 금화와
은화로써 그들의 생활을 책임져 줘야
될 것이며, 그가 편안히 살아갈 수 있
도록 너희들이 그를 도와야 될 것이니

라.
42 그들은 가지고 있는 실력으로써 밤과
낮을 가리지 아니하고 나의 법전을 그
리 만들어 가거늘, 너희들이 그를 도
와 법전을 만들지 못한다면 너희들은
과연 무엇으로써 그 보답을 하겠는가?
43 어찌하여 너희들은 그들에게 위로와
금화와 은화요, 그들이 편히 살아갈
수 있는 준비를 해 주는 것이 아니라,
그들을 시기하고 질투하여 그들의 마
음마저도 흔들어 놓는 그와 같은 사악
무도한 행위를 하는가?
44 너희들은 이 이치를 깨우쳐야 될 것이
니라.
45 나의 성전에서 공부하는 나의 아들의
제자들이요, 내가 성령이 임하여 혈통
으로써 한 자식이요, 한 아들이요, 딸
이라 명한 너희들이 어찌하여 이와 같
은 이치를 깨우치지 못하는가?
46 이와 같은 반성의 시간을 갖지 아니했
을 때 너희들은 정녕 하늘의 이치도
모르며 육 속에서 그저 다람쥐 쳇바퀴
돌듯이 너희 생각으로 뒤죽박죽 그와
같은 인생을 살아가는 형국이니,
47 너희들은 이를 다시 한 번 깨우쳐 너
희 스스로 반성하는 그와 같은 시간을
가져야 될 것이니라.
48 나의 아들을 따라 밤을 새우며 모든
생활을 전폐하며 나의 법전을 세상에
나오게 하기 위하여 손이 부르트도록
그 길을 가는 그들에게 너희들이 그가
사탄이요, 이단이요, 사악한 자요, 잘
못 간 자요, 나의 아들 선지자를 넘어
트릴 자요,
49 그리하여 그가 가지고 있는 그 모든
것이 사악한 자의 물건이요, 그가 가
지고 온 것은 모두가 다 사탄의 장난
이라 하여 그들을 핍박하고 그들을 경
계하며 그들을 쫓아내고자 하니,
50 세상에 나의 법전을 못 나오게 하는
자보다 더 큰 왕사탄이요, 더 사악한
자가 세상에 없으니, 그러한 자들을
어찌 내가 용서할 수 있다 생각하는가?
51 그리하여 그들을 핍박하여도 떠나지
아니하며 굳건히, 어떠한 수모와 어떠
한 욕과 어떠한 핍박과 멸시도 가슴에
눈물로 다스리며, 오로지 법전이 세상
에 나오는 그 길을 위하여 묵묵히 펜
을 잡아 나의 선지자 옆에, 나의 아들
옆에서 기록하고 가는 그들을 너희들
이 쫓아내지 못하며,
52 그들을 나의 아들 옆에서 멀리 손을
떼며 그가 나의 성전에 나오지 못하도
록 그를 핍박한 너희들의 그 죄는 용
서받을 수 없으며, 그것이 얼마나 무
서운 죄이며 너희들이 얼마나 사악한
자들인가를 알아야 될 것이니라.
53 나 여호와가 너희들에게 말하노라.
54 어떠한 희생이 있다 하여도 나의 법전
160권이 나가 영영 천 년의 역사 속에
서 살아가는 나의 그 헤아릴 수 없는
백성들을 깨우치는 그 일보다 더 큰
희생은 없음이니라.
55 이 지구가 깨진다 해도, 이 지구에 있
는 모든 백성이 멸망한다 해도, 그보
다 수천수만 배 많은 그 백성들의 길
을 바로잡기 위하여 법전을 세상에 내
보내는 그 일보다 더 위대한 일이 없
거늘,
56 내가 하늘에서 이루어진 것같이 이 지

상에서 낙원을 이루고자, 그 길을 역
사하고자 하거늘, 어찌하여 너희들이
그와 같은 작은 일에 시시비비를 하
며, 나의 법전이 세상에 나가는 것을
그리도 간악하게 막으려 하는가?
57 그 죄를 용서받지 못할 것이니라.
58 지금 여기에 남아 나의 아들을 따르며
나의 성전에서 공부하고 따라가는 너
희들은 하늘의 무서움을 알아야 될 것
이니라.
59 너희들은 지금 나의 모든 백성들을 정
녕 나의 뜻에 의하여 구원하고 인도하
고자 함이니,
60 나의 법전을 거부하며 이를 만드는 나
의 아들의 제자들의 그 마음에 파장을
이루며 그들의 가슴을 울리는 자, 너
희들은 정녕 하나님 나 여호와가 있음
을 모르며 나를 두려워하지 아니함이
며 내가 존재함을 믿지 아니하려 함이
며,
61 지금의 너희들이 믿음에 가는 그것이
얼마만큼 사악한 쪽에 서 있는 믿음이
요, 잘못된 믿음인가?
62 너희들이 나의 법전을 만드는 나의 아
들의 제자들에게 그들의 의식주를 해
결해 주며 힘과 용기를 넣어 주지는
못할망정, 그가 연필을 꺾고 눈물로써
나의 성전을 떠나가도록 그리 그를 핍
박하는 그와 같은 행위는 절대 용서하
지 못함이니,
63 이제는 너희들이 내가 이 말을 전해도
알아들을 것이니라.
64 너희들의 오늘에 무서운 반성이 있어
야 될 것이니, 반성과 회개와 반성을
거듭하여 너희들이 어찌 가야 할 것인
가를 깨달으라.

2,821 번째 하나님 말씀

2002년 8월 4일 20시 42분

1 사랑하는 나의 아들아!
2 "네, 아버님! 말씀하옵소서."
3 구약과 신약의 시대를 지나오면서 종
교 지도자들이요, 또 너희들의 믿음이
라는 것의 변천의 역사를 너는 아는가?
4 너희들은 2천 년 전에 그 믿음의 세계
의 종교 집단들이 얼마나 무서우리만
큼 만백성 위에 군림하는 그와 같은
형태로써 진행해 왔는가를 모를 것이
니라.
5 몇천 년 전의 그 종교 지도자들은 많
은 백성들의 입을 틀어막았으며, 그들
의 눈과 귀를 막는 그와 같은 군림하
는 형태로써 종교요, 그 믿음이 흘러
왔음이니라.
6 나 여호와로부터 종이요, 만백성의 종
이라 하는 그들이 얼마나 군림하는 그
와 같은 형태로 살아왔는가, 너희들은
그 역사의 발자취를 한번 더듬어 봐야
될 것이니라.
7 많은 피조물, 나의 백성들의 입을 막
았으며 귀를 막았으며 눈을 뜨지 못하
도록 눈을 가리는 그와 같은 무지막지
한 형국의 역사가 지금까지 흘러왔음
이니라.
8 그리하여 지금의 너희들의 종교 지도
자들이 가는 형국은 과연 어떠하던가?
9 너희들 또한 너희 신도들의 입을 막고
있으며, 그들이 깨우치고 앞으로 나가
고자 하는 것을 막고 있으며,

10 모든 인간들이요, 나의 피조물 만백성
이요, 저희들이 손으로 지은 그 성전
에 와 십일조요, 헌금이요, 기타 헌금
이라는 것을 저희들에게 바치는 그 귀
한 손님들을 저희들은 저희들의 발아
래 있게 하고자 하며 발아래 두고자
하며 저희가 그들을 마음대로 종과 같
이 부리고자 하는 그와 같은 형태의
지금의 믿음이 아니던가?
11 지나가는 사람에게 동전 한 푼을 얻기
위하여 엎드려 있는 걸인에게 몇 푼의
동전을 주고 가도 그는 감사하고 고맙
다 인사를 하는 것이니라.
12 그러나 너희들은 수천 년 동안에 많은
감사 헌금과 그리고 십일조라는 명분
과 너희들이 그저 이유를 붙일 수 있
으며 이름만 붙일 수 있다면 다 갖다
붙이는 방법으로써 기도하고 경배한
다 하며 그와 같은 말로써 행사를 치
른 다음에 너희들은 수없이 거둬들였
음이니,
13 어찌하여 너희들은 그와 같이 거둬들
이면서도 그들에게 감사하다는 말 한
마디 아니 하고, 그들을 너희들의 상
전이요, 귀한 손님이요, 귀빈과 같은
그런 마음으로 그들을 대하지 아니하
며,
14 적반하장도 유분수요, 너희들은 그들
을 너희들 발아래 두고자 하며, 그들
을 너희들이 마음대로 움직일 수 있는
그와 같은 사람들로서 그들 위에 군림
하여 제왕과 같은 자세로 살아가고자
하는 것이 지금의 종교 지도자들이요,
그와 같은 형태가 이루어지고 있으니,
15 어찌하여 너희들은 헌금이라 하며 내
가 먹고살라 내린 귀중한 금화와 은화
요, 그 재산을 갖다 바치면서도 그들
에게 종과 같은 자세로 신도라는 너희
백성이 흘러가고 끌려가는 것인지 그
이유 또한 내가 알 수 없음이니,
16 거꾸로 된 형국이 지금의 성전에서 이
루어지는 그와 같은 작태임을 너희들
은 알아야 될 것이니라.
17 그들은 나의 피조물 만백성으로부터
각종 헌금이요, 재물이요, 금화와 은
화를 거둬들이면서 저희들은 왕으로
서, 제왕으로서 군림하고자 하며, 그
것도 부족하여 그들이 어떠한 형태를
하고 있는가?
18 나 여호와가 심판하며 너희들을 구원
해 주고 구원해 주지 않는 내 모든 고
유의 권한을 저희들이 가지고 심판하
는 것처럼,
19 저희들의 세 치의 혓바닥으로 말하면
구원해 줄 것이며 지옥과 천국의 문을
열며 저희들이 마음대로 지옥으로 보
내고 천국의 문을 열 수 있는, 저희들
이 그와 같이 할 수 있는 나 여호와라
그리 착각하고 있는 속에서 너희들이
매달려 가며 그리고 구원을 받고자 하
여 그리 살아가는 형국이니라.
20 너희들은 어찌하여 그와 같은 이치 하
나를 깨우치지 못하는가?
21 하늘에 오르는 천국의 문은 나만이 열
수 있으며, 내가 가진 고유의 권한이
라 너희들에게 말하였음이니라.
22 그리고 너희들이 지금 심판을 하며,
지옥이요, 천국이요, 이와 같은 그 모
두는 너희들이 살아온 그 역사에 따라
서 나 여호와만이 이룰 수 있으며 나

로부터 명받은 자가 행할 수 있거늘,
23 그들은 제가 죽어 나에게 심판받아 그
지옥 불에서 험악한 벌을 받고 살아야
할 그와 같은 죄목을 가지고 있는 자
들이거늘, 저희들의 죄와 저 자신이
심판받는다는 그 사실도 모르는 주제
에 어찌하여 너희들을 심판하는 자요,
구원의 길로 인도하는 자라 하는가?
24 나 여호와를 대행하고자 하는, 나 여
호와보다 더 높고자 하는 그와 같은
행위를 하는 자들 앞에 너희들이 고개
숙여 금화와 은화를 바치면서 그들의
종과 같은 형국으로 살아가는 그 길에
서 너희들이 과감히 탈피해야 될 것이
며,
25 그 모두를 너희들이 탈피하며 그 모두
를 바라볼 수 있는 것을 내가 내리는
것이 지금 나의 법전이니라.
26 이를 보고 깨우쳐 너희들이 바른길로
오를 수 있도록 그리하고자 하는 것이
내가 밤과 낮을 가리지 아니하며 나의
아들을 통하여 내려보내는 나의 법전
이요, 나의 성령이며, 나의 이 책으로
나가는 것을 너희들이 읽어 보고 깨우
쳐야 할 것이니, 그를 너희들이 잠시
도 게을리해서는 아니 됨을 알라.
27 시간이 없음이니라.
28 너희들이 보고 깨우칠 그 시간이 없음
이니라.
29 너희들이 이를 보고 깨우쳐 또한 너희
형제들을 구원하는 그 역사를 이루는
자에게는 그만큼 영화와 축복이 있을
것이라는 것을 내가 수차 말하였으니,
30 너희들 자신을 구할 시간이 없으며 너
희들의 형제를 구할 시간이 없음이니
라.
31 너희들이 천년만년 영원히 사는 생명
이 아니요, 너희들은 나로부터 받아
나간 그 생명줄을 뒤에서 지금 내가
감아 가고 있는 그 선상에 서 있는 자
들이니, 너희들에게 시간이 없음을 알
라.

2,822 번째 하나님 말씀

2002년 8월 4일 20시 55분

1 사랑하는 나의 아들아!
2 "네, 아버님! 말씀하옵소서."
3 지금 만백성을 구하는 길을 인도하는
자들, 그 모두가 하나의 성서의 이치
를 깊이 깨닫지 못하며 그들이 가는
방향이 잘못되어 가고 있다면 이를 어
찌해야 되겠는가?
4 지금의 모든 나의 피조물 만백성을 구
원한다는 믿음의 길에서 인도하며 또
그를 따라가는 자들, 많은 세월 동안
에 울며 눈물 속에 기도하고 회개하고
반성하며 하늘에 오르고자 그리했던
나의 피조물 만백성은 그 뜻 하나의
이치도 깨닫지 못하고 살아가는 자들
이 너무 많이 있음이니라.
5 종교 지도자들이 뭐라 가르치느냐?
6 이방인은 나 여호와의 자식이 아니라
말하며, 이방인은 나와는 전혀 관계도
없는 자들이라 그리 말하며,
7 오로지 저희들만이 하늘에 오르는 길
을 받았으며, 선택된 자들이며, 나에
게 선택된 백성으로서 저희들만이 특
권을 가진 양 가르치고, 저희들이 만
든 성전에 나가 기도하며 재물과 헌금

을 바쳐야 죄지은 것을 용서받을 수 있다 생각하고 믿는 자들이니라.

8 저희 손으로 지은 그 성전에 가 기도하는 자는 이방인이 아니요, 그렇지 아니한 자들은 이방인이라 그리 그들이 착각하며, 이방인은 나 여호와가 사랑하지 아니하며 나와는 관계도 없는 자들이라 그리 착각하고 살아감이니,

9 그리하여 그들이 마음의 문을 닫으며, 저희들 스스로 말하는 이방인과 벽을 쌓고 있으며, 그들과 교류하지 아니하며,

10 극한 상황에 너희들은 부모와 자식 간에도 벽을 두며, 자식과 부모에게도 이미 그 믿음이라는 것으로써 벽을 두고 있음이니, 형제와 벽을 두면 무엇하는가?

11 너희들이 자식과 부모 간에 그 사랑의 근본도 모르며, 거기에까지 너희들이 믿음이라는 그것으로써 서로 이방인과 선택된 백성이라 그리 생각하고 있으니,

12 내가 이방인이라는 뜻이 무엇이라 깨우쳐 주었는가?

13 너희들은 너희 손으로 지은 죄의 온상인 그 잘못 가르치는 자 밑에 가서 헌금을 바치며 기도하고 눈물짓는 그들을 제외한 나머지 백성이 이방인이라 생각하느니라.

14 그러나 내가 뭐라 하였더냐?

15 그와 같이 나 여호와의 뜻의 나의 십계명을 지키며 나에게 기도와 경배를 하며 내가 존재함을 믿으며 나의 계명에 따라 살아가고자 기도하는 백성, 그들이 더 이방인이 아니라 하였음이니라.

16 즉, 나의 계명대로 살아가고자, 나의 율법대로 살아가고자 그리 지키고 살아가는 자가 이방인이 아니요,

17 그를 지키지 아니하고 말로써는 저희들이 성서를 들고 나 여호와의 말씀대로 살아간다 하나 실질적인 행동으로는 앞과 뒤가 다른 그와 같은 형국으로 살아가는 자, 저희들이 죽을 때까지 성서를 들고 저희들이 지은 그 성전에 가서 기도하고 매달려도 그 이치를 깨닫지 못하며 나의 계명대로 살아가지 아니하고 실천하지 아니하는 자, 그가 바로 이방인이라 내가 너희들에게 일깨워 주었느니라.

18 너희들은 여기서 하나를 깨우쳐야 될 것이니라.

19 나 여호와가 나의 자식들이요, 나의 백성들을 세상에 내보낸 것은 나의 뜻이며, 나의 주관하에 이루어지지 아니한 자가 없음이니라.

20 나 여호와는 이방인이든 누구든, 나를 믿는 자, 진실로 깨우치는 백성 그 모두를 사랑함이니라.

21 나 여호와로부터 선택되어 세상에 생명을 가지고 나가지 않은 백성이 없으며, 생명을 가지고 존속하는 백성은 다 나로부터 선택되어 나간 백성이니,

22 나는 너희들이 말하는 이방인과 성전에 나와 믿음의 길을 가는 그와 같은 자들을 구분하여 사랑하지 아니하며, 그들을 구분하여 더 기억하거나 덜 기억하지 아니함을 알아야 될 것이니라.

23 믿음의 길을 간다 하면서 잘못 가는

자가 이방인이며, 믿음의 길을 가지
않으면서도 계명을 지키고 나의 뜻에
따라 내가 존재함을 알며 스스로 기도
하며 깨우치는 자, 나의 십계명을 지
키고 살려고 발버둥치는 자, 그가 더
위대하다 하였음이니라.
24 그러니 너희들은 나로부터 이방인과
이방인이 아닌 너희들을 차별화해서
사랑하며 기억한다는 그와 같은 착각
속에서 생각하지 말라.
25 그와 같이 가르치고 그리 가르치는 자
들의 망상 속에서 착각하고 사는 너희
들이기 때문에 사랑이 없는 것이며,
하나가 될 수 없는 이와 같은 형국이
되어 있음이니라.
26 너희들은 한 가정에서도 파가 갈라졌
으며, 너희 가정에서, 심지어 자식과
형제지간에 다른 믿음을 가지고, 한집
안에 믿음의 종파가 두세 가지로 갈라
져 있는 그와 같은 형국이니,
27 거기에서 어떤 사랑이 있으며 어떠한
믿음이 있으며, 어떠한 하나로 세상을
엮어 나갈 수 있는 그 근본의 기틀을
세울 수 있다 생각하는가?
28 내가 너희들에게 말하나니, 나의 진리
는 한 길이요, 하늘에 오르는 길은 한
뜻이니라.
29 나는 모든 나의 피조물 만백성을 하나
의 언어로써 소통하며 하나의 생활권
으로써 그들의 습성과 관습을 다 통일
하여 살아갈 수 있도록 그리 만들며,
30 하늘의 나에게 기도하는 그 기도의 대
목도 하나로 통일하도록 하여 너희들
에게 이루고자 하는 그 뜻이 내가 지
금 법전을 내보내며 이와 같은 길을
가고 있는 것이거늘,
31 한 가정에서도 그 형제마다 종파가 달
라 서로 옥신각신하며, 화합되지 못하
며, 부모와 자식 간에 존경함이 없으
며 사랑함이 없으며, 형제지간에 나눔
이 없으며 사랑이 없는 그와 같은 너
희들의 가족의 형국이니,
32 열 가족이 모였을 때는 열 가지 백 가
지 종파가 거기에 어울려 서로 치고받
고 언쟁하는 그와 같은 형국으로 살아
가도록 만든 것이 지금의 너희들의 종
교 지도자들이 이끌어 가는 방법이니
라.
33 서로 저희들이 가는 것만이 진정한 구
원의 길이요, 남의 것은 다 틀리다 말
하니, 서로 각자가 옳다 하니,
34 너희들이 가을밤에 울어 대는 개구리
소리같이 똑같이 하늘을 향하여 지금
울부짖는 것이니라.
35 서로 자기가 맞다 하니, 하나도 틀린
자가 없다 함이니, 가정에서는 가정대
로 형제지간에 서로 자기가 맞다는 그
종파 때문에 의사가 다르며, 마을이면
마을대로 그 많은 종파에 또 믿는 가
짓수가 수백 가지이니 거기에서 하나
가 될 수 없으니,
36 사랑이 없으며 서로 시기하고 질투하
며, 자기와 같은 길을 가는 자들과만
대화하고 나누며 사는 이와 같은 험악
한 형국을 만든 것은 많은 종교 지도
자들이니라.
37 그리하여 그 속에서 서로 시기하고 질
투하고 언쟁하니, 너희들은 서로 죽이
고 죽는 그와 같은 싸움이 벌어지게
되며, 감정이 격화되며, 그리하여 지

금과 같이 하나가 될 수 없으며, 남의
생명을 파리 목숨만큼도 소중히 여기
지 않는 자들이 세상에 판치고 사는
이와 같은 형국이 이루어졌음이니,
38 그 모두의 죄는 종교 지도자요, 너희
들이 지어야 되겠으나, 그 근본의 하
나가 무엇이더냐?
39 이방인이다 아니다 하며 너희들이 차
별화하는 그와 같은 역사 속에서 이루
어짐이니,
40 나는 이방인이다 아니다 구분하지 아
니하며 모두를 다 사랑하며 모두 나의
아들딸이라 생각하며 똑같이 사랑한
다는 나의 뜻을 너희들이 깨달으며,
41 이후부터 이방인이요, 아니요, 가는
종교의 믿음이 다르다 하여 서로 격양
된 언어와 행동으로써 물고 뜯는 그와
같은 싸움의 장을 만들지 말며, 하나
로 만드는 그 길을 선택하여야 될 것
이니라.
42 그 모두를 다 하나로 만들어, 이 종파
도 저 종파도 읽어서 깨우쳐서 하늘의
진리를 알 수 있도록 하는 것이 나의
법전이니,
43 가장 쉽게 모든 종파의 뜻을 여기에
담아 나의 성령을 지금 내려보내는 것
이니,
44 너희들은 이를 보면 너희 스스로 깨우
칠 수 있음을 알아야 될 것이니라.

2,823 번째 하나님 말씀

2002년 8월 4일 21시 05분

1 사랑하는 나의 아들아!
2 "네, 아버님! 말씀하옵소서."
3 너의 제자들과 만백성에게 그리 전하
라.
4 네가 나의 뜻을 받아 전하기를, 너희
들이 그리 숭배하고 존경하며 그 이름
을 너희들의 자식에게 지어 주지 못하
여 그저 마음에 조바심하는 그와 같은
자들, 즉 말하자면 예수의 열두 제자
들이 위대한 것처럼 너희들이 그리 경
배하고 숭배하며 따라감이니,
5 그를 나의 아들을 통하여 내가 말하기
를, 예수의 열두 제자 그들 자체가 구
원을 받지 못했다 하며 정녕 그들은
구원받을 자격이 없다 그리 말하니,
그 말을 듣는 너희들이 뭐라 말하느냐?
6 그와 같이 말하는 나의 아들을 너희들
은 사탄이요, 사악한 자요, 인간도 아
니라 그리 말하며, '저러한 자 세상에
존재해서는 아니 된다.' 하며 그리 핍
박함이니,
7 그리하여 세상에 나의 성령을 내려보
내는 나의 법전 자체도 너희들이 보지
를 아니하며, 그를 찢어 버리고 불태
워 버리고자 하는 그와 같은 사악한
자들이 수없이 늘어나고 있음이니,
8 이와 같은 이치를 너희들은 오늘 깨우
칠 때가 되었음을 알라.
9 너희들이 나의 아들 예수의 열두 제자
가 예수와 더불어 생활하며 그들의 생
활 속에서 나의 아들의 기적을 많이
보았으며 그가 행하는 것을 보았으며,
그가 세상의 제왕이 되었을 때 그들은
어떠한 자기들의 직분이요, 자기 자리
를 지켜 남에게 군림하고자 하는 생각
을 가지고 나의 아들 예수를 따랐기에
그들은 등을 돌릴 수가 있었음이니라.

10 내가 여기서 너희들에게 말하나니, 나
의 아들 예수가 그렇게 고통스러운 속
에서 죽어 갈 때, 너희들이 감히 상상
할 수 없는 그 십자가에 매달려 몸에
못이 박히며 피 흘려 서서히 죽어 갈
때, 그 나의 아들 예수를 따라 죽은 자
가 열두 제자 중에 단 한 명이라도 있
었던가?
11 그 제자들 열두 명이 나의 아들을 따
라 정녕 같이 죽음의 길을 갔다면 그
열두 제자들은 누구나 할 것 없이 다
하늘에 올라왔을 것이며 구원을 받았
을 것이니라.
12 그리하여 그들이 나의 아들과 같이 죽
었다면 그들은 나의 아들을 따라 3일
만에 부활하였을 것이니라.
13 그러나 그와 같은 역사가 이루어지지
아니하였음이니, 그들은 그를 따르지
아니하였음이니라.
14 그 제자들이 사악한 자들과 내통하여
적병에게 그를 팔았으며, 그것도 금화
와 은화를 받고 나의 아들을 판 것이
그의 제자며, 그 열두 제자들이 그를
거짓 증거하며 그를 모른다 말하는 그
추악한 행위를 하지 않았던가?
15 그러하니 그들이 어찌하여 구원을 받
았다 너희들은 생각하는 것인가?
16 그리하여 그들은 구원을 받지 못하였
다 내가 나의 아들을 통하여 그 사실
을 나의 법전에 기록하여 너희들에게
전하거늘, 너희들은 어찌하여 이 뜻마
저도 믿지 아니하려 하며,
17 지금의 나의 아들이 사악한 자요, 나
의 법전이 마지막 시대에 사탄이요,
거짓 선지자가 세상에 와 혼란케 하며
너희들을 쓰러트리는 것이라 하는가?
18 종교 지도자 너희들은 너희 집단을 단
속하며, 지금 너희 스스로 잘못 가르
치며 잘못 깨우치기에, 너희들을 구원
할 자가 올 것이라며 수십 년, 수천 년
동안 해 온 것을 더 이상 견딜 수 없어
지금 정신이상의 직전에 와 있는 이
시대에, 하나님의 아들이요, 나 여호
와의 성령이요, 법전이라는 이 책이
나오니,
19 너희들은 이를 이용하여 '이것이 정말
거짓 선지자가 온 것이니 우리는 단속
을 다시 하고 굳건히 하여 구원의 길
을 가야 될 것이며, 우리 성전에 많은
금화와 은화를 바쳐 하늘에 많이 쌓으
면 구원을 받는다.' 하며 재물을 바치
도록 그리 유도하며 그리 사악한 방법
으로 그들을 이끌어 가며 이용하며 써
먹고 있는 것이 너희들이 아니던가?
20 그러한 자들은 이 법전을 읽고 깨우쳐
야 될 것이니라.
21 내가 나의 아들을 통하여 그 열두 제
자의 죄상을 말하였음이니라.
22 그리고 그들이 구원을 받지 못한 그
이유와 뜻을 내가 명확히 여기다 기록
하여 내려보냈음이니,
23 너희들이 이걸 읽고도 깨우치지 못한
다면, 너희들이 구원을 받고 못 받는
것은 너희들의 복이니라.
24 정녕 너희들이 한번 다시 깨우쳐 보라.
25 그 열두 제자들이 반드시 나의 아들을
따라 그 기적의 업적을 본 것만큼, 그
리고 그와 더불어 살면 같이 살고 죽
으면 같이 죽겠다는 맹세를 수없이 했
으며 그를 따라 같이 생명을 바치겠다

하여 나의 아들 예수에게 약속했던 그
제자들이,
26 나의 아들 예수가 그리 고통스럽게 죽
을 때 저희들이 같이 죽음을 선택했더
라면 그들은 천국이라는 그 문을 웃으
면서 들어설 수 있었을 것이며, 비단
길을 걸어올 수 있었을 것이니라.
27 그러나 그들은 같이 죽지 아니하였음
이니라.
28 도리어 그들이 팔아먹었다 하지 않는
가?
29 그리고 그들이 배신하며 거짓 증거로
써 그와는 아무런 관계도 없는 그와
같은 행위를 했다 아니하던가?
30 그리고 그들이 작당하지 아니하였으
면 어찌하여 나의 아들 예수를 적군에
게 팔아먹을 수 있겠는가?
31 그럼 열두 제자 중에서 열한 명의 제
자는 무엇을 했던가?
32 한 명의 제자가 그와 같은 행위를 할
때 과연 그를 모르며 그 뜻을 몰랐던
가?
33 그들은 알고 있었음이니라.
34 그러한 자들이니, 그들이 예수를 따라
죽었다면 그들은 천국의 문에 들어왔
을 것이며, 그들은 예수를 따라서 부
활하여 똑같은 자가 되었을 것이니라.
35 내가 뭐라고 했느냐?
36 천국에는 천사와 같은 심성을 가진 자
만 올 수 있다 하였으니,
37 나의 아들을 특별한 사람이요, 베일
속에 살며 위대한 사람으로 그와 같이
보지 말라 내가 너희들에게 말하였느
니라.
38 다만, 그는 나의 뜻을 순종하는 아들
로서 그 직분을 다하였기에 그가 나로
부터 소중한 아들이며, 내 옆에 와 있
는 그 예수가 되었다 하였음이니,
39 너희들도 나의 뜻에 따라 목숨을 바
쳐, 내가 명했을 때 하나밖에 없는 그
생명을 던질 수 있는 자, 그들은 바로
나의 아들 예수와 똑같은 역사를 이룰
수 있는 자라 내가 말하였음이니라.
40 그러나 예수의 그 제자보다 더한 역사
를 본 자가 없으며 기록되는 것을 본
자가 없느니라.
41 지금 어떤 시대에도 예수를 목숨 바쳐
따르고자 하던 그들과 같이 가까웠던
제자도 없으며, 그와 같은 영광과 축
복과 영화의 그 은혜를 본 자도 없느
니라.
42 그러나 그들마저 그에게 등 돌렸으며,
예수와 같이 행하지 아니하였음이니,
43 바로 그들이 구원을 받지 못했던 뜻이
여기에 있으며, 구원을 받지 못했다는
나의 이 뜻을 너희들이 깨달아야 될
것이니라.
44 그들이 정녕 예수처럼 했더라면 예수
와 똑같은 영광과 은혜를 얻었을 것이
니라.
45 그러나 그들은 역행의 길을 갔음이니
라.
46 어찌하여 그들이 구원을 받았다 너희
들은 생각하는가?
47 이 이치를 깨우쳐 보라.

2,824 번째 하나님 말씀

2002년 8월 4일 21시 16분

1 사랑하는 나의 아들아!

2 "네, 아버님! 말씀하옵소서."
3 나의 사랑하는 피조물 만백성 너희들
은 너희들이 속해 있는 그 종파에서
하늘에 오르는 구원의 길을 가기 위하
여 노력하며 그 모두를 바치고 살아감
이니라.
4 너희들이 너희 부모에게는 그와 같은
정성을 들이지 못하면서, 너희들이 구
원을 받는다는 그 성전에는 너희들이
어렵게 얻은 금화와 은화를 십일조요,
각종 헌금이라 하여 바치며,
5 그들이 또한 성전이라 하여 궁궐같이
짓고 역사할 때 너희들은 재산을 아끼
지 아니하며 그리 그곳에 갖다 바침이
니라.
6 너희들을 낳아 주고 길러 준 부모에게
도 감히 그리하지 못함이니,
7 그와 같은 너희들이 구원을 받고자 역
사하는 지금의 형태가 정녕 바른 구원
의 길이요, 너희들이 하늘에 오르는
길이요, 너희 손으로 궁궐처럼 짓고
역사하는 성전을 짓는 곳에 너희들이
바치는 재물만큼 너희들이 그 은혜와
영광을 받는다 하면 이는 두말할 것
없이 너희들이 그리해야 될 것이며,
나 여호와가 그를 중단하라 너희들에
게 말하지 아니함이니라.
8 너희들은 여기서 깨우쳐야 될 것이 있
느니라.
9 너희들을 낳아 주고 길러 준 그 부모
의 은혜와 공에 대하여 너희들이 도리
를 다한다면 그것은 정녕 너희들이 하
늘에 왔을 때 내가 그 상을 내릴 것이
나,
10 너희들이 지금 구원을 받기 위하여,
나에게 오르는 그 티켓을 구하고자 하
는 그 욕심에서 너희들의 성전에 모든
재물을 바치는 것은 너희들이 나에게
상이요, 은혜를 받는 것이 아니라, 너
희들이 내가 내린 재물을 잘못 쓴 그
죄가 몇십 배 가중된다는 것을 알아야
될 것이니라.
11 여기서 나의 피조물 만백성 너희들은
지금과 같이 가던 그 믿음의 발걸음을
잠깐 멈추며, 나의 법전을 읽어 깨우
쳐 봐야 될 것이니라.
12 그리고 너희들은 지금서부터 너희들
이 가고 있는 그 종교 지도자의 밤과
낮의 생활과 그 사람의 이면의 행동이
율법이요, 계명에 어긋나는가 어긋나
지 않는가 그것을 일단 완벽하게 분석
해 봐야 될 것이며,
13 그리고 너희들이 성전에 바치는 모든
금화와 은화요, 지금의 너희들이 하고
있는 그 행위가 정녕 율법이요, 십계
명에 어긋나지 않는 나 여호와의 뜻에
행하고 있는 것인가, 모든 종파의 그
실체를 낱낱이 파헤쳐서 도마 위의 생
선처럼 너희들이 그리 파헤쳐 놓고 들
여다보고 분석할 때가 되었음이니,
14 그것이 너희들이 지금 해야 할 일임을
알아야 될 것이니라.
15 내가 너희들에게 이와 같이 할 일을
명하였거늘, 이를 행하지 않는 너희들
은 그 죄가 가중됨을 알아야 될 것이
니라.
16 내가 너희들에게 왜 이리 강력히 명하
는지 그 뜻을 알겠는가?
17 너희들이 잘못 믿어 재물을 바치는 그
죄로 죽어 와 너희들이 나에게 그 벌

을 받는다 하여도,
18 너희들의 후손이요, 또 그 후손들이
대대손손 너희들처럼 속아서 지옥으
로 가는 그 행사를 하며 구원의 길의
티켓을 받는다, 하늘에 바친다는 그
재물이요, 모든 시간과 공간이 나하고
는 아무런 관계도 없으며, 그것이 나
로부터 너희들에게 내려지는 죄의 명
목만 더한다면,
19 너희들의 후손과 너희 대대손손 그 자
식들이 그와 같은 길을 가기 때문에,
20 지금쯤은 너희들이 모든 종파에서 이
루어지는 그 형태를 점검하며, 도마
위에 있는 그 생선처럼 모두를 다 분
석하고 벌리고 따지고 까뒤집어서 하나
도 가려지는 것이 없듯이, 콩알을 벗
겨 그 알맹이를 보듯이 완벽하게 그
속을 들여다보는 한 번의 그 기회는
가져야 될 때라고 생각하느니라.
21 수천 년 역사 동안 흘러왔던 그 믿음
이 잘못된 것이라면 너희들이 너희 사
랑하는 후손을 위하여 지금쯤 한 번은
잠깐 가던 길을 멈추며 숨을 돌리고
그 속을 들여다봐야 할 때가 되었음이
니,
22 그 속을 들여다봐서 정녕 그것이 바른
길이며, 잘못된 것이 없으며, 한 점의
부끄러움이 없는 종교 지도자들이 단
상에 서서 너희들을 이끌어 간다 하
면, 너희들은 그 길을 가도 나 여호와
가 너희들을 벌하지 아니할 것이니라.
23 너희들이 내가 원하는 나의 법전과 지
금 너희들이 믿고 가는 그 모두를 한
번 견주어 바라볼 때가 되었음이니,
이것이 바로 나의 법전이 내려가는 이
시대에 너희들이 해야 할 대명임을 알
라.
24 이제 사랑하는 나의 피조물 만백성 너
희들이 손으로 지은 그 성전에서 이루
어지는 그 형태를 다 낱낱이 헤쳐서
한번 점검해야만 너희들의 사랑하는
후손들이 너희들처럼 속아 지옥으로
가는 그 역사가 이루어지지 아니할 것
이니라.
25 너희들이 그를 두려워하지 말지니라.
26 너희들이 내가 내리는 나의 성령을 사
탄이요, 이단이라 그리 생각하기 전에,
27 너희들의 재물을 바치며 너희들의 시
간을 다 바치며 너희들을 깨우쳐 하늘
에 오르는 자라 하여 가르치는 종교
지도자들이 과연 너희들보다 더 바른
자세로써 살아가는가, '하나님께 바친
그 모든 재물이 제대로 흘러가고 쓰이
는가?' 이것을 너희들이 한번 정확하
게 점검한다 해서 너희들이 그로 하여
금 나에게 죄를 짓는 것이 아니요, 나
에게 와 너희들이 벌을 받는 것이 아
님이니라.
28 잘못된 것을 바로잡고자 하는 그 형태
의 마음으로 가벼운 마음에서 너희들
이 한번 낱낱이 점검해 보라.
29 너희들보다 더 죄를 짓는 자가 너희들
을 구원한다고 단상에 서서 기도하며
너희들에게 축복을 내려 준다 하면,
그 얼마나 우스운 이야기며, 말도 안
되는 행위이던가?
30 역으로 보면 너희들이 말하는 초등학
생이라는 사람이 박사를 가르친다는
그와 같은 웃지 못할 형국이 벌어짐이
니라.

31 계명을 지키고 살아가는 나의 백성들
은 하루에 열 가지의 죄를 짓는데, 종
교 지도자요, 너희들을 하늘로 인도하
는 자들이 스무 가지, 백 가지의 죄를
짓는다면,
32 더 큰 죄를 짓는 자가 제 앞에 죄짓지
않고 살아가는 나의 백성을 어찌 하늘
에 인도하며 깨우쳐 준다 그리 말하는
가?
33 이와 같은 이치를 너희들은 바라다봐
야 될 것이니라.
34 내가 나의 피조물 만백성 너희들 중에
서, 신도라 하여 모여드는 너희들 중
에 구원할 자가 너무도 많이 있으며,
깨우쳐 하늘에 인도할 자가 너무나 많
기에 너희들 자신을 돌아다보라 그리
말함이니, 이 뜻을 깊이 새겨 보도록
하라.
35 사랑하는 나의 아들아!
36 너는 나의 백성들에게 강하게 강력히,
그리고 나의 법전을 높이 들어 외쳐야
될 것이니라.
37 지금 제3의 시대에 나의 성령을 태워
나 여호와가 직접 나의 아들을 통하여
'하늘에 오르는 길'이라 하여 책으로
엮어 내니,
38 나의 법전을 읽고 깨우치는 너희는 순
종하는 삶을 살 때, 너희들이 나의 법
전의 그 내용을 깨달으며 그 내용대로
이것이 진정한 나 여호와의 뜻이라 하
여 너희가 순종하고 순종하는 그러한
삶으로 살 때, 너희는 정녕 구원을 받
을 것이며, 나 여호와의 천국의 문이
너희들 앞에 열릴 것이니라.
39 그러나 만일 순종치 않을 때는 너희들
이 지옥으로 그리 간다는 것을 내가
알려 주기 위하여 지금 나의 법전을
세상에 내려보내어 너희들에게 비가
쏟아지듯이 전하고자 하는 뜻을 알아
야 될 것이니라.
40 제3의 시대에 나의 성령이요, 나의 법
전인 이 책을 읽고 깨우치고 십계명을
지키고 살며 나로부터 순종하는 자는
구원을 받을 것이며, 순종하지 아니하
는 자는 지옥행으로 간다는 것을 너희
들에게 확실히 알려 주기 위하여 내가
지금 이 법전을 전함을 너희들은 알아
야 될 것이니라.
41 순종하는 자와 순종치 않는 자를 지금
분별하여 내가 직접 심판을 행하고 있
다는 것을, 너희들은 이 두렵고 무서
운 사실을 알아야 될 것이니라.
42 지금 나의 법전이 나라 했으며, 나의
뜻이며, 내가 직접 세상에 내려가 만
백성 너희들을 마지막으로 깨우치는
그 역사를 이루는 것이 나의 성령이
기록된 법전이라 하였음이니라.
43 그리하여 내가 순종하는 자와 순종치
아니하는 자를 직접 분별하여 심판하
고 있는 이 무서운 현 시점을, 현 시국
을, 지금 그와 같은 역사가 이루어지
고 있다는 것을 알라.
44 그리하여 내가 나의 법전을 너희들에
게 깨우쳐 만백성에게 한 권 이상씩
전하고자 하는 것이 나의 뜻임을 알라.
45 이를 보고 깨우쳐야 할 것이니라.

2,825 번째 하나님 말씀

2002년 8월 4일 22시 54분

1 사랑하는 나의 아들아!
2 "네, 아버님! 말씀하옵소서."
3 너희들이 수천 년 동안 흘러오는 그
역사 속에서 지금의 시대에 이르렀음
이니,
4 과연 너희들은 지금 내가 존재함을 믿
으며 내가 존재함의 그 가치를, 그리
고 너희들이 나로부터 심판을 받는다
는 그와 같은 두려운 마음의 삶으로써
살아가며 그와 같은 것을 너희 생각
속에 자리를 잡아 가며 살아가는가?
5 지금 나의 계명이요, 나의 율법이요,
제3의 시대에 새로운 역사를 이루어
가며 내가 직접 나의 성령을 나의 아
들을 통하여 법전이라 하여 책으로 만
들어 세상에 내보내 나에게 순종하며
나의 율법대로 사는 자와 살지 않는
자를 구분하고자 지금 이 역사가 진행
된다 하였음이니라.
6 나의 계명이요, 율법이요, 나의 이 법
전은 육의 세상에서 사는 너희들을 위
하여 존재한다는 것을 알아야 될 것이
니라.
7 너희들이 육에 사는 삶에서 나의 뜻에
따라 살며, 순종하는 자세로써 살며,
십계명과 내가 내린 율법에 따라서 살
아간다 하면 너희들은 구원을 받는 이
치요,
8 너희들이 지상에서, 이 세상에 살아가
는 동안 구원의 길을 볼 수 있도록 하
고자 하는 것이 나의 법전이요, 나의
계명이며 나의 율법임을 알아야 될 것
이니라.
9 너희들이 천사와 같은 마음으로, 천사
와 같은 심성으로 살아 구원을 받아
하늘에 오르고자 하는 그 영의 세계에
들어오는 자가 되었을 때, 그때는 너
희들에게 십계명이요, 율법이요, 나의
제3의 시대를 위해서 내려간 나의 법
전이 필요치 아니한 것이니라.
10 너희들이 지금 천사와 같은 그 심성으
로 살아가지 못하며 바로 살지 못하기
에, 너희들이 천사와 같은 그 심성으
로 살아 구원을 받게 하기 위하여 너
희들의 육이 사는 이 세상에서 너희들
이 지키고 행하여야 될 것이, 거기에
대한 계명이요, 나의 율법이요, 지금
내가 내려보낸 나의 법전이니라.
11 그리하여 이것은 너희들이 육의 세상
에서 살아가는 속에 절대적인 것이며,
육의 세상 속에서 너희들이 이를 엄히
지키고 이를 따라 행하는 자만이 구원
을 받을 수 있다는 것이 여기에 있음
이니라.
12 너희들이 육의 삶의 세상에서 구원을
받을 수 없는 그를 위하여 너희들이
깨우쳐 하늘에 오를 수 있는 그 답이
요, 그 문제를 너희들에게 주지 아니
하고 내가 너희들에게 천사가 되어 하
늘에 오르라 한다면 너희들은 나를 공
의의 하나님이라 하지 못할 것이니라.
13 그러나 너희들이 육의 세상에서 가장
필요한 것이며 너희들이 생명이 존재
하는 동안에 너희들이 하늘에 올 수
있는 그 기틀을 지키는 것은, 그 육에
서 살아가는 것을 위해서 십계명이요,
나의 계명이요, 나의 법전이 내려가

있음이니, 이 모두는 너희들이 육에서
사는 동안에 필요한 것이니라.
14 그리하여 너희들이 이를 보고 깨우쳐
천사와 같은 심성을 갖도록 하기 위하
여 이것이 세상에 다 내려와 존재함이
니, 너희들은 이와 같은 나의 뜻을 깨
달아 너희 삶을 바로 살아야 될 것이
며,
15 이를 지키고 이 뜻에 따라 행하지 아
니하며 순종하지 아니하는 자는 정녕
구원을 받을 수 없음을 알아야 될 것
이니라.
16 내가 너희들에게 내려 지키라 하는 십
계명은 너희들이 지금 육의 형태가 존
재하는 이 속에서 너희들이 지킬 힘이
있을 때, 너희들이 지킬 수 있는 능력
이 있을 때, 너희들이 지킬 수 있는 활
동력이 충분히 있는 그 상태에서 너희
들이 깨우쳐 지키며,
17 그와 같이 서서히 변화되는 속에서 너
희들이 하늘의 이치요, 나의 뜻에 따
라 행하는 그와 같은 변하는 역사를
이루기 위하여 이 모두가 육의 세상에
서 필요한 것이며, 육의 세상에서 존
재하기 위해서 내려져 있는 것을 너희
들은 알아야 될 것이니라.
18 영의 세계에서 필요한 것이 아니니라.
19 그러니 너희들이 육의 세상에 있을 때
이를 바로 지켜야 된다는 것은 엄연한
사실이며, 이를 지키지 아니할 때 너
희들이 영의 세계에 발을 들여놓을 수
없다는 것을 알아야 될 것이니라.

2,826 번째 하나님 말씀

2002년 8월 5일 09시 52분

1 사랑하는 나의 아들아!
2 "네, 아버님! 말씀하옵소서."
3 이 지상의 낙원이 나의 성전이라 하였
음이니, 내가 만든 성전에 사는 모든
동식물이 다 나의 주관하에 그 자리를
지킴이니, 너는 그 모두를 '하나'라 생
각하며 소중히 생각하라 하였음이니
라.
4 그리고 그들은 다 그 자리를 지켜야
할 이유가 있으며, 또한 그들이 있음
으로써 세상 모두가 돌아간다 그리 말
하였느니라.
5 내가 가장 아름답게 한 형제로 만들어
놓은 사람인 너희들이 어찌하여 사람
과 사람을 사랑하는 그 마음이 그리도
사악한 형태로 왔는가?
6 하물며 이 세상의 모든 동식물을 다
사랑하는 너그러운 마음을 가지고 살
아야 할 것이 너희이거늘, 어찌하여
한 형제지간에도 그리 사랑하는 마음
이 없는가?
7 너는 너의 제자들에게 이르라.
8 모두가 너와 만나는 사람, 너희들과
더불어 행하는 사람, 그 사람들을 다
형제라 생각하며, 사랑하는 마음을 가
지고 살아가는 훈련을 시작할 때가 되
었음을 알려 주라.
9 같은 형제인 인간이 인간을 사랑하지
아니한다면 그보다 더한 것이 어디에
있는가?
10 아무리 미물이요, 너희들과 같은 지혜
가 없는 동물들도 저희들의 동족을 알

며 저희들의 같은 혈통을 아느니라.
11 저희 동족이요, 혈통까지도 가장 무시하고 적대시하며, 보호하고 사랑할 줄 모르는 것이 너희들 인간이라 하면, 그 인간이 모든 동물의 제왕의 자리를 지킬 수 있는 자격이 있는가?
12 그리고 너희들이 동식물을 지배하며 살 수 있는 자격이 있는가?
13 모든 동식물은 저희 동족을 사랑하며 같은 형태의 동물들을 서로 사랑하고 의지하고 살아가느니라.
14 그러나 가장 지혜를 높게 준 너희들만이 그와 같은 형국을 이루지 못하고 삶이니,
15 형제지간에 적대시하며, 항상 그를 쓰러트리지 못하고 앞에 가는 자 넘어트리지 못하여 배앓이 하는 그와 같은 형태를 가지고 사는 것은 인간밖에 없음이니라.
16 그러니 너희들 인간을 지금 과연 누가 이와 같이 사악한 형태로 인도하였는가?
17 이를 하늘에서 바라다보는 나 여호와가 얼마나 분노하며 얼마나 마음이 아프겠는가?
18 잘못 끌어온 자, 잘못 인도한 자, 그자들을 나는 아느니라.
19 그리고 어떠한 형태로 흘러와서 이러한 역사의 현장이 이루어졌는지도 아느니라.
20 아름답고 고운 나의 성령이요, 천사의 성령과 같은 그 혈통이 흘러내려왔더라면 지금은 너희들이 서로를 소중히 하고 보기에도 아까워하는 그와 같은 인간관계의 심성으로 살아가도록 되었을 것이니라.
21 시기와 질투가 없고 욕심이라는 것이 없으며 '나'를 생각하기 전에 '남'을 배려하는 마음으로 살아가는 그와 같은 인간 사회가 이루어졌을 것이니라.
22 너희들은 사랑을 하며 나누며 배려의 마음을 가지고 살며, 그리고 미래 지향적인 깨달음을 얻어 하늘에 오르는 그 길의 가르침을 따라 내가 원하는 그 율법이요, 계명을 지키고 사는 것이 너희들의 근본이요, 본분이니라.
23 그러나 내가 가장 아름답게 지혜를 높이 주어 만든 한 형제인 너희들이 그와 같은 삶을 살지 아니하며, 서로 시기하고 질투하고 반목하는 이와 같은 형국의 세대에 이르른 원인은 어디에 있느냐?
24 가장 큰 집단으로써 군림하여 집단적으로 지금 이끌어 온 종교 지도자 너희들에게 책임이 있음을 알아야 될 것이니라.
25 너희들은 나의 종이요, 만백성의 종인 자세로 나의 피조물 만백성을 가르치고 이끌어 온 것이 아니라, 너희들이 군림하는 자요, 제왕이요, 나 여호와의 한계를 벗어나 나 여호와가 되고자 하는 그와 같은 사악한 마음의 형태에서 살아왔기 때문이니라.
26 지금이라도 너희 손으로 지은 그 성전에서 나의 피조물 만백성에게 군림하고자 하며 그들에게 제왕적인 자세를 취하는 자, 너희는 너희들을 도와 헌금이요, 십일조요, 그 재물을 갖다 너희들에게 바치는 그들이 너희들의 주인임을 알라.

27 너희들이 살아가는 형태가 어떻던가?
28 그들이 피나게 노력하여 바친 그 재
물, 너희들의 세 치의 혓바닥으로 현
혹하여, 그 감언이설에 속아 갖다 바
치는 그 재물로 너희들이 나눠 먹고살
지 않는가?
29 그러면 내려 주는 자가 주인이거늘,
너희들은 어찌하여 그 너희들의 신도
를 주인으로 생각하지 아니하며, 그저
너희들에게 속해진, 너희들이 평생 노
예와 같이 부릴 수 있는 그와 같은 백
성으로 생각하며, 그들이 무서운 줄을
모르는가?
30 너희들이 그들을 주인이요, 상전으로
생각하지 아니하고 그들을 종과 같이
생각하며, 그들의 종이어야 할 너희가
주인 역할을 하며 제왕적인 자세를 취
하고자 하는 이와 같이 웃지 못할 형
국이 이 세상에 생겼음이니,
31 이게 바로 지금 너희들이 잘못 가고
있는 대표적인 예의 하나임을 알아야
될 것이니라.
32 너희들이 십일조를 바치며 헌금을 바
치듯이, 모르는 사람이요, 어렵고 힘
든 자에게 그와 같이 재물로써 도와준
다면, 그를 받아서 살아가는 자는 너
희를 은인으로 생각하며 너희를 볼 때
마다 하늘의 천사라 생각하고 살 것이
며, 너희를 주인으로 생각하며 너희를
거부하지 아니할 것이니라.
33 이와 같은 이치 하나도 깨닫지 못하며
너희들은 그저 수시로 거둬들이고 챙
기면서, 그들을 주인으로 생각하지 아
니하고 종으로 생각하며,
34 베풀고 사랑해 주며 갖다 바치면서도
그저 종과 같이 생각하는 너희 신도들
의 겸허한 마음과 그 아름다운 마음의
백 분의 일도 못 되는 자들이 어찌하
여 단상에 서서 그들을 하늘로 이끌며
깨우친다고 감히 그와 같이 하는가?
35 나 여호와가 오죽 분하고 속이 아프면
너희들에게 말하였겠느냐, 백 개의 죄
를 짓는 자가 열 개의 죄도 짓지 않은
자를 깨우쳐 인도한다는 그와 같은 형
국에 있는 것이 지금의 너희 종교 지
도자들이 가고 있는 형태라고.
36 근본적으로 바꿔야 되며, 근본의 틀부
터 바꿔야 되며, 너희들이 기초부터
다시 바꿔서 가지 아니하면 아니 될
것이니라.
37 너희들이 바꿔야 할 길, 너희들이 고
쳐서 가야 할 길, 그 모두가 나의 법전
에 기록되어 세상에 내려감이니,
38 모든 종교 지도자 너희들은 들어야 될
것이니라.
39 지금 나의 아들을 통하여 내려가는 그
장서의 법전들을 처음부터 읽고 깨우
쳐 그대로 행하는 자, 너희 자신이 구
원을 받을 것이며,
40 너희를 따라 신도라 하여 너희들에게
갖다 바치는 그 상전들도 구원의 길로
인도하는 것이 될 것이니라.
41 너희들이 지금 얼마나 무서운 죄악에
서 살아가는지 알고 있는가?
42 너희들은 그들에게 사기극을 벌이고
있음이니라.
43 천국을 갈 수 있으며 천국의 문을 통
과할 수 있으며 구원을 받을 수 있다
하여 그들의 평생의 노동력과 그들이
가지고 있는 재물을 수시로 영수증 하

나 발급하는 것 없이 그냥 거둬들이고
받아들임이니,
44 너희들이 크나큰 사기를 한 번만 치는
것이 아니요, 수천수만 번을 지금 그
들에게 사기 치고 있음이니라.
45 너희들이 거둬들일 때마다 사기극이
요, 너희들의 죄가 그와 같이 무서우
니, 종교 지도자 너희들이 죄를 얼마
나 짓고 있는가 생각해 보라.
46 한 사람을 상대로 한 번의 거짓말을
하고 두 번의 거짓말을 하고 살아가는
평범한 나의 백성들보다도, 너희는 수
백수천 명을 상대로 하여 그들에게 다
수천수만 번의 사기극을 벌이고 있으
며, 그들로 하여금 너희들에게 재물을
바치게 하는 그와 같은 사악한 짓을
너희 자신이 하고 있음이니,
47 그 숫자별로 하나하나씩 죄가 너희들
의 목에 걸린다면, 너희들의 그 죄는
너희 스스로 감히 지고 일어날 수도
없으며, 명주실 같은 작은 것으로써
하나씩 하나씩 너희들 몸에 얹는다 하
여도 너희는 감히 일어날 수 없는 그
죄를 지었을 것이니라.
48 천사와 같이 무지개 속을 날아올 수
있을 만큼 가벼운 자만이 하늘나라에
오른다 내가 말하였음이니, 그 무거운
죄를 지고 있는 너희가 어찌 감히 올
수 있겠는가?
49 너희들의 그 죄의 실오라기를 지금이
라도 깨우쳐, 나의 법전을 보고 이를
사탄이요, 사악한 자의 짓이라 하여
태워 버리고 찢어 버리며 나의 피조물
만백성에게 법전을 보지 말라 소 리지
르며 악을 쓰는 그와 같은 추한 행위
를 하지 말라.
50 너희들이 정녕 그들을 위하여 이를 보
지 말라 하는가?
51 나의 법전의 그 내용이 두려우며, 나
의 성령의 뜻이 두려우며, 그들이 보
면 너희들의 실체가 드러나며, 나의
법전을 깨우친 자들이 너희들을 단죄
할 것이 두려워서 너희들은 아무리 좋
은 말씀이라 해도 보지 못하게 하며,
좋은 뜻이라 해도 그를 읽지 못하게
하며,
52 너희들 이외에는 아무도 보지 말며 어
떤 사람과도 교류하지 말라 하며, 그
저 짐승만도 못하게 길들여 가고자 하
는 너희들의 그 사악한 죄를 어찌 다
갚으려 하는가?
53 거짓말하여 거둬들이는 재물과, 그 많
은 사람을 상대로 그들이 하늘나라에
오르고자 성령이요, 다른 사람들의 가
르침을 듣고자 할 때, 그리고 나의 뜻
에 의하여 세상에 나온, 진실을 밝히
는 모든 책들을 접하고자 할 때, 그것
까지도 읽지 못하게 막는 너희들의 그
죄가 가중되고 또 가중되니, 얼마나
무서운 것인가를 알라.
54 명주실보다도 가느다란 실로 하나씩
죄를 얹는다 해도, 너희 몸을 칭칭 감
고 감아도 그게 다 남아돌아 갈 것이
니,
55 그와 같이 사악한 죄를 짓는 너희들이
어찌하여 천 분의 일, 만 분의 일도 죄
를 짓지 않는 자들을 인도하여 하늘에
오른다 그리 감언이설로 가는가?
56 사악한 자들아! 너희들의 종말이 머
지않았음이니라.

57 나의 법전을 보고 깨우치라.
58 그리고 밤새워 나의 법전을 가슴에 안고 정독하고 정독하여, 나의 선지자 앞에 와 강론을 들으며 하나를 들어 천 가지를 깨우치는 기회를 얻지 못하면, 너희들의 그 죄가 얼마나 무서울 것인가 스스로 너희가 잠자기 전에 한 번 계산해 보라.
59 너희 가슴에 명주실을 하나하나 올려놓았을 때, 누워 있는 그 가슴에 쌓은 실이 구름 위를 통과할 수 있을 만큼 그 많은 죄를 짓는 것이 지금의 종교 지도자 너희들임을 알라.
60 내가 보고 있는 너희들의 실상을, 그 모두를 다 사실대로 나의 아들을 통하여 내려보냄이니,
61 이러고도 너희들이 거부하며, 너희들이 진정한 하늘에 오르는 지도자들이요, 나로부터 명을 받은 자라 하여 나의 아들을 핍박하고 나의 법전을 태워 버리고 찢어 버리고 이를 보지 못하게 하는 그 죄를 짓지 말라.

2,827 번째 하나님 말씀

2002년 8월 5일 10시 23분

1 사랑하는 나의 아들아!
2 "네, 아버님! 말씀하옵소서."
3 수천수만의 종교 지도자들이 그 집단을 이끌어 오면서 나의 피조물 만백성 그들의 눈을 막았으며 입을 막았으며 귀를 막았으며 눈을 가려 세상을 보지 못하도록 그와 같이 사악한 방법으로 이끌어 왔다 함을 너희들은 이제 깨우치지 아니하는가?
4 '이 세상 그 모두는 다 여호와 하나님의 뜻에 의하여 존재하며, 전지전능하신 하나님께서 세상 것을 다 만들었다.' 그들은 그리 가르치고 있음이니라.
5 그렇다 하면 이 세상에 나오는 것은 너희들이 읽고 깨우치고 배워서 너희들의 양식으로 삼으며 너희들이 살아가는 그 삶에 보탬이 되도록 하면 될 것을, 그들은 어찌 말하는가?
6 저희들이 가르치는 것 외에는 읽어서도 안 되며 봐서도 안 되며 들어서도 안 된다 그리 말함이니라.
7 그리하여 너희들의 눈을 보지 못하도록 하였으며, 입을 함봉시켰으며, 귀를 막았음이니라.
8 그리하여 너희들을 그저 짐승과 같은 형태로 만들어 세뇌 교육이라는 것을 시키고 또 시켜, 그 길밖에는 모르도록 그리 너희들을 이끌어 가는 그와 같은 사악한 방법으로써 저희들이 제왕처럼 군림해 왔음이니라.
9 이제 사랑하는 나의 아들과 백성, 너희들은 들어야 될 것이니라.
10 너희들의 눈을 보지 못하게 했으며 입을 봉했으며 귀를 막도록 한 그들을, 이제는 너희들이 그들의 입을 막아야 될 때가 왔음을 알아야 될 것이니라.
11 너희들을 가르친다는 종교 지도자가 단상에 서서 행하는 것이 앞과 뒤의 행동이 다르며, 보지 않는 곳과 보는 곳에서의 행동이 다른 그와 같은 자,
12 그리고 하늘의 성령이요, 하늘의 뜻을 가지고 너희들에게 깨우치는 것이 아니라, 저희들의 생각대로 마음대로 집

어넣어 그 귀한 시간에 너희들을 이끌
고 흥분의 도가니로 몰고 가기에만 급
급하며 재물을 거둬들이기에만 연연
하는 그들에게,
13 그들의 입을 너희들이 이제 봉할 때가
왔음이니라.
14 그들이 함부로 말을 하지 못하도록 할
것이며, 성령이요, 나 여호와의 뜻이
아니면 그 단상에 서서 말을 전하지
못하게 해야 될 것이며,
15 그와 같은 자들이 이제 입을 봉하는
때가, 너희들의 새로운 시대가 열어져
야 될 것이며, 그와 같은 역사를 너희
들이 이루어야 될 것이니라.
16 너희들이 그를 구분하고 구분하지 못
하는 것은, 나의 법전이 내려가 있으
니 나의 법전을 너희들이 한 권만 읽
는다 하여도 그들이 똑바로 가는지 똑
바로 가지 못하는지, 잘 가고 있는지
잘못 가고 있는지 구분할 수 있음이니,
17 이제 그들을 너희들이 단죄해야 될 때
가 왔으며, 그들의 함부로 놀리는 입
을 봉하도록 할 때가 왔음이니라.
18 너희들이 그들의 입을 봉해야 하는 이
유를 너희들은 알지 않는가?
19 너희들이 그들에게 현혹되어 죄를 짓
고 지옥 불로 가는 것을 너희들로써
마감해야 될 것이며, 너희 후손들, 너
희 사랑하는 자손들까지 또 그와 같은
자들에게 현혹되어 지옥 불로 가는 그
길을 막는 것이 지금 나의 법전이 세
상에 내려간 이유이며, 지금의 시대에
그 역사의 변화가 이루어져야 될 것이
니라.
20 그렇지 아니한다면 너희들이 누군가
를 희생하여 이 시대의 잘못 감을 바
로잡아야 할 것이니,
21 너희들이 바로잡지 못한다면 천년만
년 그 끝없는 흐름 속에서 구원을 받
지 못하고 가는 그 백성들이 생길 것
이며, 나의 법전이요, 나의 성령이 직
접 세상에 내려가 나의 백성을 다스리
는 나의 뜻에 거역하는 그와 같은 너
희들이 될 것이니라.
22 더 이상 묵과해서는 아니 됨을 알라.
23 너희들의 눈을 뜨지 못하게 하며 보지
못하게 했으며 귀를 막은 그들의 형태
를,
24 이제 너희들이 그들을 그와 같이 훈련
시켜 그들이 바른 종교 지도자로 설
수 있도록 너희들이 감시와 감독을 하
여 그들을 바로 세우지 못한다면 정녕
너희들은 진정한 깨우침의 길을 볼 수
없음이니라.
25 너희들이 가르치는 길이 진정한 나 여
호와의 뜻이요, 당당하다면 그들이 이
웃의 성전에 가든, 타 종파에 가서 들
여다보든, 거기에서 그가 강론을 듣든
그는 관계가 없음이니라.
26 정녕 너희들이 가르치는 것이 진정한
진리라면 딴 곳에 가는 그것은 진리가
아니며 바른길이 아니기 때문이니라.
27 그러하거늘 너희들은 다른 종파의 것
을 보지도 못하며 듣지도 못하며 배우
지도 못하며 들여다보지도 못하게 하
며,
28 세상사 많은 인간들이 마음을 달랠 수
있고 이웃을 사랑하며 선하게 살아가
라 하여 수없이 나오는, 너희들이 인
간으로서 지은 그 책자마저도 보지 못

하도록 하는가 하면,
29 내가 직접 성령으로 내린 나의 법전이
요, 너희들을 심판하는 이 책까지도
보지 못하게 함이니,
30 이는 너희들이 심판을 받을 기회도 주
지도 않는 것이며, 그 기회를 갖지도
못하게 하며, 깨우치는 그와 같은 역
사도 이루지 못하게 막고 있음이니,
이것이 얼마나 사악한 죄의 형태인가?
31 너희들은 여기서 너희들이 어떠한 책
이든, 어떠한 종파든 들여다보며 그곳
에 가서 자기 것으로 만들고 깨우치고
자 하는 자들을 가지 못하게 하는 자,
그 발길을 막는 자, 그리고 다른 곳은
이단이요, 사탄이요, 사악한 자라 말
하는 자, 그들의 입을 봉하도록 너희
들이 이제 철퇴를 내릴 때가 되었음이
니라.
32 '이 세상에 존재하는 것은 다 여호와
하나님의 뜻이며 그분이 만들었다.'
하면서, 내가 만든 것은 다 너희가 필
요로 하는 것이거늘, 어찌하여 다른
곳에는 가지 못하게 하는가?
33 너희들을 족쇄로 묶어 놓는 것은 제가
사탄이고 이단이기 때문에 그러하니
라.
34 지금 나의 아들이 운영하는 그 조그만
성전에 너희들이 와서 그를 보라.
35 그는 사람이 한 명이든 열 명이든, 그
가 가고 싶은 곳에 마음대로 가게 하
며, 그들이 가서 배우고 싶어 하는 것
을 배우게 하며, 그들이 읽고자 하는
책을 읽게 함이니라.
36 그는 무엇이더냐?
37 제가 당당하며, 나 여호와의 성령이
요, 나의 뜻이라는 것을 그는 알며, 참
진리가 여기에만 있다는 것을 알기 때
문이니라.
38 진정한 종교 지도자가 참진리의 뜻을
안다면, 그 참진리보다 위대한 것이
없기에, 어떠한 것을 접하든 나의 피
조물 만백성은 참진리와 비진리를 구
분할 능력이 있거늘, 그들의 그 능력
까지도 너희들이 거둬들이며 그들까
지 무능하게 만들지 말라.
39 나의 성전에 와 나의 아들이 가는 길
을 보라.
40 그는 참진리의 길을 가기에, 모두가
마음대로 자유로이 모든 종파 속에 가
보도록 하며 경험하도록 하며 느껴 보
도록 그리하느니라.
41 그것이 참진리를 가는 자의 당당한 모
습이니라.
42 그리고 그는 천사의 심성으로 살아가
고자 피나는 노력을 하며, 오히려 그
는 남이 안 보는 곳에서 더욱 그 자세
를 바르게 살아가고자 몸부림치니, 그
와 같은 자가 지도자가 될 수 있음을
너희들은 알아야 될 것이며,
43 그를 따르는 제자들 또한 그와 같은
마음으로 심성이 변해 가고 있음이니
라.
44 몇십 년 동안 그 종파 속에서 허덕이
는 너희들이 과연 얼마나 변해 있으
며, 얼마나 진심으로 사랑을 나누는가?
45 10년을 성전을 다닌 사람은 10년만큼
천사에 가까워질 것이며, 20년을 다닌
사람은 그 20년만큼 천사와 거리가
가까워져 그리 너희들이 믿고 살아왔
다면 하자가 없음이니라.

46 그러나 그러하지 못한 믿음을 가져 왔
다면, 너희들은 지옥으로 가는 믿음이
요, 죽은 믿음이요, 그 이상의 천사가
될 수 있도록 깨우쳐 주지 못한 자는
나 여호와로부터 선택된 종교 지도자
가 아님을 너희들이 이제 깨우쳐야 할
때가 왔으니,
47 너희들의 눈을 감아 세상 것을 보지
못하게 막았음이니라.
48 자연스럽게 만든 위대하게 돌아가는
그 오묘한 자연의 동식물이 살아가는
것을 보면서 너희들은 경탄하며 나 여
호와의 통제함에 놀랄 것이거늘, 그것
을 보지 못하게 했으며,
49 너희들이 귀로 성령을 들어서 너희 가
슴에 만들 수 있는 것마저도 듣지 못
하도록 그 귀를 꽉꽉 막도록 그리 살
아가게 하였음이며,
50 바른말로써 남들을 전도하고 깨우치
고자 하여도 너희들이 주어진 그 틀
외에는 아무 말도 하지 못하도록 하니,
51 그리하여 너희들이 가르치는 그 틀 속
에서 다른 말을 하면 안 되며, 너희들
이 알고 있는 좋은 상식이나 너희들이
행할 수 있는 그 모두도 다 접어 두고
가슴에 묻어 두며 말을 하지 못하며
남을 깨우치지 못하도록 그리 그들이
이끌어 가는 것은, 그들이 사악한 자
요, 저희들이 자신이 없으며 용기가
없으며 저 자신의 밑천이 없으며 가르
칠 것이 없기 때문이니,
52 그 밑에서 더 배울 것이 없고 더 깨우
칠 것이 없다면 너희들은 잘못 가고
있음을 알라.
53 하늘에서 내려다보는 나 여호와는 너
희들의 그 잘못 가는 형태를 다 알고
있음이니, 그리하여 내가 너희들에게
일일이 말로써 전할 수 없어, 내가 나
의 성령을 태워 직접 내려가 법전이라
는 그 책 속에 내가 너희들과 같이함
이니, 나의 가르침의 성령의 뜻을 들
여다보도록 그리하라.

2,828 번째 하나님 말씀

2002년 8월 5일 10시 39분

1 사랑하는 나의 아들아!
2 "네, 아버님! 말씀하옵소서."
3 내가 5달란트를 가지고 10달란트를
만드는 그 능력 있는 자에게 네가 그
와 같은 역사를 이루라 하였음이니라.
4 그리하여 네가 가진 것 없는 그 어려
운 실정에 '준이네'라는 그 식당을 8
천여만 원을 들여 그를 위하여 만들어
주었으니,
5 싼값으로 만백성에게 덕을 베풀며, 내
가 나의 백성들에게 밥 한 끼를 대접
하듯이 너희들이 그리 정성스럽게 감
이니, 내가 그 식구들을 다 사랑함이
며,
6 또한 '가나다 설비'라 하여 네가 손발
이 저리도록 힘들게 천여만 원을 들
여 너의 제자들이 살아갈 수 있는 그
터전을 만들어 주었음이니,
7 여기에 너는 5달란트를 가진 자가 10
달란트를 만드는 역사만 생각하는 것
이 아니니라.
8 5달란트로 10달란트를 만들 수 있는
사람은 또한 사람을 다스릴 수 있으며
사람을 볼 수 있는 그 능력이 남다름

을 알아야 될 것이니라, 아들아!
9 그리하여 그곳에 그와 같이 동참하는
자, 그와 같이 행동하는 자, 그가 행동
이 바르며 주인으로서 모범이 되며 한
말에 책임을 지니, 그 모든 식구들이
그를 따르며 종업원이 그를 존경하는
그와 같은 너희들의 사업장이 됨이니
라.
10 그리하여 스스로 그곳에 종사하는 식
구들이 다 나의 성전에 그를 따라나와
나의 법전을 공부하고 깨우치며 내가
존재함을 알아 그들이 구원의 길을 받
게 됨이니,
11 그리하여 그와 같은 역사를 이루는 것
을, 아들아, 너는 알겠는가?
12 "아버님! 이제야 알았사옵나이다.
13 그리고 그들에게 아버님께서 명하신
것을 가르쳐 주겠습니다.
14 사람의 깊은 마음의 심성을 보아 장점
과 단점을 알아 그 종업원들과 같이
더불어 어울려 살아가는 그와 같은 주
인으로서 행동하도록 하며,
15 5달란트로 10달란트를 모으는 것이
문제가 아니요, 한 사람, 두 사람, 다
섯 사람, 그와 함께 일하는 그 종업원
들이 아버님의 말씀에 귀를 기울이며
법전을 읽어 깨우친다면 그와 같이 그
가 한 형제요, 한 식구가 됨이니,
16 그와 같은 아버님의 크나큰 역사와 생
각과 하시고자 하는 뜻이 거기에 있었
음을 이제야 알겠사옵나이다.
17 그들에게 사람을 보는 그것을 가르치
겠사옵나이다, 아버님!"
18 아들아! 바로 그러니라.
19 너희들이 길거리에 가서 열 사람, 스
무 사람을 나의 성전에 데려와 나의
법전을 읽으라 그리 말할 필요가 뭐
있겠는가?
20 그리한다면 힘들고 어렵지 아니하더
냐?
21 이제 내가 5달란트의 그 역사를 이루
는 뜻을 알겠느냐?
22 지금 수천 년 역사를 흘러오는 종교
지도자들, 저희들이 호의호식하며, 저
희들이 제왕이 사는 궁궐보다도 더 웅
장하게 지으며, 그보다 더 웅장한 행
사로써 경배하기 위하여 소비하는 그
경제적인 금화와 은화를 얼마나 많이
버리며, 그 성전을 짓기 위해서 얼마
나 많이 버리던가?
23 그들이 5달란트의 의미를 알아서, 저
희들이 가지고 있는 그 성전이요, 궁
궐 같은 것을 짓고 딴 곳에 낭비하는
것이 아니라,
24 너와 같이 아무 것도 쥔 것이 없으나
5달란트로 역사할 수 있는 능력 있는
자들에게 지금 수천수만 개의 사업장
을 그와 같이 역사해 주었다면, 그들
의 주인들과 그곳에서 일하는 자가 어
찌 가겠는가?
25 천사와 같은 모습으로 변해졌을 것이
니, 이 세상이 어찌 정화되지 아니하
였겠는가?
26 지금에 온 시대보다는 더 아름다운 역
사와 세상이 이루어지지 아니하였겠
느냐, 나의 아들아!
27 "아버님! 그렇사옵나이다.
28 경제적으로 능력 있는 자들이 5달란
트로 역사할 수 있는 재능 있는 자에
게 사업장을 차려 주며 그 문을 열어

줄 때,
29 거기에 딸린 식구들이요, 식솔들이 그
를 정녕 위대하게 보며 그를 따를 것
이며, 아버님의 역사함을 그들이 알
것이며, 의식주를 해결하는 길을 열어
주시는 아버님께 감사하며 그들은 하
나가 될 것이며, 그 아버님의 은혜와
은총을 알 것이옵나이다.
30 그리고 5달란트를 가지고 그 기업을
운영하는 주인은 아버님의 자식으로
서 남들에게 모범된 삶을 살며 천사의
심성으로 살아가도록 하여,
31 그를 따르는 모든 종업원들이 하나가
될 수 있는, 그리하여 그들의 뿌리가
뿌리를 내려 가는 그 역사를 이룬다는
것을,
32 그들이 사람에게 모범이 되어 사람을
낚는 어부가 된다는 것을, 그게 바로
사람을 낚는 어부며, 그리 가는 것만
이 지름길이라는 것을, 이제 아버님
알았사옵나이다."

2,829 번째 하나님 말씀

2002년 8월 5일 11시 21분

1 사랑하는 나의 아들아!
2 "네, 아버님! 말씀하옵소서."
3 나의 피조물 만백성을 이리도 사악하
게 만들어 놓았으며 이와 같이 너희들
을 어느 것에서부터 잡아 나가 어느
것부터 너희들을 고쳐 하늘에 오르는
그 길을 볼 수 있도록 깨우쳐야 할 것
인지 끝이 보이지 않는 것이 너희들이
지금 잘못 흘러온 삶의 살아가는 형태
이니라.
4 수천 년 역사가 흘러오는 동안에 나의
성령이요, 나의 계명이요, 나의 율법
대로 너희들이 살아왔다면 오늘과 같
이 너희들이 나를 거역하고 사는 그와
같은 삶은 없었을 것이니라.
5 너희들은 청개구리와 같은 심성으로
변해져 있음이니, 극에서 극으로 살아
가고 있지 아니한가?
6 너희들이 청개구리의 그 말을 그저 산
으로 가면 들로 간다 하나, 그는 극에
서 극으로 가는 행위를 하는 것이니,
이게 바로 너희들을 그대로 표현함임
을 알아야 될 것이니라.
7 '부모를 공경하라.' 내가 계명에 기록
하였음이니, 너희 부모가 세상에 살아
있을 때 좋은 것, 좋은 세상 얼마든지
수천수만 가지로 부모에게 효성하며
부모를 즐겁게 하며 그 부모가 낳아
준 공을 너희들이 갚을 길이 얼마나
많던가?
8 편안히 모시는 것, 편안히 여행을 시
켜 드리는 것, 그리고 편안히 살아갈
수 있도록 모두를 준비해 주는 것, 그
리고 자식으로서 부모에게 효성하는
모습, 수천수만 가지를 가지고 너희들
이 낳아 준 부모에게 효성이요, 효도
를 할 수 있는 것이 그 부모가 살았을
때 이루어질 수 있으며, 너희들이 또
한 살아가는 이 세상에서 그리 존재하
며 갈 수 있음이니라.
9 그리하여 내가 유독 십계명에 너희들
을 낳아 주고 길러 준 부모에게 효도
하라 그리 기록하였거늘, 너희들이 얼
마나 잘못된 삶을 사는가?
10 너희 부모가 육신을 가지고 세상을 바

라보며 육의 세상에서 살아갈 때 육의
세상에 이루어지는 수백, 수천, 수만
가지를 가지고 너희들이 그 부모를 즐
겁게 하며 그 은혜에 보답할 길이 있
건만, 너희들은 살아서 너희 부모에게
그리하지 아니하느니라.
11 그저 남들처럼 세월이 흐르는 대로 살
아가는 것처럼 그리 살아가는 자손들
이 숱하게 많이 있음이니, 그 많은 자
손이 어찌하여 부모가 살아 있을 때
효도하는 것을 모르는가?
12 그리하여 너희들의 부모의 육신이 다
쇠진하여 죽어 영혼은 나에게 와 심판
을 받으며 육은 한 줌의 흙으로 돌아
가는 그때 가서야 너희들이 너희 부모
를 위하여 불공을 드린다 하며 또 기
도를 한다 하며 그리고 무당을 불러
너희들이 그 영혼을 위해 빈다 하며
수만 가지 방법으로 그리함이니, 그게
과연 너희들은 어떤 심리에서 하는가?
13 너희들 자신이 살아 있으며 너희가 누
구라는 것을 보이기 위해서, 남들에
게, 조문 오는 사람들에게 보여 주기
위한 너희들의 생각에서 하는가, 그렇
지 않으면 낳아 주고 길러 준 그 인연
이 이제 끝나니 마지막으로 무엇인가
를 빌어 주겠다는 마음에서 하는가?
14 다 부질없는 것이니라.
15 그건 다 하나도 이루어질 수 없음을
너희들은 알라.
16 너희들이 정녕 부모에게 효도하며 나
의 계명대로 너희 부모를 공경하며 효
성을 다하고자 하거든, 부모가 살아
있을 때 고기 한 근이라도 끓여 대접
하는 그것이 효성임이니라.
17 너희 부모가 죽어 영혼은 나에게 와
심판을 받으며 육은 한 줌의 흙으로
돌아가는 그 순간에 너희들이 불공을
드린다, 또는 기도를 한다, 그리고 경
배를 드린다, 또 너희들이 무당을 불
러 굿을 한다, 점술가로 하여금 명복
을 빌어 준다, 길을 열어 준다 하여 너
희들이 무슨 짓을 해도 다 부질없는
것이며, 너희 자신을 위해서 하는 행
위임을 알아야 될 것이니라.
18 아무리 너희들이 남에게 보여 주기 위
한 것이 아니라 하여도 너희들 마음속
엔 보여 주고자 그리하는 자가 또 그
옆에 많이 있을 것이니, 그리하는 것
은 효성이 아니며,
19 너희들이 아무리 부모를 위해 빌어 준
다 하여도 그것은 아무런 관계도 없는
것이니, 다 형식적인 행사에 치우치는
것이니라.
20 너희들이 마지막으로 부모에 대한 그
효성이요, 이별하는 그 부모를 위하여
마지막 정성을 다한다 하나, 그 정성
은 살아 있을 때 고기 한 근 사다가 끓
여 드리는 것만도 못하니, 다 부질없
는 것이니라.
21 그를 들을 수도 없으며 그를 받을 수
도 없는 것이 그들이니라.
22 그리고 내가 너희들에게 말하지 아니
하였느냐?
23 너희 부모들을 정말 공경하고 그리 살
아간 자, 부모가 죽어 너희들이 그 부
모의 영혼을 위한다면 나의 십계명대
로 살며 아름답고 곱게 살아가는 그
마음을 가진 자가 경배하고 기도하는
것보다 더 위대한 것이 없다 하였음이

니라.
24 너희들은 살아서도 그저 재물로써 모든 영광과 은혜를 사고 하늘에 오를 수 있으며 천국에 오를 수 있다 그리 생각하고, 죽은 너희 부모 앞에서도 재물로써 공을 들여 그와 같은 행사를 치르면 그가 극락세계요, 또는 천국에 간다 그리 생각하고 너희들이 어리석고 우매한 짓을 하고 있음이니,
25 그 공을 들이는 자의 자세가 어떠한지 너는 아는가?
26 과연 천사와 같은 심성을 가지지 않은 자가 그 영혼을 위하여 빌고 기도할 자격이 있겠는가?
27 너희들은 그것부터 먼저 깨달아야 될 것이니라.
28 너희들이 수천 년 동안 먹어 오던 음식 앞에서 '하나님! 감사합니다.' 하고 기도하는 그 방법을 내가 지금 너희들에게 고치라 하지 아니하였더냐?
29 너희가 과연 이 음식을 먹을 자격이 있는 사람인가 먼저 기도해 보라 하였음이니라.
30 과연 너희들이 그와 같이 공을 들여 너희 부모의 영혼을 위해 빈다 하나, 그런 것은 너희들에게 마음뿐이요, 과연 그와 같은 자격이 있는 사람이 비는 것인가?
31 그 모습을 보는 너희 부모의 영혼이 얼마나 마음 아프고 쓰리겠는가?
32 다 부질없는 짓을 하는 것을.
33 너희 부모가 살아 있을 때 그저 고기 한 번, 따뜻한 국물 한 번 대접하는 것만도 못한 그 행위를 하니, 떠나는 부모의 마음을 더 아프게 하며 그 마음을 저리게 한다는 것을 너희들은 생각해 보았는가?
34 그런 것으로써 다 구원을 받고 천당을 가며 천국을 갈 수 있다면, 너희들은 지상에서 재물로써 모두를 살 수 있다 그리 생각하는 마음과 무엇이 다른가?
35 너희들은 정녕 나의 계명에 따라 지키고 사는 것만이 구원의 길이요, 하늘에 오르는 길이니, 나의 피조물 만백성 너희들은 그와 같은 어리석은 짓을 하지 말라.
36 마지막 그 순간에도 자식으로서 무엇인가를 나타내고자 하는 그런 마음을 가지고 행한다면 그가 얼마나 불효한 자인가, 그리고 너희들이 정녕 이루어질 수 없고 부질없는 것을 알면서 그와 같은 일을 한다면 얼마나 너희들이 또한 불행한 것인가?
37 너희들이 얼마나 확신을 가지고 그리 하는가?
38 너희들은 여기서 깨달아야 될 것이니라.
39 내가 나의 아들을 통하여 너희들에게 전하니, 모든 말들을 너희들은 맞지 않으며 모른다 하여, 너희들이 생각할 수 없다 하여, 마지막 가는 부모를 위하여 그와 같은 정성으로 한다고 하자.
40 그러나 여기서 너희 부모가 살아 있을 때 부모에게 생선 한 토막, 고기 한 근, 떡국 한 그릇 뜨듯하게 올리는 그것이 효성이요, 효도며 부모를 공경하는 것이라 내가 너희들에게 가르치는 그 말이 어디 틀린 것이 있으며 한 자라도 잘못된 것이 있는가?
41 먼저 부모가 살아 있을 때 효도와 효

성을 다하라.
42 그것이 너희들이 할 수 있는 것이며,
내가 너희들에게 명하는 '부모를 공경
하라.' 하는 것이니라.
43 내가 '네 부모를 공경하라.' 한 것은
부모가 살았을 때 효성을 다하라 함이
요, 죽어서 너희들이 각종 행사로써,
형식으로써 그 부모를 위로하라는 것
이 아니니라.
44 이 뜻의 이치를 알아야 될 것이니라.
45 곧, 바로 너희들이 걷잡을 수 없이 청
개구리와 같이 산으로 가라 하면 들로
가고 들로 가라 하면 바다로 가는 그
와 같은 것이 너희들의 심성의 대표적
인 것이니, 이 마음을 어디서부터 잡
아야 될 것인가?
46 오로지 너희들이 나의 성령이요, 나의
음성인 나의 법전을 읽고 깨우치는 그
것밖에 길이 없음을 내가 너희들에게
다시 강조하니, 그와 같이 부질없는
짓을 너희들이 영혼 앞에 하지 말라.
47 그는 너희 부모와 관계도 없는 것이
며, 오히려 너희들이 떠나는 부모의
가슴을 아프게 하는 행위임을 알라.

2,830 번째 하나님 말씀

2002년 8월 5일 16시 36분

1 "너는 나 외에는 다른 신들을 네게 있
게 말지니라.
2 너를 위하여 새긴 우상을 만들지 말
며, 또 위로 하늘에 있는 것이나, 아래
땅에 있는 것이나 땅 아래 물 속에 있
는 것의 어떤 형상이든지 만들지 말
며, 그것들에게 절하지 말며, 그것들
을 섬기지 말지니라.
3 너는 너의 하나님 여호와의 이름을 망
령되이 일컫지 말라.
4 안식일을 기억하여 거룩히 지키라.
5 네 부모를 공경하라.
6 살인하지 말지니라.
7 간음하지 말지니라.
8 도적질하지 말지니라.
9 네 이웃에 대하여 거짓 증거하지 말지
니라.
10 네 이웃의 집을 탐내지 말지니라.
11 나 여호와가 존재함을 믿는 그 자체가
구원의 길에 들어서는 기본이요, 근본
이며 나의 법전을 가슴에 안고 정독하
는 자 반석 위에 서서 하늘에 오르는
찬란한 빛을 보게 되는 영광을 얻게
됨이니라."
12 사랑하는 나의 아들아!
13 "네, 아버님! 말씀하옵소서."
14 내가 너에게 뭐라 일렀는가?
15 너희들이 지금까지 몇 년, 몇십 년 동
안 하늘에 오르는 길이라 하여 너희
손으로 지은 그 성전에 가 재물과 십
일조와 감사 헌금이요, 각종 모든 헌
금들을 바쳐 가면서 종교 지도자의 설
법을 듣고 구원을 받으러 갔다, 성서
를 들고 몇 년 동안 성서 공부를 했다,
그리고 너희들의 직급이 무엇이다 그
와 같은 생각을 가진 자들은 너에게
오는 그 순간에, 나의 성전의 문을 열
고 들어오는 순간에 그 모두를 다 지
워 버려야 될 것이며,
16 그를 너희들 머릿속에 둔다 하면 정녕
새로운 나의 성령이요, 나의 법전의
깨달음을 바로 받아들일 수 없다 하였

으니, 그것부터 먼저 지우는 그 마음
의 자세를 가져야 한다 하였음이니라.
17 하물며 너희들이 믿어 오는 그 세상에
서 살아온 것을 다 지워 버리고 다시
시작하는 마음으로써 너희들이 나의
법전을 공부해야 된다 하였거늘,
18 너희들이 그 세속에서 살던 것을 지워
버리지 못하며 그를 연계하여 나에게
오르는 이 길에서 너희들이 찾고자 한
다 하면, 너희들은 정녕 몇십 년, 너희
들이 죽을 때까지 나의 법전을 공부하
며 깨우친다 해도 너희들은 진정한 깨
우침의 길을 볼 수 없다 함을 알아야
될 것이니라.
19 그와 같이 여기에 와 나의 법전이요,
나의 성령을 들어 공부하는 너희들이
나의 성전에 들어서는 그 순간에 가장
어린 초보자의 심성으로, 처음으로 너
희들이 성전이라는 곳에 발을 들여놓
는 그와 같은 마음의 자세로 돌아가지
아니하면 안 된다 하였음이니,
20 너희들이 지금 믿음이라는 그 길을 가
면서 오만가지 생각을 다 하며 계산을
두며 너희들의 계산법에 의한 나의 성
전에 와 나의 법전을 읽고 공부하는
그와 같은 자세로 간다 하면 너희들은
정녕 아무것도 볼 수 없으며 깨달음을
알 수 없음이니라.
21 내가 너희들에게 거래하는 자는 나와
관계없다 하였음이니라.
22 육의 행복이요, 육의 영화요, 부귀요,
너희들이 원하는 것을 얻고자 하는 생
각으로 나의 성전에 와 기도하며 나의
법전을 공부한다 하면 그러한 자, 이
성전에 들어오지 말라 하였음이니라.
23 그러한 생각을 가지고 그런 마음을 가
지고 가는 자, 아무것도 얻을 수 없기
때문임이니라.
24 하물며 너희들이 그와 같이 지난날의
모든 믿음 자체도 다 버리고 처음에
너희들이 성전이라는 곳에 가던 그와
같은 마음으로 나의 법전이요, 나의
성전에 와 공부를 하라 하였음이니,
25 너희들이 모든 계산이요, 생각하는 것
을 가슴에 안고 이곳을 찾는다면 이는
너희들이 꿈에도 생각해서는 아니 될
것이니라.
26 이제 내가 너희들에게 명하여 내렸음
이니, 너희들은 한 길을 위하여 달려
가면 될 것이니라.
27 너희들이 스스로 계산을 두며 너희들
이 스스로 생각하며 너희들의 말대로
옳고 그르며 너희들이 얻고 잃는 손익
의 계산을 따져 가면서 나의 성전에
와 나의 법전의 강론을 듣고 공부하려
하는 자는 차라리 오지 말라 내가 하
였음이니라.
28 오로지 한마음으로써 천사가 되고자
하는 심성이요, 나 여호와가 되어야만
너희들이 하늘에 오를 수 있다는 그와
같은 마음 하나만을 가지고 살아가고
자 하는 마음을 굳건히 할 때, 너희들
이 나에게 구원을 받을 수 있다는 것
을 잊어서는 아니 될 것이니라.
29 그리하여 한마음으로 가라 하였음이
니라.
30 너희들 개개인이 다 한마음으로써 나
의 성령이요, 나의 법전이 나 여호와
가 마지막으로 너희들을 구하는 진정
한 성령의 가르침이요, 너희들을 인도

하는 하늘에 오르는 빛이라 생각하지
아니하고,
31 너희 마음속에 의혹과 의심과 이 생각
저 생각을 가지고 있다 하면 너희들
자신이 한마음이 되지 못하였으니,
32 그러한 자 둘이 어찌하여 한마음이 되
고 셋이 한마음이 되며 열이요, 백이
요, 모든 백성들이 한마음이 될 수 있
는가?
33 절대로 너희들은 한마음이 될 수 없음
이니라.
34 그것을 너희들이 깨우쳐야 될 것이니
라.
35 또한, 너희들이 누가 어떠한 기적을
이루며 어떠한 역사를 이루며 앉은뱅
이를 고치며 눈먼 자 눈을 뜨게 한다
하여, 나의 아들도 그와 같은 역사를
이루지 아니하면 정녕 너희들이 불안
하게 생각하며, 나의 아들에게 그와
같은 것을 기대하는 마음이 있으며 그
와 같이 거래하고 생각하는 마음이 있
는 자, 나의 성전을 찾지 말라.
36 나의 아들은 그와 같은 기적과 역사를
이룸으로써 나의 피조물 만백성을 이
끄는 것이 아니니라.
37 오로지 나의 성령이요, 나의 법전을
세상에 전하는 임무를 띤 자요, 나의
뜻을 대역하는 자며 그는 나를 대신하
여 살아가는 자임을 너희들이 알아야
될 것이니,
38 그와 같은 역사의 기적을 이루기를 바
란다면 너희들이 나의 아들 앞에 와
제자라는 그 이름의 명패를 너희 스스
로 지워야 될 것이니,
39 나의 아들은 그와 같은 역사의 기적을
임시로 너희들에게 보일 수 있는 가시
적인 것으로써 나의 피조물 만백성을
깨우칠 수 없으며,
40 그보다 열배 백배 위대한 나의 성령이
요, 나의 심성이요, 내가 직접 내려가
너희들을 깨우치는 나의 법전, 이 책
이 있거늘, 이보다 더 위대하고 소중
한 것이 없음이니라.
41 너희들은 이 법전이 세상에 나가 비가
쏟아지듯이 세상을 다 덮으며 눈이 소
복이 내려 이 세상을 다 덮듯이 그리
덮는 그 역사보다, 너희들 한두 사람
이 무슨 잔꾀로 어떤 기적을 이룬다
하여 그것이 나의 법전보다 더 위대하
다 생각하는 자는 하늘에 오르는 그
이치의 뜻을 볼 수도 없으며 그를 깨
닫지도 못하는 자이니라.
42 그와 같은 생각을 너희들은 버리고 오
로지 한 길만 가야 될 것이니라.
43 나의 법전이요, 나의 성령이요, 내가
너희들에게 지키고 살라 명하는 것,
나의 법전에 기록된 내용을 너희들이
지키고 사는 것만이 구원의 길이며 하
늘에 오르는 길임을 알라.
44 그 이상 무엇인가가 이루어지기를 바
라며 너희들의 육의 생활을 위하여 무
엇인가를 얻고자 하며 추구하는 마음
을 가지고 나의 성전을 찾는 자, 나의
아들로부터 어떠한 육의 가시적인 기
적과 역사를 이루기를 바라는 자,
45 그와 같은 마음을 가지고 나의 성전을
찾으면 너희들이 죽을 때까지 여기를
찾아도 얻을 것이 없음이니, 그 모두
의 마음을 다 비우라.
46 그리고 너희들이 천사와 같은 심성이

요, 나 여호와와 같은 심성으로 내가 원하는 나의 삶을 대신 사는 그와 같은 하나의 마음만을 가지고 살아갈 때 너희들이 진정한 구원의 빛을 볼 수 있으며, 너희들이 구원자가 된다는 것을 가슴 깊이 새기는 것 외에는 아무 것도 생각하지 말라.

2,831 번째 하나님 말씀

2002년 8월 5일 16시 44분

1 사랑하는 나의 아들아!
2 "네, 아버님! 말씀하옵소서."
3 너희들이 살아가면서 너희 부모가 살
아 있을 때 효성을 다하는 것이 효도
며 부모를 공경하는 것이라 말하였음
이니라.
4 너희들은 너희 부모가 살아 있을 때
효성이요, 효도요, 공경을 다하지 못
하고, 너희 부모가 죽었을 때 수많은
사람을 데려다 불경을 드리도록 하고
또한 기도를 드리게 하며 성배를 드리
게 하며 너희들이 믿는 그 종파에 속
해서 그 거대한 행사를 치름이니라.
5 그리고 너희들은 무슨 날이요, 무슨
날이라 하여 그 혼백을 위한다 하며
너희들의 정성과 공을 들이느니라.
6 그것은 다 너희들이 어디서 이루어지
는 것인가?
7 첫째는 너희들 자신이 존재한다는 것
을 남에게 보여 주기 위한 것이 아니
던가?
8 가슴에 손을 얹고 생각해 봐야 될 것
이며, 너희들은 너희 부모에게 잘못
살고 잘못했던 그 죄에 대한 너희들의
마음이 불안하고 고통스러운 것을 그
와 같은 행사를 치름으로써 그를 씻어
내고자 너희 자신을 위해서 하는 짓은
아닌가, 한번 너희들이 가슴에 손을
얹고 생각해 보라.
9 너희들이 정녕 이 길을 위해서 하는
것은 아닌가?
10 그렇다면, 너희들이 불공을 드리며 기
도를 하며 성배를 하며 무당을 불러
고깔을 쓰고 춤을 추며 그 명복을 비
는 그와 같은 행사를 함이니, 그 행하
는 자들에게 너희들이 물어보라.
11 어떠한 형국으로써 그를 전하는 것이
며 네가 지금 행하고 있는 방법이 어
떤 뜻이며 무엇으로써 어떤 의도로써
그 영혼의 세계에 전하며,
12 그를 구원하고 구원하지 아니하고 천
국의 문을 열어 주고 열어 주지 아니
하는 전지전능한 나 여호와 앞에 너희
들이 무엇으로 해서 전해진다 하는가
한번 물어보라.
13 너희들은 여기서 하나 깨우쳐야 될 것
이니라.
14 너희들이 너희 조상의 영혼을 위하여
빈다는 것도 가지각색의 종파대로 다
그와 같은 자기 종파에 따라서 행사를
하고 그와 같은 공을 들임이니,
15 그것 또한 수십 가지, 수천 가지 방법
으로써 그 극락세계, 천국의 문에 올
린다 하여 너희들이 그 행사를 치름이
니,
16 그러면 그중에서 어떠한 사람이 하는
것만이 들린다더냐?
17 누가 하는 방법이 어찌 들리는가 물어
보라.

18 불공을 드리는 자는 무슨 불경을 하며
그 불경의 뜻이 무엇이며 그 불경을
외우는 것이 과연 어떻게 하늘에 전해
지는가,
19 그리고 저희들이 눈물로써 기도하면
서 무엇을 어찌하라, 구원해 달라, 하
나님께 영접해 달라 하는 자, 그것이
어떻게 하늘에 전해지며 어찌 전달되
는가?
20 너희들이 그 전달되는 길도 모르며 전
해지는 길도 모르면서 그와 같이 행사
를 한다는 것은 무엇을 의미하는가?
21 너희들 자신을 속이는 것이며, 슬퍼하
는 그 가족들을 속이는 것이며, 또 하
나는 죽은 그 영혼을 이용하여 너희들
이 추한 모습의 행사를 하고 있는 것
은 아닌가, 너희 가슴에 손을 얹고 생
각해 봐야 될 것이니라.
22 너희들의 행동이 죽은 자의 그 영혼을
위해서 어떠한 역할을 하는 것이며 누
구에게 너희들이 빌며 누구에게 전해
주는가, 그리고 너희들이 비는 그 신
에게 과연 그것은 전해지는가 그것 하
나도 제대로 모르며,
23 신은 과연 너희들에게 뭐라 명하느냐,
죽어 간 그 영혼을 무슨 방법으로 어
찌 구원하며, 그가 과연 어디에 가서
어떤 위치의 구원을 받았는가, 그와
같은 상세한 것을 한번 물어보라.
24 그가 대답 못 할 때는 그는 헛짓하는
것이 아니던가?
25 너희들 또한 부모에게 잘못한 죄를 너
희 스스로 부끄러워 회개하며 반성하
면서 너희들의 마음에 위안을 얻고자
그와 같은 행사를 치르는 것은 아닌가
너희들이 한번 생각해 봐야 될 것이
니, 이와 같은 것이 무엇이더냐?
26 너희들이 정녕 너희 부모의 영혼이요,
너희 부모를 구원하고자 하거든, 나의
법전을 읽어 너희들이 깨끗하게 변해
가는 그 삶의 생활을 따라 변하며, 나
의 법전에 기록한 대로 실천하며, 너
희 마음을 다스리며, 이웃을 사랑하
며, 남을 해하지 아니하며, 남에게 불
편을 주지 아니하며, 작은 질서도 파
괴하지 아니하며 너희들의 마음이 깨
끗해졌을 때,
27 천사와 같은 마음으로 살고자 노력할
때, 너희들이 너희 부모의 죽어 간 그
영혼을 볼 수 있으며 그가 어디 있는
가를 너희 스스로 직접 볼 수 있다는
것을 알아야 될 것이니라.
28 천사 같은 마음으로 살 때, 너희들이
그와 같이 살 때 그 모두를 다 볼 것이
며, 천사와 같은 심성으로 사는 자가
기도하는 것은 하늘에 들림을 알아야
될 것이니,
29 너희들은 너희 부모가 죽은 다음에 그
와 같이 복잡다단한 너희들의 계산 속
에서 되지도 않는 일, 이루어지지도
않는 아무런 효과도 없는 일을 가지고
시간과 금화와 은화를 낭비하며 너희
들의 고달픈 인생의 삶을 살지 말라.
30 그러면서 너희들 스스로 위안을 얻고
자 하는 그와 같은 마음을 알아서 부
모에게 또 너희들이 죄를 지음이니라.
31 부모에게 죄송한 마음, 불효한 마음의
죄를 지어 너희들이 죄송하여 그와 같
은 행사를 함이니,
32 그럼으로 너희들이 마음의 위안을 얻

으면서 너희들이 부모를 기억하는 것
이 서서히 멀어져 간다면, 너희들의
기억 속에서 지워지는 부모의 상이 된
다면 너희들은 무엇을 의미하고 무엇
을 얻기 위해서 그와 같은 행사를 하
는가?
33 정녕 내가 나의 피조물 만백성 너희들
에게 전하노니, 너희들이 너희 부모의
영혼을 보며 그들을 구원하고자 하거
든,
34 나의 법전을 읽고 깨우쳐 너희들이 매
일매일 변하여 천사와 같은 심성으로
살 때, 너희들의 소원을 들어줄 것이
며 너희들이 원하는 너희들의 부모가
어디에 가 무엇을 하며 어찌 가 있으
며 어떠한 형태로 지내며 있는가 그것
도 너희들이 스스로 볼 수 있는 것이
니,
35 그 길이 나의 법전 속에 다 있음이니
라.
36 이와 같은 이치를 너희들에게 깨우쳐
주니, 나의 법전을 읽고 스스로 깨우
쳐 너희들이 기도하고 경배하며 너희
조상을 위해서 너희들이 할 수 있는
그 일을 하도록 그리하면 될 것이니라.
37 아무것도 그 격식과 형식을 갖추지 말
고 너희들이 깨끗한 마음으로 나에게
경배하고 기도하는 것이 너희들이 소
원하는 것을 이룰 수 있음을 알라.

2,832 번째 하나님 말씀

2002년 8월 5일 18시 35분

1 사랑하는 나의 아들아!
2 "네, 아버님! 말씀하옵소서."
3 너희들이 세상에 태어나 생명을 받아
가지고 나올 때 너희들은 곧 나로부터
돌아오는 그 시간을 받아 가지고 세상
에 나간다 하였음이니라.
4 그러니 너희들이 나에게 돌아오는 것
은 엄연한 사실이며 그를 벗어날 수
없는 것이니라.
5 그리하여 너희들이 삶을 어찌 살았느
냐에 따라서 거기에 대한 대가를 치른
다는 것 또한 잊어서는 아니 되는 덕
목임을 알아야 될 것이니라.
6 너희들이 살아감에 있어서 나의 뜻에
의하여 나의 품 안에 산다 하면, 내가
너희들에게 명하는 것을 지키고 산다
하면 너희들은 구원의 길을 얻을 것이
니라.
7 그러나 너희들이 내가 원하는 것을 행
하지 아니하며, 내가 너희들에게 명한
것을 행하지 아니하며, 나의 뜻을 거
역하며 내가 원하는 것과 반대의 길로
살아갈 때,
8 너희들은 정녕 구원을 받을 수 없는
것이며 그 구원의 빛조차도 볼 수 없
는 것이 너희들의 삶이니라.
9 그러니 너희가 살아가는 길에 있어서
나의 뜻에 의하여, 나의 명에 의하여
내가 원하는 그와 같은 삶을 사는 것
이 너희들이 가야 할 길이며 기본임을
알아야 될 것이니라.
10 너희들은 내가 원하는 것, 내가 행하
고자 하는 것을 하며 그와 같이 살면
당연히 구원의 길에 오를 수 있는 것
이며,
11 내가 행치 말라 하는 것, 내가 미워하
는 짓, 내가 해서는 안 된다 하는 것을

하는 것은 지금의 종교 지도자들의 가
르침이니, 어찌하여 너희들은 그와 같
은 삶을 살아가고 있는가?
12 내가 너희들에게 내가 원하는 것을 행
하며, 길이 아닌 곳으로 가지 말라 하
였으며, 내가 너희들에게 명한 것을
행하고 나로부터 미워하지 아니하는
행위를 하는 것이 너희들의 기본이라
하였거늘,
13 지금 나의 피조물 만백성을 하늘로 인
도하며 구원의 길로 인도한다는 너희
종교 지도자들이 하고 있는 가르침은
무엇이더냐?
14 내가 하지 말라는 것, 내가 해서는 안
된다는 것, 그와 같은 것을 너희들에
게 직접 명하는 그와 같은 가르침을
가고 있음이니,
15 정녕 그들이 내가 원치 않는 행위를
하면서도 구원을 받을 수 있다 생각하
는가?
16 너희들은 내가 원하지 않는 일을 하면
서 너희들이 구원을 받겠다 그리 억지
를 쓰는 것은 너희들 스스로 육의 삶
의 그 한계에서는 그것이 통할지 모르
며 그것이 가능할지 모르나,
17 너희들이 나의 피조물 만백성을 속이
며, 내가 원하는 길을 가지 아니하며,
내가 살라 하는 그와 같은 길을 지키
지 아니하며, 나로부터 원치 않는 짓,
미워하는 그와 같은 행위만을 골라서
하고 지금 산다면, 너희 인간 세상에
서는 그것이 가능하며 통할 수 있으나,
18 너희들은 그와 같이 산 대가를 치러야
된다는 것을 알아야 될 것이며, 그와
같은 형국으로써 너희들이 그리도 원
하고 갈망하던 구원의 길은 없음을 알
아야 될 것이니라.
19 내가 정녕 너희들에게 원하는 것이 무
엇이던가?
20 너희들은 내가 너희들에게 원하는 선
행을 베풀며 사랑을 베풀며 그리 행하
고 살면 된다는 것이며, 그 이치 하나
를 깨우쳐 살라 내가 그리 너희들에게
간곡하게 부탁함이니라.
21 구약의 시대에 너희들에게 부탁하고
원했던 것도 그것이요, 신약의 시대에
너희들에게 원했던 것도 나 여호와가
원하는 선행이요, 사랑을 베풀며 살라
는 것이거늘, 그것 하나를 너희들이
지키지 아니하며 행하지 아니하였음
이니라.
22 그리하여 내가 제3의 시대에 너희들
이 그러한 길을 가지 아니하여, 너희
들이 선행을 베푸는 것이 무엇이며 사
랑을 베풀며 사는 것이 무엇이며 구원
을 받고 구원의 길로 올 수 있는 것이
무엇인가를 내가 상세히 나의 법전에
기록하여 너희들에게 전함이니,
23 너희들이 내가 원하지 않는 악행만을
하면서 살아간다 하면 너희들이 과연
구원을 받을 수 있겠는가?
24 너희들이 악한 행위, 내가 원하지 아
니하는 행위, 내가 미워하는 행위, 내
가 저주하는 행위, 그와 같은 행위를
골라서 하고 있다 하면 너희들은 구원
의 길을 올 수 없음을 알라.
25 내가 다시 나의 법전에 기록하여 너희
들에게 간곡히 전하노니, 내가 원하는
것은 바로 선행이요, 사랑임을 잊지
말라.

2,833 번째 하나님 말씀

2002년 8월 5일 18시 49분

1 사랑하는 나의 아들아!
2 "네, 아버님! 말씀하옵소서."
3 내가 너희들에게 구원받을 자 없다 말
하였음이니, 너희들은 그 말의 의미를
깊이 깨우쳐야 할 것이니라.
4 구약 시대에도 그들이 어떠한 삶을 살
았던가?
5 그들은 오로지 육을 위한 삶을 살았음
이니라.
6 그리하여 저희 스스로 육의 삶을 위하
여, 육의 쾌락을 위하여 우상을 만들
며 저희들이 인간의 세속의 삶에 도취
되어 살았음이니,
7 저희 자신을 다스리고 인내하며 깨우
치는 그와 같은 삶이 아니요, 천사와
같은 심성의 삶으로써 살고자 함이 아
니라, 인간의 타락성을 찾아 그 속에
서 저희들이 방탕하며 광란의 짓을 하
고 사는 그 즐거움을 위하여 그들은
우상을 만들고자 나의 모세가 이끌었
던 그 모두를 다 저버렸음이니,
8 그들은 바로 육을 위한 삶을 살았던
것이 아니던가?
9 신약 시대인 예수의 그 시대도 무엇이
던가?
10 저희들이 나 여호와를 믿으며 영의 세
계의 삶을 위하여 정녕 살았다면 그와
같이 잔인무도한 짓은 하지 아니하였
을 것이며, 그 제자들이 그를 버리고
그에게 등 돌리며 거짓 증거하는 행위
는 하지 않았을 것이니라.
11 그 시대도 또 무슨 시대였는지 알겠는
가?
12 그들도 오로지 육을 위한 삶을 살았으
며, 그 삶을 위하여 그들이 살았기에
그와 같은 육의 세상에서 일어나는 그
한계를 벗어나지 못하였음이니,
13 그리하여 그와 같이 참혹한 죄를 저지
르며 그 사악한 행위를 했음이니라.
14 그리하여 내가 지금의 이 시대요, 제3
의 시대를 여는 이 시점에 너희들은
과연 어떠한 것이더냐?
15 금화와 은화요, 재물에 의하여 사람의
목숨까지도 저버리며, 형제의 우애도
없으며 이웃 간에도 재물이요, 그 금
화와 은화 앞에 너희들이 언성을 높이
면서 서로 다툼을 하며, 더 큰 것을,
더 나은 것을 자기 앞에 놓기 위하여
항상 전쟁터와 같은 마음의 형태로 살
아감이니, 그것은 너희들이 무엇을 위
해서 사는 것인가?
16 너희들이 영을 위한 삶을 삶으로써 천
사와 같은 심성을 가지고 살아가는 것
이던가, 육을 위하여 금화와 은화요,
권력과 자기 육신의 행복과 향락을 위
하여 너희들의 모든 초점을 맞추고 사
는 것이던가?
17 지금 너희들 스스로 물어봐도 너희들
또한 육을 위한 삶을 살아가고자 하며
그 삶을 위하여 끊임없이 투쟁하는
것이지, 영의 삶을 위하여 투쟁함이
아님을 너희들이 너무나도 잘 알고 있
을 것이니라.
18 내가 나의 아들을 통하여 너희들에게
전하였음이니, 육의 삶을 위하여 사는
자는 그것이 구원의 길이 아니요, 곧
죽음을 위하여 사는 것이니, 너희들은

이 이치를 깨닫고도 이를 행하지 아니
함이니라.
19 그리하여 구약의 시대요, 신약의 시대
요, 지금의 시대에도 너희들이 하나도
변한 것이 없이, 육의 삶은 곧 죽음의
삶이라는 그 의미를 너희들은 생각하
지 아니하며 거기에서 벗어나는 삶을
살려 하지 아니하고,
20 오로지 죽어 가는 그 육의 삶을 위해
서만 싸우기에 그와 같이 험악한 시대
에 험악한 행위를 하며, 지금도 그 후
손들이 인간의 생명을 파리 목숨만큼
도 소중히 여기지 않는 이와 같이 사
악한 형태가 되었음이니라.
21 지금으로부터 또 수천 년이 흐르는 그
세월 속에서도 너희들이 오로지 육을
위한 삶을 산다면 곧 죽음을 향하여
간다는 것을 너희들은 깨달아야 될 것
이니라.
22 너희들이 정녕 살고자 한다면 오로지
너희들이 영의 세계를 위하여 사는 자
는 구원이요, 진리의 빛을 보게 될 것
이니, 이와 같은 이치를 깨달아야 될
것이니라.
23 그리하여 내가 지금 나의 아들을 통하
여 나의 성령으로써 너희들을 단죄하
며 깨우치고자 함이니, 육을 위한 삶
을, 곧 죽음을 위한 그 삶을 계속 너희
들이 너희 후손에까지 남겨 주는 것을
내가 볼 수 없어,
24 영을 위하여 사는 그 세상의 삶을 너
희들에게 보여 주려, 구원의 길이요,
구원의 참빛을 볼 수 있도록 너희들에
게 깨우쳐 주고자 법전이 이렇게 내려
감을 알아야 될 것이니라.
25 사랑하는 나의 백성 너희들은 들어야
될 것이니라.
26 육을 위해 사는 자는 천사의 심성을
가질 수 없으며, 너희들이 아무리 착
하고 아름답게 살고 변한다 해도 육의
삶을 위하며 육의 세상 속에서 너희들
이 벗어나지 못하면 천사의 심성을 가
질 수 없으며, 나 여호와의 심성을 너
희들이 따라올 수 없으며, 그와 같이
살 수 없다는 것을 알아야 될 것이니
라.
27 너희들이 정녕 천사의 심성이요, 나
여호와의 심성을 가지고 산다면 너희
들은 영을 위한 삶을 살아야 되는 것
이며, 그리 사는 자밖에 변할 수가 없
음이니라.
28 그러니 너희들이 죽음의 육을 위한 삶
에 매달리지 말고 영의 삶을 볼 수 있
도록 그리하여야 될 것이니라.
29 너희들이 천사의 심성을 따르게 되며
천사의 심성과 같이 변할 때, 이가 곧
너희들이 삶이요, 구원의 빛을 보는
길에 들어서게 되는 것이며, 너희들이
그 길을 달려왔을 때 영원히 구원받는
영의 세계에 돌입할 수 있음을 알라.
30 너희들이 육에 얽힌 삶을, 육을 위한
모든 삶의 방향을 이제는 바꾸지 아니
하면 아니 됨을 알아야 될 것이니라.
31 아무리 종교 지도자요, 유능한 자요,
너희들로부터 존경받는 자요, 너희들
로서 다시없는 이 세상의 성인군자라
말하여도,
32 그가 사는 것이 영의 삶을 위해서 사
는 것이 아니요, 육의 삶을 위하여 사
는 것은, 그는 죽음이요, 절대로 구원

의 길의 삶이 아니니라.
33 그리하여 내가 나의 아들을 통하여 어
떤 종교 지도자든 누구든, 영의 삶이
요, 천사와 같은 심성이요, 나와 같은
심성으로 살아갈 수 있다 노력하며 그
리 살아가는 자는 신이 될 수 있으며
천사가 될 수 있다 하여 그리 살아가
는 자만이 구원을 받는다 했으니,
34 너희들이 그를 비웃고 미친 자라 말할
것이라 내가 그리 말하였느니라.
35 그러나 너희들은 알아야 될 것이니라.
36 너희들이 아무리 위대한 자요, 성직자
요, 수천, 수만, 수억의 신도들을 거느
리고 있는 대집단의 종교 지도자라 하
여도,
37 만백성 속에 제왕으로 군림하며 나의
피조물 만백성을 하수인과 같이 부리
며 그들에게 영수증 하나 주는 것 없
고 그들에게 감사하다는 인사 한마디
없으며 그저 그들의 재물이요, 시간과
모두를 거둬들이고 착취하는 너희들
이 육의 삶을 벗어나지 못한다면 너희
들은 그 짓는 죄만 너희들 앞에 쌓이
는 것이니,
38 영의 세상이요, 영의 세계를 위하여
사는 삶에 눈을 뜨라.
39 그리하면 너희들이 세상 이치를 다 깨
달으며, 육의 세상에서 잘못 살고 잘
삶을 알아, 그 잘못하는 것을 제거하
며 선한 행위를 하며 사랑을 베풀며
살아갈 수 있는 그 용기가 그때에야
있음이니라.
40 영의 삶을 위하여 달려가는 자만이 진
정한 사랑이 무엇이며 베풂이 무엇인
가를 알게 될 것이니, 이 뜻을 깊이 간
직하여 깨달으라.

2,834 번째 하나님 말씀

2002년 8월 5일 19시 02분

1 사랑하는 나의 아들아!
2 "네, 아버님! 말씀하옵소서."
3 너희들의 육의 삶의 세속에서는 정녕
영의 세계를 볼 수 없으며, 육의 삶의
한계를 벗어나는 깨달음이 없을 때 너
희들은 죽음의 삶이라 내가 너희들에
게 무섭게 깨우쳐 주었음이니,
4 너희들은 영을 위한 삶을 사는 그 길
만이 구원을 받는 길이라 내가 말하였
음이니라.
5 구약의 시대도 그들이 육의 삶을 위하
여 그 추한 광란의 짓을 했으며, 신약
의 시대도 그와 같이 너희들이 상상할
수 없는 사악한 행위를 한 것은 오로
지 육의 삶이며, 지금의 살아가는 너
희들의 형태도 너희들은 말하느니라.
6 이 지상의 낙원이 사악한 사탄들이 다
지배하며 도적들이 들끓으며, 간음하
고 도적질하는 자, 살인하는 자들이
들끓으니, 지금의 시대보다 더 사악한
시대가 없다 너희들이 그리 결론을 내
리며 지금 그리 가고 있지 않은가?
7 이 모두가 이루어진 것은 그 육의 삶
의 욕심 때문에 너희들이 그리되었음
이니라.
8 그리하여 지금 내가 나의 법전이요,
나의 성령을 세상에 내려보내면서 너
희들의 삶 자체가 내 성령이 너희들에
게 임할 수 있는 그와 같은 삶을 살도
록 하기 위하여 나의 법전에 세세히

기록하여 너희들에게 내려보내는 뜻
이 여기 있음이니라.
9 나의 법전을 읽고 깨우쳐서 그 내용을
그대로 행하고 실천하는 자, 너희들의
마음이 스스로 오늘과 내일이 아름답
게 변해지며, 너희들이 인간의 도리가
무엇인가를 알며, 하늘에서 원하는 것
이 무엇이며 하늘의 뜻이 무엇이며 나
여호와가 찾고자 하는 백성이 무엇인
가를 너희들이 그리 매일매일 깨우쳐
가는 그 속에서 너희 자신도 모른 체
스스로 신이 되어 가는 그와 같은 무
서운 마음의 변화를 이루게 되며,
10 너희들이 천사와 같이 무섭게 변해 간
다는 것을 스스로 깨닫고, 또 너희들
이 그와 같이 변해져 갈 때 내 성령이
너희들에게 임하게 되어 있음이니라.
11 너희들이 천사와 같이 살고자 그리 노
력하며, 천사가 될 수 있다 하여, 천사
가 되는 것만이 구원을 받는 길이라
하여 그 모두를 다 바쳐 그리 살아갈
때 나의 성령이 너희들에게 임함이니,
이 이치를 깨달아야 될 것이니라.
12 나의 법전을 읽어 깨우치지 아니하는
자, 정녕 너희들이 그리 갈구하는 나
의 성령이 너희들 몸에 임하지 않을
것이니,
13 나의 성령이 너희들 몸에 임하지 아니
하면 너희들은 육의 삶을 벗어나지 못
하는 것이니 이 이치를 알라.
14 이 무섭고 엄연한 사실을 너희들은 알
라.
15 나의 법전을 밤새워 정독하며 깨우쳐
너희 것으로 만드는 삶을 살지 아니하
면 너희들에게 나의 성령이 임하지 아
니함이니, 나의 성령이 너희들에게 임
하지 아니한다면 너희들은 육의 삶에
서 벗어나지 못하는 것이니라.
16 나의 성령이 너희들 몸에 임했을 때
너희들이 육의 삶을 벗어나며 영혼을
위한 삶을 사는 그 단계에 오름이니,
17 그리 갔을 때 너희들이 나의 아들이
요, 딸들로서, 나의 혈통을 받는 나의
자식으로서 살아가게 됨이니 그리 알
아야 될 것이니라.
18 나의 성령이 너희들에게 임하도록 하
는 것이 지금 나의 제3의 시대이니라.
19 나의 성령이 너희에게 임하여 너희들
이 천사가 될 수 있다 하여 그리 살아
가는 자는 나의 혈통을 받게 됨이니,
20 나의 아들딸들만이 이 세상에 존재하
는, 그리하여 새로운 역사가 천 년에
걸쳐 지상의 낙원이 이루어지며 그 자
손들만이 세상에 살아가는 그와 같은
관계가 이루어짐을 너희들은 알아야
될 것이니라.
21 나의 성령이 너희들에게 임하여 영혼
의 삶을 바라보며 너희들이 혈통을 받
아 나의 자식으로 되지 아니하고 그리
되지 못한 자, 나와는 아무런 관계가
없음이니,
22 너희들 자신의 육의 삶을 위하여 향락
을 즐기며 너희 생각대로 살다 그저
죽음의 길로 가 나에게 와 벌을 받아
지옥으로 가면 되는 것이 너희들의 삶
이니 그리 알라.
23 그렇지 않은 자, 나의 법전을 읽고 깨
우쳐 지금이라도 너희들의 삶의 방향
을, 팽이가 오른쪽으로 도는 것을 왼
쪽으로 돌리듯이, 지금까지 너희들이

살아왔던 그 삶을 다 털어 버리고 새
싹같이 새로이 살아나며, 지금까지의
모든 생활 습관을 반대로 돌리고 세상
의 이치를 볼 때 너희들이 거기서 깨
달음을 얻을 것이니라.
24 오로지 나의 성령이 너희에게 임하는
그 길은 너희가 나의 법전을 정독하는
길밖에 없다 하였음이니,
25 너희들이 나의 법전을 정독하며 매달
릴 때 너희들에게 깨우침이 있으며 너
희 마음과 몸을 다스리게 되며 너희
스스로 천사가 될 수 있으며 될 수 있
다 하여 그리 노력하게 됨이니, 그리
하는 자에게 나의 성령이 임하며 그것
이 나의 아들딸이니,
26 이 지상에 뿌리를 내리고 사는 백성은
그와 같은 백성들만 존속하게 하고자
함이니, 너희들은 이 뜻을 알아야 될
것이니라.
27 그리하여 내가 지금 심판을 한다 함을
너희들은 모를 것이니라.
28 내가 5달란트를 가지고 10달란트의
그 역사를 이루는 자는 많은 사람을
다스릴 수 있는 능력이 있으며 재주가
있으며 모든 사물을 바로 보는 그와
같은 깨우침이 있는 자이기에 남들이
만들지 못하는 것을, 5달란트로 10달
란트를 만든다 하였음이니라.
29 지금 5달란트로 10달란트로 만드는
그 역사를 이루는 너의 제자요, 그 백
성들이 하나, 둘, 셋, 넷, 백 명, 천 명
그와 같이 늘어 갈 때, 그를 따르는 그
들의 그곳은 지상이요, 나의 성전이
요, 낙원이기에 그 백성이 나의 성령
을 들을 것이며 나의 법전을 공부하여
그와 같이 깨우쳐 가는 역사의 심판이
지금 시작되었음을 알아야 될 것이니
라.
30 이것이 곧 또한 나의 심판의 한 일부
이니라.
31 나의 법전이 세상에 나가 너희들이 성
령을 받아 나의 혈통을 받는 아들딸로
서 되는 것이 하나의 심판이요,
32 또 하나 5달란트로 10달란트를 만들
수 있는 그 역사를 지금 나의 아들이
그 제자들을 통하여 행하니, 그곳에서
일하는 자, 성전이요, 낙원이며 천사
들이 사는 것을 스스로 느껴 그들이
나의 법전을 손에 들게 그리 변해야
될 것이니, 그것이 바로 무엇이더냐?
33 내가 심판하며 구원할 자 구원하는 그
역사가 시행되고 있음을 너희들은 알
아야 될 것이니라.
34 너희들이 나의 사업장인 그곳에 와 나
의 아들의 제자들이 어찌 행하며 어찌
살아가는가 한번 들여다보며, 너희들
과 차별화가 없거든 너희들이 그곳에
서 침 뱉고 돌아서되,
35 너희들과 차별화된 역사의 변화가 있
다 하면 이것이 내가 구하고자 하는
것이니, 알곡식을 지금 추리고 있는
역사가 시작되었음을 알아야 할 것이
니라.

2,835 번째 하나님 말씀

2002년 8월 5일 21시 27분

1 사랑하는 나의 아들아!
2 "네, 아버님! 말씀하옵소서."
3 그 많은 세월 속에 나의 피조물 만백

성은 그리 살아왔느니라.
4 그리고 그들이 구원의 길이라 하여 지
금까지 그 역사 속에 흘러왔음이니,
5 이제 내가 직접 나의 성령을 너를 통
하여 나의 법전이라 하여 책을 만드는
이 마지막 시대에는 그 모두가 다 완
벽한 상태에서 이루어져야만 되느니
라.
6 그리하여 나로부터 나의 심성을 닮으
며 천사와 같은 형태로써 살아가야만
되는 것이 너희들의 구원의 길이라 하
였음이니라.
7 이제 만백성 중에서 너를 따르는 너의
제자들이 완벽한 형태로써 믿음의 길
을 가지 아니한다면 그들은 정녕 구원
의 길을 볼 수가 없음이니라.
8 자신의 모두를 다 바쳐 하늘에 오르는
그 길을 가고자 하는 자만이 존재함을
알아야 될 것이니라.
9 지금 내가 나의 성령으로써, 나의 혈
통으로써 나의 아들을 통하여 이 세상
을 이끌어 갈 백성들을 선택함이니,
여기에서는 완벽한 자 외에 그 누구도
선택될 수 없음을 너희들은 알아야 될
것이니라.
10 완벽한 자 외에는 누구도 너희들이 얻
고자 하는 것을 얻을 수 없음을 알아
야 될 것이니라.
11 너희들이 완벽한 사람이 되어 갔을
때, 완벽한 형태로 살아갔을 때 그곳
에서만이 너희들이 선택됨을 알아야
될 것이니라.
12 그렇지 아니한 자는 누구도 선택될 수
없는 이와 같은 시점에 도래하였음을
알아야 될 것이니라.
13 너희들은 '설마 이와 같은 것은 용서
할 것이며, 인간이기에 이와 같은 것
은 너그럽게 여호와 하나님께서 용서
할 것이며, 이와 같은 것은 죄가 되지
아니하며, 하늘에 오르는 그 길에 아
무런 걸림돌도 되지 않겠지.' 그리 생
각할 것이나, 너희들은 그와 같이 생
각해서는 아니 됨을 알아야 될 것이니
라.
14 너희들의 그 모두를 다 바쳐 완벽히
나 여호와를 따르며 나의 성령에 따르
며 나에게 순종하는 백성이, 너희들이
죽어 가도 변하지 않는 그와 같은 마
음을 가질 때만이 나를 보게 될 것이
며, 나를 따라 하늘에 오르는 그 길에
오를 수 있는 것을 너희들은 알아야
될 것이니라.
15 이제는 완벽한 자를 고르기 위하여 내
가 지금 너희들을 직접 터치하며 너희
들을 선별하여 가고자 하는 것이 나의
뜻임이니라.
16 그리하여 나의 법전을 읽고 깨우치는
자, 그 행함을 바로 따르는 자, 그와
같은 자가 아니면 누구도 너를 따라갈
수가 없는 것이니,
17 너는 너무 괴로워하거나 너무 조급히
생각하지 말라.
18 확실히 너와 같이 갈 수 있는 나의 백
성들을 내가 지금 선별하고 있음이니
라.
19 너희들은 알지 않는가?
20 욥이 어렵고 힘든 그 고통을 견디고
넘는 그와 같은 것을 너희들은 들었을
것이니라.
21 또한, 그 부인이 그를 유혹하였으며

친구들이 그를 버리고자 하였으나, 그
는 모두에게 감사하는 마음으로써 그
들을 버리지 아니하였음이니라.
22 그러니 너희들은 구원의 가는 길에 너
희들이 복이 있는 만큼 재앙이 따르며
재앙이 있는 뒤에 복이 있는 이와 같
은 변화무쌍한 세월 속에서, 그리고
그와 같은 삶 속에서 나의 아들과 더
불어 모두를 다 바쳐 갈 수 있는 그와
같은 알곡식을 하나하나 추려 가는 것
이니, 너는 그리 두려워하지 말며 조
급히 생각하지 말라.
23 너에게 왔다 떠나는 자, 나의 성전에
왔다 책을 던지고 가는 자, 그와 같은
자들을 보며 네가 괴로워하며 마음이
흔들려서는 아니 됨이니, 너는 그와
같은 마음을 거둬야 될 것이며,
24 너의 제자들에게 이르라.
25 완벽한 자가 되어 너와 영원히 같이
가고자 하는 마음이 있는 자, 나의 성
전에 남아 나의 법전을 읽고 나의 성
령의 가르침을 들으라 그리하라.
26 그렇지 아니한 자, 천날 만날 들었어
도 그들은 나에게 알곡식으로 선택되
지 못함이니라.
27 이제 완벽한 자가 아니면 누구도 이
지상에서 존재할 수 없는 그 시대가
옴이니, 바로 그와 같은 시대를 열기
위해서 내가 나의 성령을 직접 내려보
내 내가 직접 터치하는 이 시대이니,
28 너희들은 천 년에 걸쳐 이루어지는 그
역사의 기초임을 알라.
29 한 사람을 너희들이 구함으로써 그보
다 더 큰 얻음이 없는 것이니, 이것이
나 여호와의 뜻임을 알라.

2,836 번째 하나님 말씀

2002년 8월 5일 21시 35분

1 사랑하는 나의 아들아!
2 "네, 아버님! 말씀하옵소서."
3 저희들이 수천 년 동안 하늘에 오르는
진정한 길이라 하여 지금의 수천수만
의 종파들이 자리를 잡고 옴이니라.
4 그리하여 저희들이 진정한 믿음이 무
엇인지를 지금 깨닫지 못하며 하늘의
뜻이 무엇이며 나 여호와가 원하는 그
길이 무엇인가를 모르니,
5 저희들은 그저 나의 아들 예수의 그
보혈로써 은혜를 받았다 그리하며, 저
희들이 지은 성전에 와 기도하고 경배
하면 구원을 받으며 저희들이 경배하
는 종파 속에 와 그 뜻을 따르면 다 부
귀와 영화를 누리고 구원을 받는다 그
리 말하는 수천수만의 종파들이 이 세
상에 있으니, 그들은 지금까지 그 형
태로써 그리 흘러왔음이니라.
6 그리하여 그들이 그 당당한 모습으로
써 구원의 길이며 구원의 방법을 알며
나 여호와로부터 선택되어 저희들이
그와 같이 나의 피조물 만백성을 이끌
어 세상에 나간다 하면, 지금 나의 성
령을 태워 너를 통하여 나의 법전을
세상에 내보내는 이와 같은 역사에 저
희들이 시비하며 왈가왈부할 필요가
어디에 있겠는가?
7 자기들이 가는 길이 정녕 진정한 길이
며 나 여호와로부터 천국의 문을 열어
당당히 들어올 수 있는 그와 같은 자
신이 있다면, 제3의 시대에 나의 법전
이 나오든 나의 아들이 나의 선지자

요, 나의 아들이라 말하든, 너희들이
무엇을 거기에 개의할 필요가 있으며
너희들이 관계할 수가 있다는 것인가?
8 너희들은 거기에 관여할 필요가 없으
며, 너희들의 믿음의 그 길만 그대로
가면 될 것이며,
9 나로부터 선택되지 않은 종파요, 나로
부터 선택되지 않은 선지자요, 나의
아들이 아니라면 이는 잠깐 비쳤다
구름에 가리는 햇빛처럼 세상에 나왔
다 시들어 갈 것이거늘,
10 너희들이 무엇이 두려워 그걸 없애고
자 하며 그를 찢어 버리고자 하며 그
를 태워 버리고자 하며 그를 놓고 갑
론을박하며 그를 사탄이요, 이단이라
하며 그가 존재치 못하도록 하고자 하
는 그와 같은 생각을 하고 있는가?
11 이것은 너희들이 스스로 잘못 가고 있
음을 인정함이니라.
12 너희들이 당당한 모습으로써 정녕 그
길이 하늘에 오르는 길이라면 누가 무
엇을 하든, 누가 어떠한 일을 하든, 어
떠한 종파가 생기든, 어떠한 종파의
이름을 내걸든, 그들이 어떠한 형태를
하든 너희들이 단죄할 필요가 없으며
너희들이 거기에 시시비비할 필요가
없는 것이니라.
13 또한, 너희들이 단죄하며 그를 시시비
비할 만한 자격도 없음이니라.
14 너희들은 여기서 들어야 될 것이니라.
15 내가 성령을 태워 내리는 나의 법전이
요, 하늘에 오르는 길인 이 책과 나의
아들이라 명하는 나의 아들이 지금 너
희들에게 어떤 불의를 행하도록 했으
며 너희들에게 어떤 불이익을 받도록
했으며 어떤 불의한 짓을 했는가?
16 나의 아들이 너희들에게 어떠한 불의
한 짓을 했으며 나의 법전이 너희들에
게 어떠한 불이익을 주는 그와 같은
내용이 기록되어 있는가?
17 너희들의 명예를 나의 아들이 더럽혔
는가, 그리고 너희 자신을 나의 아들
이 짓밟았는가, 그리고 너희들의 재물
을 나의 아들이 탐냈으며 너희 재산에
나의 아들이 손해를 입혔는가?
18 너희들은 어찌하여 그와 같은 아무런
이해관계도 없는 나의 아들을 핍박하
며 이 법전이 세상에 나와 존재하지
못하도록 그러한 행위를 하는가?
19 너희들은 어찌하여 나의 아들을 핍박
하며 나의 법전을 태워도 되는가?
20 그렇지 않으면 너희들이 어떠한 자격
으로써 너희들이 무슨 심판관이요, 너
희들이 이 세상을 통제하는 무엇이기
에 이 세상에 나오는 나의 법전이요,
나의 아들이 만백성을 구하기 위하여
나의 성령을 받아 책으로 만들어 전하
는 그를 핍박하며 나의 법전을 태우려
하며 그가 존재하지 못하도록 너희들
이 그리하는가?
21 그것은 너희들이 어떠한 자격으로써
심판하고자 하는 것인가?
22 너희들 자신을 알아야 될 것이니라.
23 내가 만든 이 나의 성전이요, 나의 낙
원에서 나의 피조물 만백성이 살아가
는 생활 형태와 살아가는 방법이 다르
며 그들의 생활 상태가 다름이니라.
24 너희들이 무엇이기에 그들이 믿음을
가는 것도, 그들이 법전이라 하여 너
희들을 깨우친다 하여 책을 내는 것

도, 나의 성령이라 전하는 것도, 또한 나의 아들이 하는 그 모든 일도 너희들이 어찌 심판하려 들며, 너희들이 왈가왈부할 수 있는 자격이 과연 어디에 있는가?

25 너희들은 그와 같은 자격이 없으며 그를 심판할 권리가 없는 자들이니라.

26 너희들은 여기서 알아야 될 것이니라.

27 그와 같은 너희들이 할 수 없는 행위를 하는 것은 너희들이 모든 것을 남용하며 너희들이 오만함이요, 너희들 인간 집단의 그 무력을 가지고 모든 것을 행하고자 하는 것이니라.

28 이건 하늘에서 이루어지는 것이 아니라 육의 세상에서 너희들이 그와 같이 이루어지고 행함이니, 그것이 어찌 나의 뜻이라 너희들이 그리 말할 수 있는가?

29 너희들은 들어야 될 것이니라.

30 어느 누가 나의 아들이요, 나의 선지자요, 나의 종이라 말하여 그가 세상에 나와 무엇을 말하든 그를 심판할 자격이 없음이니라.

31 하물며 나의 아들은 나의 성령이라 하여 제3의 시대에 새로운 시대를 열기 위하여 그가 지나가는 말로써 나의 아들이라 나의 성령이라 말을 전하며 깨우치는 것이 아니라, 160권이라는 이 대장정의 법전으로써 기록하여 근거하며, 영원히 변하지 않는 나의 성령을 기록하여 너희들에게 증명함이니,

32 그를 너희들이 심판하며 그를 태워 버리며 그를 왈가왈부하는 그와 같은 행위를 할 수 있는 자격이 없음을 너희들은 알라.

33 모든 나 여호와요, 나의 아들의 이름을 파는 것은 내가 심판함이요, 너희들이 심판할 것이 없음이니라.

34 나에 대한 일이요, 나 여호와를 욕하는 것이요, 나 여호와의 뜻에 따르지 아니하며 나 여호와가 선택한 자가 아니면 나 여호와가 나의 이름이요, 나의 아들의 이름을 파는 자를 심판할 것이니, 과연 누가 나로부터 나의 이름이요, 우리 부자의 이름을 팔면서 살아가는 것인가?

35 그 심판은 오로지 나만 해야 될 것이니, 너희들이 할 자격이 없음이니라.

36 이제 나의 아들과 나의 법전이 너희들에게 불의를 행하지 아니하며, 불이익을 주지 아니하며, 너희들의 명예요, 너희들의 재산을 탐내지 아니하며, 너희들에게 재물이요, 그 모두의 손해를 입히지 아니하며 너희들에게 피해를 입히지 아니하였거늘, 어찌하여 너희들이 그와 같은 행위를 하는가?

37 과연 너희들 자신이 그와 같이 할 능력이 있으며, 그와 같은 권한이 너희들에게 어디에 있으며 그와 같은 의무가 어디 있는가?

38 너희들은 너희 자신을 돌아보도록 하라.

2,837 번째 하나님 말씀

2002년 8월 5일 22시 03분

1 사랑하는 나의 아들아!

2 "네, 아버님! 말씀하옵소서."

3 창조주인 나의 가슴이 아프며 미어져 오는 이 슬픔을 너는 아는가?

4 "알 것 같사옵나이다, 아버님!
5 이제 조금은 깨달을 것 같사옵나이다.
6 수천 년 동안에 믿어 오는 이 백성들
이, 아버님께서 자식을 던지면서까지
만백성을 구하고자 하셨으나, 그들의
지금의 형태는 청개구리와 같은 마음
으로써 살아오는 것이며, 그것이 지금
종교 지도자들이요, 만백성이 가지고
있는 마음이니,
7 저희들 나름대로 진정한 믿음이요, 진
실한 믿음을 간다 하며 진실한 믿음을
가르친다 하며 진정한 하늘에 오르는
길이라 수천수만의 종교 지도자들이
부르짖으나, 그들은 정녕 아버님의 뜻
이 아닌 반대의 거역하는 길만 가고
있사옵나이다.
8 저는 그를 깨달을 것 같사옵나이다."
9 아들아, 그와 같은 백성들의 그 심리
를 알겠는가?
10 네가 나의 성령을 받아 나 여호와가
직접 네 가슴에 내려 너로 하여금 이
법전을 기록하여 세상에 책으로 만드
니,
11 이를 기록할 때마다 네가 애절하고 간
곡하게 나의 십계명을 암송하지 않은
적이 없으며 십계명을 외우지 아니하
고 이 법전을 기록하지 아니함이니,
12 네가 앉아 있는 이 방에 네가 십계명
으로써 가슴이 미어지도록 암송하고
울리는 그 소리가 그득히 차 있음이
니, 네가 매일같이 암송하는 그 십계
명의 애절한 음성이 이 성전을 다 메
우고 있으며 다 채우고 있음이니라.
13 너희들이 생각할 때는 그저 공기처럼
날아가 없어진다 할 것이나, 네가 십
계명을 암송하고 그 애절한 목소리로
나에게 십계명을 바칠 때, 그는 종이
한 장보다도 더 얇은 형태로써 이 성
전에 하나하나 쌓임이니라.
14 그와 같이 나의 십계명을 암송하며
160권의 법전을 만들기 위하여 밤과
낮을 가리지 아니하고 목이 메어라 나
의 성령을 받아 기록하여 법전을 세상
에 내어 만백성을 구하고자 하는 너를
보기를 이단이요, 사탄이요, 사악한
자라 말하면서,
15 그들은 저희 환상에 젖어 제가 받았
다, 제가 저 자신에 젖어서 망각에 빠
져 나로부터 무슨 말을 받았다 하여
한마디 전하는 그 말은 나 여호와의
뜻이라 하여 그쪽으로 따라가며 그 말
을 따름이니라.
16 네가 나의 십계명을 외우며 만백성을
위하여 글로 기록하여 160권의 책을
만들어 가기를 이제 3부인 48권의 책
에 돌입하고 있음이니, 그 48권을 완
성하기 위하여, 네가 3부를 완성하기
위하여 얼마나 애절하고 고통스러운
이 어렵고 힘든 길을 가는가?
17 그러나 그저 환각에 젖어 망상에 젖어
제가 나 여호와의 음성을 들었다 말하
는 그 한마디 지껄이는 그 말은 들으
나, 이와 같이 대역사를 이루는 나의
법전은 듣지도 아니하며 보지도 않으
려 함이니,
18 나의 피조물 만백성이 지금까지 저희
들이 진정한 깨달음의 길을 오며 하늘
에 오르는 길을 위해서 왔다고 하나,
지금 나의 법전은 들여다보지 아니하
며,

19 그저 환상이요, 망상에 젖어 저 자신
도 구분 못 하는 자가 나 여호와의 뜻
을 받았다 하여, 여호와의 명이라 하
여 지껄이는 그 말은 저희들이 따르고
자 하며, 나의 법전이요, 나의 성령은
사탄이요, 이단이라 하여 바라보지 않
는 그들이 왜 그리 가는가?
20 나의 법전이요, 나의 성령은 참진리
요, 진정한 구세주인 나 여호와의 뜻
이기에, 그들이 그를 지키고 가기에는
너무나도 힘들고 어려운 길이니라.
21 목숨을 내놓고도 이 길을 가기가 어렵
다 생각하는 자가 나의 백성 중에 수
없이 있을 것이며, 정녕 이 길을 갈 수
있다는 자는 만 명 중에 한두 명이 있
을까 말까 하는 이 어려운 길을 그들
은 선택해 갈 자신이 없기에,
22 정신 나간 자가 나 여호와의 말이라
하여, 나의 음성이라 하여 그 환상이
요, 환각에 젖어 제가 한마디 지껄이
는 이야기는 저희들에게 달콤한 이야
기요, 저희들이 편안하게 갈 수 있는
그 길이기에,
23 그들이 어렵고 힘든 길을 선택하는 것
이 아니요, 그저 지나가는 자가 한마
디를 던져도 그 말이 저희들에게 편하
고 유리하다 하면 그것이 나 여호와의
뜻이요, 성령이라 하여 그곳에 매달려
거기 가서 환호하는 자들이니,
24 그들이 모세의 시대에 우상을 만든 자
보다도 더 사악한 심성을 가진 자들이
니라.
25 구약과 신약의 역사의 세월이 6천 년
동안 흘러오면서 나의 피조물 만백성
이 지금 네가 보고 있는 그와 같은 형
국으로 쉽고 편안한 그 믿음의 길을
선택하였으며, 정녕 하늘에 빛이 되는
그 길은 어렵고 힘들기에 그들이 버리
고 거부하였음이니라.
26 그리하니 그들이 지금 가는 것이 무엇
이더냐?
27 나를 따라 나에게 오라는 그 길을 오
는 것이 아니라 반대의 길로 나를 거
역하며 감이니, 바로 그게 무엇이냐?
28 청개구리와 같은 그런 심성으로 지금
믿음을 왔으니, 나와는 아무런 관계가
없다는 것이 나의 뜻이니라.
29 네가 이를 깨달았는가?
30 "네, 아버님! 깨달았사옵나이다.
31 그들이 여호와 하나님의 아들인 예수
님의 보혈로써 구원을 받았다 그리 말
하면서, 막상 하나님께서 지키라 하여
직접 써 내린 그 십계명이 무엇이 그
리 어렵고 힘들기에 그것은 지킬 수
없다 그리 말하며,
32 그저 저희들이 지은 성전에 와서 저희
들의 세 치의 혓바닥으로 하는 말만
들으면, 그리고 그저 힘들게 벌었든,
도적질해서 벌었든, 사기 쳐서 벌었
든, 거짓 해서 벌었든, 남의 것을 강탈
해서 벌었든, 부정해서 벌었든 그 재
물의 십일조요, 또 그 성전을 지을 때
많은 성금을 갖다 바치면 구원을 받고
용서를 받는다는 그와 같이 달콤한 말
에 현혹되어 그리 가고 있음이니,
33 가는 자가 죽음을 향하여 가는 것이며
그리 현혹하여 불러들이는 그들이 청
개구리의 심리로써 어렵고 힘든 하늘
에 오르는 그 진정한 길을 가지 못하
도록 하며 쉽고 변명할 수 있는 그 길

로 이끌어 가고 있사옵나이다."
34 청개구리가 뭐라 말하였느냐?
35 저의 어미를 산에다 묻으라 하면 개울
에다 묻을 것 같고 개울에다 묻으라
하면 산에다 묻을 것 같기에, 비 오면
떠내려갈까 봐 죽으며 유언하기를 그
시체를 강에다 묻어 달라, 개울에다
묻어 달라 그리 말하지 아니하였던가?
36 지금 너희들이 그와 같은 행위를 하고
있음이니라.
37 내가 산으로 오라 하면 너희들은 강으
로 가는 그와 같은 형국의 믿음을 가
고 있으니, 이와 같은 형국으로써 내
가 그 속에서 나의 피조물 만백성 그
누구를 구했으며 어떤 사람을 구하고
어떤 사람이 구원을 받았다 생각하는
가?
38 그리하여 한 사람도 없다 하였음이니
라.
39 너희들이 정녕 하늘에 오르는 길이라
면 우선 나의 성서에 기록된 어렵고
힘든, 인간으로서는 지킬 수 없다 말
하는 그것을 너희는 지킬 수 있다 하
여 그를 지켜야 된다고 부르짖으며 신
이 되고자 하여 지키고 가고자 하는
자가 되어야 할 것이며,
40 나의 법전을 읽고 너희들이 이 법전이
어렵고 힘들어도 너희들의 하나밖에
없는 그 목숨을 바쳐서라도 나의 법전
에 기록된 나의 성령대로 지키고자 하
는 것이 너희들이 두 번째 기회를 얻
는 것이요,
41 너희들이 마지막으로 하나 행할 것은,
지금 한마디의 저희들의 환상이요, 착
각이요, 망상에 젖어든 자들이 지껄이
는 말에 현혹되어 그와 같이 나의 법
전을 욕하며 세상에 나의 아들을 사탄
이요, 사악한 자라 핍박하는 자, 그리
고 나의 계명이요, 나의 법전을 인간
이기 때문에 지킬 수 없으며 지키고
살 수 없다 그리 말하는 자들에게서
벗어나,
42 그곳을 뛰쳐나와 나의 법전을 높이 들
어 가슴에 안고 정독하는 자, 그가 바
로 불 속에서 뛰쳐나와 삶을 얻는 그
와 같은 역사를 이루는 자의 행위이
니, 이를 명심하여 너희들이 다스려
나가야 할 것을 깨달아야 될 것이니라.
43 내가 너희들에게 한 번에 전함으로써
그것을 깨달을 수 있다면 내가 하늘에
서 말로써 한 번에 너희들에게 전하겠
으나,
44 너희들은 반복하고 또 반복하는 그 속
에서도 깨우치지 못하니, 내가 하나하
나, 천 가지, 만 가지를 이렇게 법전에
기록하여 전함이니,
45 너희들을 내가 얼마나 사랑하며, 너희
들이 구원의 길이요, 하늘에 오르는
것을 나 여호와가 얼마나 애절하게 바
라는지,
46 나의 아들딸이 되어 나의 혈통이요,
나의 피를 받는 그와 같은 나의 자식
이요, 나의 아들과 딸은 영원히 나와
같이 기거하며 같이 거주함이니, 그
영광을 너희들에게 내리고자 하는 이
애절한 창조주 어버이의 마음을 만분
의 일이라도 보살피고 생각해 보며 깨
달음을 얻어야 될 것이니 그리 알라.

2,838 번째 하나님 말씀

2002년 8월 5일 22시 14분

1 사랑하는 나의 아들아!
2 "네, 아버님! 말씀하옵소서."
3 모세의 구약 시대에 이루어졌던 모든
역사와 신약 시대에 변화무쌍했던 그
모든 역사는 오늘의 제3의 시대를 위
한 준비 단계요, 준비된 그 시대이며,
4 나의 아들을 너희들이 죽게 하여 그
뿌리를 내리지도 못하도록 하였음이
니, 그 역사를 어찌하겠는가?
5 너희들은 알아야 될 것이니라.
6 인간사 세속에 살아가면서도 그 자손
이 자손을 낳음으로 그 혈통이요, 그
가문이 이어진다 너희들이 말하지 않
는가?
7 하물며 하늘의 역사를 이루는 예수가
세상에 내려갔으나 그 모두를 너희들
이 중단시키는 그와 같은 사악한 시대
가 이루어져 암흑의 역사가 이루어졌
다 하였음이니라.
8 그리하여 지금 제3의 시대, 심판의 시
대요, 내가 알곡식을 거두는 시대요,
구할 자와 구하지 않을 자를 선별하는
이 시대에 내가 6천 년이라는 역사가
흐른 지금 너를 통하여 내려보내는 나
의 법전을 읽는 너의 제자들과 그 백
성들이 어떠한 자들인지 아는가?
9 내가 6천 년 동안 그 긴 세월을 인내
하며 견디고 참아 와 지금 마지막 제3
의 시대에 나의 성령이 직접 내려가
새로운 역사를 여는 이 시대에 너의
제자들과 나의 법전을 읽고 깨우친 그
백성들은 나로부터 성령으로써 임하
는 자들이니,
10 너희들이 하나의 곡식을 심어 그 곡식
이 성장하여 열매를 맺어 그 열매가
익으면 추수하듯이, 내가 너희들로 하
여금 나의 성령의 열매를 맺게 하여
나의 성령의 열매가 무르익어 만백성
을 구하는 너희들로서 만백성의 길잡
이가 되도록 하고자 하는 것이니, 너
희들이 나에게 얼마나 소중한 자식들
인가?
11 6천 년이라는 그 역사 속에 인간 모세
를 통하여 이루고자 했던 그 광란의
시대와 참혹했던 그 시대의 모든 역사
를 저버리며, 나의 아들 예수로 하여
금 대대손손 너희들에게 깨우침을 얻
게 하여 만백성을 구하려 했던 그와
같은 역사를 암흑의 시대로 이끌어 간
그 시대, 그 6천 년의 세월을 나 여호
와가 기다렸음이니라.
12 그리하여 지금 내가 나의 성령으로써
하늘에서 이루어진 낙원처럼 다시 지
상에 낙원을 이루려 하는 이때, 나의
성령의 열매를 맺게 하는 것이 바로
너희들이며, 성령의 나무가 너희들이
니라.
13 나의 성령의 나무가 나의 아들의 제자
너희들이며, 그곳에서 열리는 것이 나
의 성령의 열매며, 또 그 맺어진 성령
의 열매가 익어서 만백성을 깨우치도
록 그와 같이 내가 너희들을 쓰고자
함이며 너희들의 책무가 여기 있음이
니,
14 너희들이 정녕 지금 어떠한 위치에 있
는가를 깨달아야 될 것이니라.
15 사랑하는 나의 아들아!

16 너의 제자들이 누구더냐?
17 나의 성령으로써 열매를 맺어 그 열매
를 익게 하여 만백성의 빛이 되게 하
고자 함이니, 너의 제자들을 내가 알
곡식을 추리듯이 하나하나 고르고 추
리고 또 추려서 그와 같은 정성을 들
여 추려 놓지 아니한다면 어찌 거둬들
이겠느냐?
18 이제 나의 성령의 열매를 맺어 그를
익게 하여 만백성에게 양식이 되며 그
들에게 하늘에 오르는 길을 깨우치고
자 하는 나 여호와가 그리하여 너의
제자들 중에 완전히 익어 다음에 씨앗
으로 쓸 수 있는 그 알곡식을 추리고
추리고자 하니 너무나 힘이 들고 어려
운 것이며,
19 너의 제자 중에서 그리 선택되는 자가
많지 않음이니, 네가 그리 조바심내고
두려워하며 걱정하지 말라.
20 이제 나의 성령의 열매를 맺는 것이
너의 제자들이니, 완벽한 자 이외에는
고를 수가 없으며 고르지 아니하는 것
이 나의 뜻임을 네가 알아야 될 것이
니라.
21 너희들이 정녕 성령의 열매로서 결실
을 맺어 만백성의 양식이요, 하늘에
오르는 길을 비춰 주며, 너희들을 보
고 나의 백성들이 천 년의 역사가 흐
르는 동안에 완벽한 지상의 낙원을 만
드는 성령의 열매이니, 너희들은 그와
같은 뜻을 알아야 될 것이며,
22 너희들이 그와 같은 나의 뜻을 알며
너희들이 나로부터 그리 선택된 소중
한 자들이라는 것을 안다면, 너희들이
마음 자세를 어찌해야 될 것이며 너희
들이 살아가는 길을 어찌 선택해야 될
것인가?
23 너희들이 행하고 살아가는 모습이 인
간의 육과 인간의 욕심을 위하여 허덕
이는 그와 같은 삶을 살아가야 될 것
인가, 나 여호와를 닮으며 천사를 닮
는 그와 같이 변화되는 삶을 선택해야
될 것인가?
24 나로부터 나의 성령의 열매를 열게 하
며 그 열매로서 익어 가야 할 것이 너
희들이며, 내가 너희들을 그리 기다리
고 기대함이니,
25 너희들은 나를 닮아 살아가는 그와 같
은 변화하는 삶을 살아야 될 것이며,
그 누구도 이룰 수 없으며 그 누구도
갈 수 없다는,
26 수십억의 나의 피조물 만백성 중에서
6천 년이라는 세월이 흘러오는 동안
에 '나는 천사가 될 수 있다. 나는 여
호와 아버지의 심성을 받아 그와 같은
자로서 살아 하늘에 가서 구원을 받겠
다.' 그리 생각하는 자가 하나도 없었
음이니,
27 바로 너희들이 그와 같은 용기를 가지
고 그와 같이 행해야 될 자들이니라.
28 그래서 내가 성령의 씨를 심어 그 열
매를 거두기 위하여 그 씨앗을 고름이
니, 나 여호와가 얼마나 알곡식을 뒤
져 보고 또 따져 보고 또 두드려 보고
또 비춰 보고 그와 같이 추리겠는가?
29 너희들은 함부로 고른 알곡식이 아님
을 알아야 될 것이니라.

2,839 번째 하나님 말씀

2002년 8월 5일 22시 26분

1 사랑하는 나의 아들아!

2 "네, 아버님! 말씀하옵소서."

3 내가 너희들 인간사 세상에 그 종족의 뿌리가 내려가는 것도 한 가정에도 그 정통의 후사가 이루어져야만 된다 하였음이니라.

4 그리하여 자식이 자식을 낳고 또 자식을 낳아 너희들이 가문이라 하는 것이 이어지고 그가 또 빛을 보며 그와 같이 전해진다 하였음이니라.

5 그리하여 너희들 세속에서 그 역사가 이루어지며 그 연결되는 것이 또한 자손과 그 가문의 연결이라 하였음이니라.

6 하물며 너희들 인간사에서도 후손이 후손을 낳으며 그와 같이 인간관계가 지속되며 그리 전통이 이어지는 것이거늘,

7 내가 나의 피조물 만백성을 구하기 위하여 나의 아들 예수를 세상에 내보냈으니, 그는 성령을 가지고 세상에 나갔으며 나의 성령으로써 만백성을 구하고자 했음이니라.

8 그러나 너희들이 나의 아들 예수를 그리 사악한 방법으로써 처참히 죽게 만들었으니, 그것은 너희 인간 세속에 말하자면 그 집안의 하나밖에 없는 아들을 죽여 대를 끊도록 한 그와 같은 사악한 행위를 했음이니라.

9 독자로 가는 그 집안에 그 자식의 명줄을 끊었다 하면, 그 집안과 그를 죽도록 한 자와의 관계는 어찌 이루어지는가?

10 나의 아들이 나의 성령을 가지고 세상에 나가 너희들을 구하도록 하고자 내가 세상에 내려보냈으나, 그 아들의 명줄을 너희들이 그렇게 잔혹하고 처참하게 끊어 죽게 하였으니,

11 예수를 통하여 성령의 후손이 계속 너희들에게 내려가 너희들의 생명수가 되며 너희들의 구원의 빛을 비추도록 그리 놔두었더라면, 나의 아들 예수를 두어 성령이 또 성령의 뒤를 이어 그와 같이 성령으로써 후사가 계속 연결되었더라면 지금의 너희들처럼 사악한 시대는 절대 열리지 않았으며,

12 너희들이 도둑이 우글거리는 세상이요, 사악한 자들이 득실거리는 세상이요, 말세요, 사탄이라 말하는 이와 같은 2천 년이 흐른 지금에 와서 감히 내려다볼 수도 없는 사악한 형태는 되지 않았을 것이니라.

13 지금 나의 피조물 만백성 너희들이 가슴에 두려움을 느끼지 아니하는 자 없으며, 인간과 인간을 상대할 때 너희들이 서로를 의심하고 불안해하며 공포의 마음으로 인간관계를 형성하고 이루어 가는 형태가 아니던가?

14 너희들은 말로써 약속하는 것이 아니요, 이제는 문서로써 약속하며, 문서보다 더 잔인한 방법으로 근거를 남기고자 하며, 인간이 인간을 믿지 못하고 불신하는 그와 같은 세대가 되었으며,

15 자연에 사는 동식물보다도 너희들이 같이 사는 한 형제인 인간을 더 무서워하는 그와 같은 형태로 이루어졌음

이니, 그것이 무엇이더냐?
16 나의 아들 예수가 성령으로써 그 후사
를 이어 계속 전하지 못하도록 너희들
이 그 사악한 행위를 하였기 때문에
지금 암흑의 세상에서 너희들이 살아
가기에, 이웃도 모르고 형제도 모르며
부모와 자식 관계도 모르는 그와 같은
형국이 되었음을 알라.
17 이 지상이 광명천지 같으나, 나 여호
와가 하늘에서 내려다보는 너희들의
삶은 암흑의 세계에서 누군지도 모르
며 서로 찢고 죽이고 물고 무는 그와
같은 형국이 지금 너희들이 살아가는
모습임을 알라.
18 내가 암흑의 세계에서 산다 함은, 너
희들이 가정의 후사를 끊은 그 집안
의 전통이요, 모든 족보의 역사가 끝
나듯이, 너희들이 그와 같이 나의 아
들의 성령의 후사를 끊어 놓았음이니,
19 그것이 지금 너희들이 지은 가장 큰
죄의 대가로서, 너희들 인간이 이와
같이 사악한 시대에 살게 되었음을 알
라.
20 내가 예수로 하여금 그 성령을 계속
후사를 이어 가듯이 전하고 전하는 그
와 같은 생명수를 전했더라면 너희들
은 지금 하늘에서 이루어진 것 같은
그 낙원에서 살아가는 그와 같은 역사
를 이루었을 것이거늘,
21 너희들은 그와 같이 그 성령의 후사를
절단함으로 인하여, 너희들의 그 행위
로 인하여 지금 너희들이 암흑의 세계
에서 2천 년이라는 그 역사를 흘러왔
음이니라.
22 그리하여 너희들을 내가 구원할 길이
없어, 너희들은 그래도 내가 만든 나
의 피조물 만백성이요, 내가 가장 아
름답게 만든 자들이요, 그리하여 그
암흑의 세계에서 너희들을 구원하고
자 횃불을 내려보냄이니, 그게 바로
무엇이더냐?
23 나의 성령을 태워 나의 아들에게 내려
보내는 나의 법전이니라.
24 너희들이 그 암흑의 세계에서 나의 법
전을 읽고 깨우치는 자는 구원을 받을
것이요, 그렇지 못한 자는 영원히 구
원을 받지 못할 것이니, 너희들은 이
뜻을 깨우쳐야 될 것이니라.
25 너희 인간사에 인간의 족보요, 그 후
세요, 그리고 그 가풍이요, 그 혈통이
이어지듯이, 내가 나의 아들 예수를
통하여 성령의 후예를 이루도록 하여
너희들에게 영원히 아름다운 세상으
로 변할 수 있는 그와 같은 생수요, 나
의 성령을 내려보내려 했으나,
26 너희들이 그 후손을 단절하는 사악한
행위를 한 그 대가가 지금 너희들 인
간이 인간을 두려워하는 그와 같은 무
서운 형국이 되어 있음이니라.
27 지금 인간을 인간이 무섭도록 한 그
이면에는 종교 지도자들이요, 하늘에
오르는 길을 인도하는 자들이 잘못 가
르치고,
28 저희가 하늘의 뜻을 모르고 내가 원하
는 것을 모르고 진정한 참빛을 모르면
서, 내가 내려 너희들에게 고치고 배
우고 깨달아 하늘에 오르라는 그 계명
이요, 율법조차 지킬 수 없다는 그와
같은 망발로써 나의 피조물 만백성을
세뇌시켜 지금에 온 그 일익을 담당함

이 더 컸음을 너희들은 알아야 될 것
이니라.
29 그를 후회하고 반성하지 못하는 자,
얼마 남지 않은 육의 삶을 살고 하늘
에 왔을 때 영원히 사는 나의 나라에
서 그 무서운 죄의 고통 속에서 살아
가야 된다는 것을 알라.

2,840 번째 하나님 말씀

2002년 8월 5일 23시 38분

1 사랑하는 나의 아들아!
2 "네, 아버님! 말씀하옵소서."
3 네가 가야 할 그 길은 멀고도 멀며 끝
이 없음을 알아야 할 것이니라.
4 네가 지금 나의 피조물 만백성을 구하
기 위하여 이 시대에 나의 아들로서
세상에 나감이니, 너는 나의 성령을
받아 나의 법전을 기록하여 만백성을
구하는 그 길이 너의 대명이니라.
5 이는 곧 내가 하늘에서 이루어진 것같
이 이 땅에 지상의 낙원의 그 역사를
이루는 것은 그 누구도 할 수가 없음
이니라.
6 너희들 인간사에 살아가는 속에서도
자식이요, 그 혈족이 대를 이어 그 대
업을 맡아 이룸이니, 그 누구도 그를
대신하여 할 수가 없지 아니하던가?
7 너희들은 정녕 너희들 인간 세속에서
너희들이 부리는 종이요, 너희 식솔들
이요, 그와 같은 자가 주인의 마음을
알아 주인의 아들의 그 혈통의 역사를
대신할 수 있다 생각하는가?
8 인간사에서도 그와 같은 일은 이루어
질 수 없음이니라.
9 조상의 피를 받아 그 자손이 또 자손
을 낳아 그리하여 그 역사의 혈통이
존속되어 가는 것은 너희들 인간사에
서도 마찬가지가 아니던가?
10 하물며 하늘나라 나 여호와의 뜻을 받
들어 만백성을 구하는 그 대업을 이루
며 하늘에서 이룬 것같이 이 지상에
낙원의 그 역사를 이루는 것은 나의
아들을 통하여 그 모두를 이루는 것
외에는 그 누구를 통해도 이룰 수가
없음이니라.
11 이는 바로 무엇을 의미하던가?
12 나의 아들만이 천사와 같은 형태로 살
아갈 수 있으며 나의 성령이요, 나의
심성을 닮아 그 모두를 행할 수 있는
자이기에, 이 세상 수천, 수억의 나의
피조물 만백성이 있으나 너희들은 그
와 같이 살아갈 수 있는 그 변화의 역
사를 이룰 수 없기 때문이니라.
13 너희들은 외면의 형식을 중시하며 내
면의 깨우침을 소홀히 하나, 이미 나
의 아들은 내면의 깨우침이 천사와 같
은 형태의 마음을 가지고 있음이니,
이것이 너희들과 나의 아들과의 차이
니라.
14 그리하여 모든 역사의 이루는 것은,
나의 대명을 받아 이루는 것은 오로지
나의 아들로서만이 이루어질 수 있음
이니라.
15 그리하여 그를 나의 아들이라 말하였
음이니라.
16 곧, 이는 바로 무엇이더냐?
17 너희들을 인도하는 목자이니라.
18 세상에 단 하나의 나의 아들이 나의
피조물 만백성 너희들을 인도하는 목

자임을 알아야 될 것이니라.
19 너희들이 천사와 같은 삶을 살아가도
록 인도하며 너희들을 깨우쳐 주며 너
희를 가르치는, 이 세상에 단 하나의
나의 아들인 나의 목자이니라.
20 나의 아들이요, 나의 혈통을 받은 자
만이 나의 피조물 만백성을 그 길로
인도할 수 있음이니, 바로 지상에 낙
원의 역사를 이루는 것이며,
21 인간 세속에 살아가는 백성 중에서 너
희들의 본보기요, 속과 겉이 다르지
아니하며 오로지 나의 성령에 따라 그
는 행하도록 되어 있으며, 그가 변하
는 모습을 너희들이 보며 그 목자를
따라 하늘에 오르도록 되어 있음이니,
22 이 지상 중에 나의 아들이 한 사람임
을 너희들은 알아야 할 것이니라.
23 너희들을 정녕 인도하는 목자요, 하늘
에 오르는 길이요, 나 여호와의 뜻을
알며, 내가 이루고자 하는 그 역사를
알며, 내가 원하는 것이 무엇이며 내
가 슬퍼하는 것이 무엇이며 내가 기뻐
하는 것이 무엇이며 내가 하지 아니하
고자 하는 것이 무엇이며 내가 언짢아
하는 것이 무엇이며 내가 이루고자 아
니하는 것이 무엇인지,
24 이 세상 수십억 나의 피조물 만백성이
대대손손 세상에 와서 살아가나 그를
알 수 없음이니라.
25 나의 아들만이 나의 심성이요, 나의
성령을 앎이니, 내가 원하고 이루고자
하는 것은 그밖에 모름이니, 그리하여
내가 나의 아들을 명하여 세상에 내려
보냈음을 너희들은 알아야 될 것이니
라.
26 내가 나의 아들을 종이요, 선지자라
부르며, 내가 그 이상 더 높게 부를 이
름이 없는, 곧 나의 아들이라 너희들
에게 밝혔음이니, 이것이 나의 아들과
너희들과의 차별화임을 알아야 될 것
이니라.
27 이를 모르는 자, '이 시대에 어찌 선지
자요, 감히 여호와 하나님의 아들이라
하여 세상에 인간이 내려올 수 있는
가? 이는 그와 같은 형태를 하며 그와
같은 사악한 짓을 하며, 인간의 탈을
쓰고 하나님의 명을 거역하며, 하나님
의 흉내를 내며, 여호와 하나님의 자
식이라 하여 만백성을 우롱하는 사탄
이다.' 그리 너희들이 말하나,
28 이 세상을 지배하고 통제하는 것은 나
의 혈통인 나의 아들밖에 그를 행할
수가 없음이니, 이는 곧 무엇을 의미
하던가?
29 나의 아들이 아니며 나의 아들이라 명
받지 아니한 자는 그를 이룰 수 없음
이니라.
30 오로지 나의 뜻이요, 나의 그 모두를
아는 자는 나의 아들밖에 없음이니,
이것이 너희들과 나의 아들과의 차이
이며, 내가 나의 아들을 세상에 보낸
그 뜻이 여기에 있음이니라.
31 너희들 인간사에도 한 가족이 살아가
는 그 속에서 그 어버이가 원하는 것
과 그 어버이가 행하고자 하는 것을
그 가족이 제일 잘 앎이니, 그 일을 받
들어 하는 것은 너희들 인간사에서 그
아들이라 명한 자가 대업을 이어 가지
않는가?
32 그리고 아들이 어버이를 많이 닮으며,

어버이가 행하고자 하는 것을 아들이
행하는 그 역사를 이룸이 무엇보다도
쉬움이니라.
33 그리고 그 아들은 자신도 모르는 사이
에 어버이를 알게 되며 어버이의 장점
을 알고 어버이의 단점을 알고 있으며
어버이가 이룬 가업을 알며 어버이가
그 가업을 어찌 끌어가고자 하는지를
알고 있음이니라.
34 그러니 이 세상을 통제하며 하늘에서
이루어진 것같이 이 지상에 아름다운
낙원을 이루는 그 대명을 받은 자, 나
의 아들이 아니고는 나의 뜻을 알 수
가 없음이니, 그리하여 인간 세속에
나의 아들을 또다시 너희들 앞에 내려
보냈음이니,
35 이 이치를 너희들이 깨달으면 지금 내
가 나의 아들이라 부르는 그 뜻을 알
것이니, 이는 나의 선지자요, 나의 아
들이라는 것을 너희들이 이해하여야
될 것이며,
36 그를 거부하고 핍박하며 사탄이요, 사
악한 자라 말하는 자들은 구원의 길을
보지 못함을 알라.
37 내가 하늘에서 이루고자 하는 뜻을 나
의 아들은 알고 있으며,
38 천 년의 역사에 걸쳐 천사와 같은 자
들이 이 세상을 지배하고 살며, 사악
한 사탄의 뿌리들을, 하늘에 오르는
길이라 하며 잘못 인도하는 천태만상
의 수천수만 가지 종파들의 무리를 다
덮어 버리며 그들이 이 세상에 존재하
지 못하게 하여,
39 오로지 천사와 같은 심성으로 살아가
는 백성들의 지상 낙원이 이루어짐을
알아야 될 것이니라.
40 너희들은 노아의 방주에 그 가족이 탄
것만을 생각하지 말라.
41 노아의 방주는 그 가족을 태우고 물로
써 세상을 다 쓸었으나,
42 이제 그 노아의 방주보다도 더 위대한
역사가, 내 성령이 직접 내가 내려가
나의 아들을 나 대신 명하여 세상에
내려보내어, 이제 천사와 같은 자들만
이 세상에 존재하며,
43 너희들은 서서히 너희들로서 그 자취
의 갈 길로 가게 됨이니 너희들은 사
그라지며, 이제는 천사와 같은 백성들
이 이 세상을 지배하는 시대가 오니,
44 노아의 방주와 반대 방법으로써 내가
세상에 직접 내려와 정화한다는 것을
알라.
45 노아의 방주는 모두를 다 죽여 그 자
손들로 하여금 세상에 뻗쳐 나가게 했
으나 지금의 이와 같은 험악한 역사가
이루어졌음이니라.
46 그리하여 내가 나의 아들을 세상에 내
려보내 천사와 같은 마음의 뿌리를 세
상에 하나씩 내려 가며, 그들의 뿌리
가 내려 가고 그들이 성장함에 따라서
스스로 사악한 자들이 소멸되는 그와
같은 마지막 단계를 내가 지금 실시하
고 있음이니,
47 마지막 종말이며 마지막 너희들을 다
스리며 버릴 자와 구할 자를 이루는
역사가 여기에 있음이니라.
48 이제 스스로 너희들이 구원의 길을 받
고 못 받는 것은 너희들의 선택에 달
렸음을 알라.
49 노아의 방주와 반대 현상으로써 지금

이끌어 가고 다스려 나간다는 나의 뜻
을 내가 너희들에게 명함이니, 너희들
이 가슴에 손을 얹고 조용히 나의 이
깊은 뜻을 깨우치고 생각해서 너희 것
으로 만들라.
50 이를 모르는 자, 구원의 길을 올 수 없
음을 알라.

2,841 번째 하나님 말씀

2002년 8월 5일 23시 54분

1 사랑하는 나의 아들아!
2 "네, 아버님! 말씀하옵소서."
3 너희들 인간사에 살아가는 사회의 조
직 속에서도 작은 조직이든 큰 조직이
든, 또는 작은 단체든 큰 단체든, 국가
를 경영하든 한 조직을 경영하든 그
모두에 있어서 그들을 감시하고 감독
하는 감독 기관이라는 것을 두어 그들
로 하여금 감독하는 형태가 이루어지
고 있지 않은가?
4 너희들의 조직의 형태가 과연 어찌 흘
러가는가, 그 자체의 궤도로써 흘러가
는 것인가, 그렇지 않으면 잘못 가는
것인가, 너희들 뜻대로 운영되는 것인
가를 감찰하고 감독하는 감독 기관이
있게 되어 있음이니라.
5 그리하여 수천 년 역사가 흘러오는 인
간 세상에 살아가면서도 모든 단체는
그와 같은 형태로 감찰하고 감독 감시
하여 잘못된 것은 시정하며 좋은 것은
또 발전시키는, 상호 협조하는 그와
같은 기관으로서, 그 어떠한 단체든
그러한 것이 존속해 오고 있음이니라.
6 그러나 너희들은 여기서 들어야 될 것
이니라.
7 지금 몇천 년 역사 동안 흘러오는 수
많은 종파들이 있으나, 그 종파를 전
체적으로 감독하고 감찰하며 감시하
는 조직이 없었으며, 그런 것을 받아
본 적도 없는 것이 종교 집단이니라.
8 너희들이 인간사에 살아오는 그 집단
에도 수시로 그 단위를 나누어 1년이
요, 2년이요, 그 세월에 따라서 감시
감독하고 감찰하며 감독을 받아 바로
잡고 시정하며 살아가는 것이 너희들
인간의 형태이거늘,
9 수천 년 동안 흘러오면서 그 수많은
종파들이 세상에 존재하였으나 그들
을 감찰하고 감독하는 기관은 정녕 없
었음이니라.
10 너희들의 인간사에서도 잘못됨을 1년
이요, 2년이요, 그 기간을 두고 다스
리고 반복해 감독하는 것이 세상사의
조직이거늘,
11 2천 년 역사가 흘러오는 동안에 수많
은 종파들이 세속에 존재했으나 그들
이 그 감찰이요, 감시요, 감독을 받아
본 적이 없다면 그들이 얼마나 썩어
있으며 얼마나 저희 임의대로 운영해
왔겠는가?
12 인간사의 감독이요, 감시라는 것은 무
엇이던가?
13 그 운영하는 자의 잘못 가는 것을 바
로잡으며 독주를 막으며 만행을 막기
위해서 또는 독재를 막기 위하여 어떤
방법이든지 그 기구를 가져 운영하는
것이 너희들이니라.
14 그리하여 스스로 자신들을 다스리며,
스스로 자신들이 잘못 가는 길을 막아

가며 살아가고자 하는 것이 너희들이
상호 협력하며 살아가는 세상의 형태
가 아니더냐?
15 그러나 이 세상에서 그와 같은 것을 2
천 년이라는 역사가 흘러오면서 한 번
도 받아 보지 않은 단체가 있으니, 그
단체는 어찌 되겠는가?
16 썩을 대로 썩었으며, 독주할 대로 독
주했으며, 만행을 부릴 대로 부려 왔
으며, 저희들이 마음대로 가지를 쳐
나갔으며, 저희들 마음대로 조직되었
으며, 저희들 마음대로 그 조직의 형
태가 수천 수억 개로 갈라지는 그와
같은 작금의 형태가 이루어졌음이니
라.
17 그리하여 이 많은 종파들을 누가 감독
하며 감시하는가?
18 이와 같이 방대한 조직을 그 누구도
감독할 수 없음이니라.
19 그들은 우리 부자의 이름을 팔았으며
나 여호와를 팔았으며, 나를 팔아 그
들이 하늘에 오르는 길이라 하여 수천
년 동안에 이 세상에 살다 죽어 간 그
너희들의 조상의 뿌리요, 수십억 헤아
릴 수 없는 그 많은 사람들이 죽어 가
면서 그들이 어찌 가는 것인지, 너희
들이 그들에게 바친 것을 어찌 활용했
는가, 어찌 썼는가, 그리고 그들이 어
찌하여 너희들을 기만하여 지옥으로
보냈는가 그 자체를 감시 감찰하는 기
관은 나 여호와밖에 없음이니라.
20 이는 곧 우리 부자의 이름을 팔아 그
리 2천 년 동안 한 번도 어떠한 제재
를 받지 아니하며 감시 감독이요, 감
찰을 받지 않고 지속해 온 것이 너희
들이니라.
21 그리하여 내가 2천 년 역사가 흐른 지
금, 나의 아들을 통하여 성령을 내려
보내 너희들이 지켜야 할 그 법령을
내려보내며, 그 법령대로 살지 못한
자들은 사악한 자요, 나하고는 아무런
관계도 없는 자들이요,
22 그와 같은 자들이 나의 피조물 만백성
을 지옥으로 이끌어 가는 그와 같은
만행을 이제 감시 감독하고 감찰하고
자 하여 잘한 자, 잘못한 자 구분하고
자 하는 것이 나의 법전을 세상에 내
려보내는 것이요,
23 내가 지금 직접 내려가 너희들을 터치
하는 그 역사의 형태가 이루어지고 있
음을 알아야 할 것이니라.
24 나의 법전이 세상에 내려감으로 인해
서 2천 년 동안 누구에게도 감시 감독
을 받지 아니하며 저희 임의대로 지금
뻗어 나오고 방대했던 그 조직들이,
25 이제는 나의 법전이라는, 나의 성령으
로 기록되어 만백성이 읽고 깨우치는
그 책이 세상에 눈과 같이 덮일 때, 나
의 피조물 만백성이 그를 읽고 깨우쳐
너희들을 단죄할 자 단죄할 것이며,
너희들의 잘못된 것은 잘못된 것만큼
그 대가를 받는 대개혁의 변화가 이루
어짐이니,
26 곧 2천 년 역사 동안 썩을 대로 썩고
곪을 대로 곪아 자유분방하게 저희 임
의대로 저희 입맛에, 저희 생활에, 저
희 욕구에 맞춰 살아오고 지도해 왔던
그들을 이제 내가 지금 다시 한 번 다
다스리고, 그곳에서 선별할 자 선별하
고 버릴 자 버리는 이와 같은 역사가

이루어지는 것이 제3의 시대요,
27 내가 직접 내려가 너희들을 통제하는
뜻이 여기에 있으며, 나의 법전이 세
상에 내려가는 의미가 여기에 있음을
알아야 할 것이니라.

2,842 번째 하나님 말씀

2002년 8월 6일 0시 20분

1 사랑하는 나의 아들아!
2 "네, 아버님! 말씀하옵소서."
3 내가 나의 피조물 만백성 너희들을 얼
마나 사랑하며 아끼며 너희들을 구원
하고자 했으면, 너희들을 위하여 나
여호와의 아들인 예수가 그리 고통스
럽게 죽어 가는 것을 바라보면서 내가
그리 그의 손을 놓았겠는가?
4 사랑하는 나의 아들이 그 길을 가지
아니하기 위하여 나에게 그와 같이 애
절한 기도를 하였거늘,
5 내가 너희들을 구원하는 것이 얼마나
소중하면, 너희들을 구하는 것이 얼마
나 대역사이면 내가 나의 아들의 손을
놓으면서까지 그리 너희들을 구원하
고자 하였겠는가?
6 그러나 너희들은 지금 무어라 말하는
것이냐?
7 나 여호와가 사랑하는 나의 아들을 죽
게 하면서까지 너희들을 선택했음이
니 너희들은 무조건 구원을 받은 자라
그리 착각하고 있음이니라.
8 그리고 내가 너희들을 위하여 사랑하
는 나의 아들 예수를 그 고통과 시련
속에 죽어 가도록 손을 놓았음이니,
너희들은 무조건 구원을 받은 자들이
며, 너희들을 나 여호와가 그리 사랑
하기에 너희들은 다 구원받아 하늘에
오르는 백성이라 그리 생각하고 있음
이니라.
9 그리하여 너희들이 말하기를, 나의 아
들이 죽어 가며 흘린 그 피로써, 그 보
혈로써 다 구원받았다 말함이니,
10 나의 아들이 죽어 가며 흘린 피가 어
떠한 피던가?
11 그리고 그 피가 얼마나 고통과 괴로움
속에서 흘렸던 피던가?
12 너희들은 그 피로써 그저 구원을 받았
다 생각하며, 내가 나의 마음이 찢어
지는 그 아픔을 놔두면서도 너희들을
위하여 그리 보냈거늘, 너희들은 어찌
하여 그대로 그저 구원을 받았다 그리
말하는가?
13 그리고 너희들은 내가 너희들에게 지
키며 행하라 명한 것은 순종하지 않고
지키지 아니함이니, 너희들은 지금 구
원을 받았다는 그 환상에서 깨어나야
될 것이며,
14 내가 나의 아들을 버리면서까지 너희
들을 선택하였기에 너희들은 나의 아
들보다 더 소중한 자로서 구원을 무조
건 받았다는 그러한 생각에서, 그 환
상과 착각에서 깨어나야 될 것이니라.
15 그러면서 너희들은 뭐라 말하느냐?
16 나 여호와는 사랑의 아버지요, 그저
무조건 너희들을 사랑하는 아버지요,
너희들을 무조건 그저 사랑으로써 하
늘에 오를 수 있도록 그리 받아들이는
나 여호와 아버지라 그리 말하니,
17 너희들이 그와 같은 생각부터 고치지
아니한다면 너희들은 나의 뜻을 볼 수

도 없음이니라.
18 나의 아들이 그리 죽어 너희들을 구하
고자 했던 것에는 너희들이 지키고 행
해야 할 그 대목이 있었음이니라.
19 크게는 나의 계명인 십계명을 지키고
사는 자만이 구원의 길을 받을 수 있
으며, 성서에 기록되어 내려간 너희들
이 지키고 행하여야 할 그 어렵고 힘
든 길을 순종하며 지키고 가는 것이
너희들이 나로부터 선택을 받는다는
것을 알아야 될 것이니라.
20 그와 같은 자, 내가 사랑함이니라.
21 내가 나의 아들을 죽도록 그리 보내면
서도 너희들을 선택했던 그 뜻 이면에
는 너희들이 반드시 지키고 와야 할
그 계명을 내가 내려보냈음이니,
22 그를 지키지 아니하는 자는 나의 뜻을
거역하는 자이니 그러한 너희들을 구
원할 수 없다는 것을 알아야 될 것이
니라.
23 내가 나의 아들을 보내면서까지, 그
고통스러워하는 아들을 구원하지 아
니하며 그 손을 놔 가면서까지 너희들
을 구원하고자 했던 그 뜻에는 너희들
이 그를 보고 깨우쳐 진정한 나의 성
령에 숨어 있는 뜻과 나의 계명을 지
키고 하늘에 오르는 구원을 받으라 함
이 있었으나,
24 너희들은 지금까지 그를 역행하는 길
이요, 나와는 정반대의 길이요,
25 내가 아들을 버리며 너희들을 구원하
고자 한 나의 그 뜻에 너희들은 말로
써는 다 감사하는 기도를 하나 행동으
로써는 그리하지 아니하는 자들이니
라.
26 너희들은 말로써는 모든 것을 다 지키
며 모두를 다 바치며 나의 뜻에 살아
가는 양 그리 말하나, 실제로는 그리
살지 아니함이니라.
27 그리고 너희들은 남들 앞에서 하는 말
은 아름답고 고우나, 남의 말을 하는
자, 그리고 남들이 보지 않는 장소에
서 남을 흉보는 자, 그리고 남의 단점
을 갖고 즐거워하는 자, 너희들 스스
로 그 뒤에서 하는 말은 사악한 말이
요, 불쾌한 말이요, 남을 짓밟는 그와
같은 말로써 인생을 살아가는 것이 너
희들의 지금의 삶이 아니던가?
28 말로써 그와 같이 앞과 뒤가 다르며
사람의 면전에서 하는 말과 그 사람이
없는 자리에서 하는 말이 정반대요,
반대의 현상으로 이루어지는 그와 같
은 너희들의 말이 사악하며, 입만 벌
리면 추한 말로 세상을 오염시키는 그
와 같은 형국으로써 너희들이 살아오
지 아니하였는가?
29 그러는 너희들을 내가 어찌 무조건 구
원을 한다 생각하는가?
30 그와 같은 너희들이 지금에 살아오는
그 형태가 앞과 뒤가 일치하지 아니하
는 그 삶을 사는 자, 너희들은 구원을
받았다는 그 착각 속에서 깨어나야 될
것이니라.
31 그러한 너희들을 내가 바로잡기 위하
여 지금 너희들이 알기 쉽고 깨우치기
쉬운 나의 성령을 세상에 내려보내니,
32 그 성령의 뜻을 보고 깨우쳐 하늘에
오르는 그 참된 길을 찾지 아니하면
너희들은 영원히 말로써 구원을 받았
다고 부르짖다가 죽어 와 너희들이 심

판을 받을 때 얼마나 당혹할 것인지,
그 무서운 형벌 앞에 너희 자신이 겪
어야 되는 그 고통을 너희들은 모를
것이니라.

2,843 번째 하나님 말씀

2002년 8월 6일 0시 26분

1 사랑하는 나의 아들아!
2 "네, 아버님! 말씀하옵소서."
3 수천 년 동안 살아오면서 나의 피조물
만백성이 너희 손으로 지어 놓은 그
성전이라는 곳에 가 구원을 받겠다고
나에게 기도하며 눈물의 찬양과 경배
를 하며 살아오느니라.
4 너희들은 그러면서 무어라 생각하는
가?
5 너희들이 지은 죄를 너희들의 그 성전
에 와 용서 빌며 나 여호와를 아버지
라 부르며 나에게 죄를 빌 때 너희들
은 사함을 받는다 그리 생각하고 있음
이니라.
6 그리고 너희들이 또 하나 착각을 하고
있음을 알아야 될 것이니라.
7 너희들이 죽어 나에게 와 심판을 받을
때 나 여호와를 아버지라 부르며 나에
게 너희들이 눈물로써 회개하며 그 죄
를 용서해 달라, 나를 아버지라 너희
들이 부를 것이라 그리 생각하며
8 너희의 아버지는 사랑의 아버지이기
때문에 너희들이 와 심판받을 때 눈물
로써 회개하고 통곡하는 기도를 드릴
때 나를 너희들이 아버지라 부르며,
너희들에게 어버이라 듣는 내가 너희
들을 용서해 줄 것이라 그리 생각하느
니라.
9 그러나 지금 여기서 너희들이 큰 착각
속에 살아감을 깨달아야 될 것이니라.
10 너희가 지금 나를 아버지라 부르며 전
지전능한 창조주라 부를 수 있으며 너
희들이 기도하고 경배할 수 있는 것은
육의 상태요, 너희들이 육의 형태로써
지금 지상에 사는 그 세월 속에서, 너
희들이 세속에서 인간의 삶을 살아가
너희들이 죽어 나에게 와 영혼은 심판
을 받으며 육은 흙으로 돌아가는 그
죽음의 순간, 그때까지만 너희들이 나
를 아버지라 부를 수 있음을 알아야
될 것이니라.
11 너희들의 육이 살아 있는 그 상태에서
나를 아버지라 부르며 너희들이 경배
하고 기도하며 구원의 소원을 부르짖
을 수 있으나,
12 너희들이 죽어 내 앞에 와 심판을 받
을 때 그 심판대 위에서는 너희들이
나를 아버지라 부를 수도 없음을 알아
야 될 것이니라.
13 너희들이 오로지 나를 어버이요, 창조
주요, 아버지라 부르며 구원의 길을
원하며 매달리며 경배하며 아름답게
살고자 몸부림치는 것도 너희들이 육
의 세상에서 사는 동안에만 할 수 있
다는 이 엄연한 사실을, 너희들이 죽
어 나의 앞에 와서는 나를 감히 너희
들의 어버이요, 창조주라 그리 부를
수도 없다는 것을 알아야 될 것이니라.
14 너희들은 지금 육의 세상에 살아가면
서 내가 나의 아들딸이라 너희들을 부
르니, 너희들은 육이 살아 있는 이 형
태에서 나의 계명을 지키며 내가 세상

에 성령을 태워 직접 내려가 너희들을
깨우치고자 하는 나의 법전이요, '하
늘에 오르는 길' 이 책을 읽고 깨우쳐
바른 삶을 터득하지 못한다면 너희들
은 영원히 나의 나라에 오를 수 없음
을 알라.
15 내가 나의 아들을 통하여 너희들에게
다시 한 번 깊이 심어 줌이니, 너희들
이 육의 형태로써 존재하는 이 시점에
서 육의 세상에서 살아가는 그때만 너
희들이 나에게 구원을 원할 수 있으며
너희들이 나에게 구원의 손길을 원할
수 있으며 너희들이 나에게 하늘에 오
르는 그 길을 깨우쳐 달라 몸부림칠
수 있으며 너희들을 구원해 달라 그리
매달릴 수 있음이니라.
16 너희들이 육의 형태에서 죽은 그 후부
터는 나를 아버지라 부를 수도 없으며
전지전능한 여호와 아버지라 부를 수
없으며 '창조주여! 저를 구원하여 주
옵소서.' 그와 같은 말 한마디 감히 할
수 없는 그와 같은 형국의 형태가 되
니,
17 너희들이 그리 분리되어 너희들이 살
아온 만큼 죄에 대한 벌을 받으며 구
원을 받을 자 구원을 받게 되는 갈림
길에 서서 어떠한 형국의 길을 선택할
것인가?
18 오로지 나의 나라에 오르는 자는 천사
가 되고자 노력하는 자뿐이니 그리 알
라.

2,844 번째 하나님 말씀

2002년 8월 6일 09시 02분

1 사랑하는 나의 아들아!
2 "네, 아버님! 말씀하옵소서."
3 내가 너에게 말하여 이르기를, 종교
지도자요, 남을 이끌어 구원의 길로
인도한다 하는 자, 그리고 감히 나의
백성들을 하늘에 오르는 길로 인도하
며 구원을 받도록 가르친다 하는 자
들, 그들이 다 유리로 비춰 보아 한 점
의 부끄러움이 있다면 그와 같은 역사
를 이룰 수 없으며 그 자격이 없다 내
가 말하였음이니라.
4 종교 지도자요, 만백성을 구하는 자는
그와 같은 형태로 살아가야 하는 것은
당연한 것이며,
5 나의 아들 너는 만백성을 인도하고 구
원하는 자로서 네가 그와 같이 살아감
은 물론이요, 네가 우유부단한 그와
같은 행위로써 모두를 행하는 것은 아
니 되느니라.
6 만백성을 이끌고 지도하는 자는 벌을
내릴 때 벌을 내리며 상을 내릴 때 상
을 내리며, 상벌이 엄격히 구분되어야
하며 그리 실시되어야 되는 것이니라.
7 그리고 또한 너희들은 남을 위해서는
엄격하나 너희 자신에 대해서는 엄격
하지 못함이니,
8 모름지기 만백성을 구하는 지도자로
서는 자기 자신에게 냉정해야 되며,
자기 자신에게 누구보다도 엄격해야
함을 너는 잊어서는 아니 됨이니라.
9 너 자신을 다스림에 있어서 엄격하지
아니하면 너는 그 누구도 다스릴 수

없으며 지도자라 할 수 없음을 알아야
될 것이니라.
10 자기 자신이 상벌을 나누되 남에 대한
상벌은 엄히 따지며 저 자신에 대한
상벌은 그저 눈을 감고 넘어가듯이 그
리 덮어 두고 저 자신이 용서하며 이
해하고 살아가는 그와 같은 삶으로 살
아간다면 그는 진정한 지도자가 될 수
없으며, 더욱이 나의 성령을 전하여
만백성을 구하는 지도자로서 자질이
없으며 자격이 없음이니라, 아들아!
11 너는 너 자신에게 엄격해야 되며, 너
자신에 대한 상벌이 정확해야 되며,
네가 행동함에 있어서 명확한 처신을
하지 않으면 지도자로서 자격이 없음
이니라.
12 만백성을 구하는 자는 한 점의 부끄러
움이 없는 삶을 사는 것이요, 상벌을
내리되 한 점의 부끄러움이 있어서도
아니 되며, 자기 자신의 행동을 함에
있어서 한 점의 부끄러움이 있어서도
아니 됨이니,
13 이는 자기 자신을 통제하고 자기 자신
을 심판하는 데 엄격한 마음을 갖지
아니하면 이룰 수가 없음이니라.
14 사랑하는 나의 아들아!
15 "네, 아버님! 말씀하옵소서."
16 육의 세상에 살아가며 수천수만 가지
의 유혹 속에 자기 자신을 엄격히 심
판한다는 것은 그리 쉬운 일은 아니니
라.
17 그러나 지도자는 그 고통을 넘고 그
길을 넘어가지 아니하면 지도자로서
의 자격이 없음이니라, 나의 아들아!
18 이를 네가 엄히 행해야 할 것이며, 너
의 제자들 또한 그리 엄히 가도록 이
르라.
19 너희들이 남을 평가하고 남을 심판하
는 것에는 냉혹하나 자신을 심판하는
데는 너그러움이니,
20 너희들 자신을 심판하는 데 엄격한 마
음 자세로 다스려 나가지 아니하면 너
희들이 바로 설 수 없으며 나에게 오
르는 그와 같은 영광을 얻을 수 없다
는 것을 너의 제자들에게 일깨워 줘야
될 것이니라.
21 사랑하는 나의 아들아!
22 "네, 아버님! 말씀하옵소서."
23 네 앞에 와 갑론을박하는 자, 그리고
네 앞에 와 법전을 공부하며 성령의
뜻을 듣고 너에게 등 돌리고 가는 자,
그들이 다 남에게는 심판이 냉혹하나
저 자신에 대해서는 냉정하지 못한 자
들이니라.
24 남의 옷에 묻은 티는 보이나 제 몸에
묻은 더 큰 오물은 보지 못하는 그와
같은 자들이 네 앞에 와 갑론을박하며
나의 법전을 시시비비하며 네 앞에 와
법전이요, 성령의 가르침을 듣고 깨우
쳐도 그 깊이를 알지 못하고 떠남이니,
25 바로 저 자신에게 냉정하지 못하며 저
자신의 심판에 냉혹하리만큼 심판하
지 못하는 그와 같은 자들이기 때문이
니라.
26 이제는 네 앞에 남은 제자들, 너와 더
불어 가야 할 제자들은 저 자신에게
냉정하리만큼 엄격한 심판으로써 자
신을 아는 그와 같은 훈련 속에서 살
아가야 할 것이라는 것을 그들에게 잊
지 말도록 가르치라.

2,845 번째 하나님 말씀

2002년 8월 6일 12시 01분

1 사랑하는 나의 아들아!
2 "네, 아버님! 말씀하옵소서."
3 자연의 변화와 자연의 순리를 역행하
고 살아갈 수 없는 것이 너희 인간의
형태이니라.
4 너희들의 과학 문명이 발달되었으며
너희들이 세상을 다 정복하며 내가 내
려 준 동물인 인간 너희들이 자연을
지배하고 사는 그 순리를 벗어나 너희
들이 연구와 연구를 거듭하여 과학이
라는 그 문명이 아무리 방대하고 위대
하다 하여도 너희들이 자연의 그 순리
앞에 역행해서는 그 모두는 견딜 수
없다는 것을 깊이 깨우쳐야 될 것이니
라.
5 아무리 방대한 인간의 역사라도 그 자
연의 순리 앞에, 자연의 변화 앞에는
견딜 수 없음이니라.
6 너희들이 아무리 견고하게 지은 건축
이요, 너희들이 아무리 완벽하게 만들
었다 해도 그 밑에 지진이라는 것이
스치고 지나가면 가라앉지 아니하는
것이 없으며, 육지가 바다로 변한다면
그 아래 살아갈 수 있는 것이 하나도
없음이니라.
7 세상을 불바다로 덮었을 때 존재할 수
있는 것이 하나도 없음이니라.
8 너희들은 이 자연의 위대함에 너희들
자신이 그를 수긍하며 그를 깨우치며
자연을 역행해서 살 수 없다는 것을
알아야 될 것이니라.
9 여기서 작게는 너희들은 나의 피조물
만백성이요, 너희들을 나의 아들이요,
딸이라 하여 나 창조주가 너희들을 세
상에 내보냈음이니, 너희들은 대자연
의 위대함을 떠나서, 창조주인 나 여
호와가 너희들의 생명을 세상에 내보
냈으니, 내가 너희들에게 지키고 살라
명하는 것을 지키지 아니하고 살 수
없는 것이니라.
10 내가 명하는 것을 지키지 아니하는 것
이 자연의 위대함 앞에 너희들이 거부
하는 그와 같은 행위임이니라.
11 지금 구약의 시대요, 신약의 시대의
그 많은 세월이 흘러오면서 나의 피조
물 만백성은 종교 지도자요, 나의 백
성들을 하늘에 인도하여 구원을 받겠
다 하여 그들이 재물과 금화를 거둬들
이며 저희들이 세 치의 혓바닥으로써
그들을 가르쳤다 하며 깨우쳤다 하나,
가르치는 그 자신부터 세상과 하늘의
이치를 모름이니 그것이 무엇이더냐?
12 나 여호와가 원하는 그 뜻을 거역하고
살 수 있다 말하는 것이니라.
13 그것은 곧 자연을 거부하며 자연과 싸
워서 이길 수 있다 하는 자들보다 더
어리석고 우매한 자들이 하는 행위임
을 너희들은 알아야 될 것이니라.
14 내가 명하는 것을 나의 피조물 만백성
은 거역하고 살 수 없음이니라.
15 그 이치 하나를 깨닫는다면, 내가 너
희들에게 내려 지키라는 계명이요, 성
서에 기록되어 너희들이 행하여야 하
는 그 모두를 그대로 따라서 행하는
자만이 나에게 순종함이니 그가 구원
을 받을 수 있으며, 그와 같이 행하는
자는 자연의 위대함 앞에 인간의 능력

은 거부할 수 없다는 것을 깨우친 자
와 같으니라.
16 오늘 내가 너희들에게 전하노라.
17 나의 법전이 세상을 뒤덮으며, 나의
아들이 너희들 앞에 기적을 보이며,
하루아침에 이 법전이 세상을 덮어 너
희들이 다시없는 부귀와 영화요, 편안
함 속에서 모든 역사를 이루어 가는
것을 너희들이 생각해서는 아니 될 것
이니라.
18 그것은 너희들이 이룰 수도 없는 것이
며 너희들이 행한다 하여도 행할 수
없음이니, 그와 같은 이치를 너희들이
깨우쳐야 될 것이니라.
19 너희들은 오로지 너희들 스스로 마음
을 다스리는 그것에 너희 모두를 다
바쳐야 함을 알라.
20 내가 너희들에게 천사와 같은 심성으
로, 나 여호와와 같은 심성으로 살라
하였으니,
21 너희들은 스스로 그와 같이 변하는 너
희들의 싸움이요, 너희들 각자의 훈련
에 모두를 다 바쳐 너희 스스로 그와
같이 변화되어 우뚝 서는 것만이 너희
들의 몫이며 너희들이 지켜야 할 덕목
임을 알라.
22 그 이외에 모두의 변화되는 그 역사를
너희들이 어찌 알겠는가?
23 천 년에 걸쳐 새로운 세상을 이루고자
하며, 하늘과 같이 이 땅에서 이루어
지는 그 역사를 내가 이룬다 하였음이
니, 그는 이루어짐이니라.
24 그 모두는 나의 계획하에 내가 이루는
것이며 내가 주관하는 것이니, 너희들
인간의 머리로써, 너희들 집단의 힘으
로써 그와 같은 역사를 이룰 수는 없
음이니라.
25 너희 스스로 그와 같이 이룰 수 있다
생각하며 그것이 너희들 몫이라 생각
하지 말라.
26 다만 그 역사를 이루는 것은 나의 것
이니, 눈이 온 세상을 덮듯이 법전이
덮는 것은 내가 할 일이며, 너희들은
그를 죽기 전에 볼 것이니라.
27 다만 너희들이 나에게 바칠 것은, 너
희들의 마음을 다스려 그 마음을 하나
로 만드는 것이 중요함이니라.
28 너희들이 천사와 같은 심성으로 살 수
있도록 그 마음을 하나로 만들었을
때, 너희는 둘이 하나가 될 수 있으며
셋이 하나가 될 수 있음이니라.
29 너희들이 천사와 같은 마음으로 살고
자 변화되는 그와 같은 마음으로 하나
로 다스려지지 않고 수천수만 가지 번
뇌 속에서 너희들의 머리로 생각하며
세상을 살아간다 하면 너희들 자신이
하나가 되지 못함이니,
30 타의 몸을 가진 남과 둘이 하나가 될
수 없으며 이웃과 하나가 될 수 없으
며 너희들 모든 집단이 하나가 될 수
없음이니라.
31 너희들이 자연의 순리를 어느 것도 거
역할 수 없다는 것을 안다 하면, 내가
내린 나의 법전이요, 나의 성령을 거
역하고 사는 자는 결코 구원을 받을
수 없다는 것과 나에게 올 수 없다는
것을 너희 머릿속에 깊이 심어야 될
것이며,
32 오늘부터 너희들이 할 수 있는 것은
너희들이 천사와 같은 삶으로써 너희

자신을 다스려 나가라.
33 그렇게 되면 세상 변하는 이치와 변화하는 그 역사를 너희들이 알게 될 것이며 보게 될 것이니 그리 알라.

2,846 번째 하나님 말씀

2002년 8월 6일 14시 52분

1 사랑하는 나의 아들아!
2 "네, 아버님! 말씀하옵소서."
3 너희들 인간사에 살아가는 그 속에서도 조직이 형성되며 단체가 형성되며 또한 국가라 하는 그 단체들이, 이 지상에 그 많은 집단들이 형성되어 역사와 더불어 흘러가고 존속해 가지 않는가?
4 인간 세속에 인간의 삶의 그 집단에서도 정의로운 자와 정의롭지 않은 자가 존재함이니라.
5 당장은 정의롭지 못한 자가 승자가 되는 듯하나 세월의 그 뒤안길에는 정의로운 자가 진정한 승자가 되는 것이 너희들의 삶이 아니던가?
6 사악한 자, 진실하지 못한 자에 의하여 정의롭고 충성스러우며 진솔한 자가 그 빛을 보지 못하며 그가 한 시대에 묻혀 간다 하여도 반드시 세월이 흐른 다음에 그의 진가를 알게 됨이니,
7 진실이 얼마나 위대하고 소중한 것인가를 나의 피조물 만백성 너희들은 인간 세속에서 수없이 보며 그를 지켜보지 아니하던가?
8 그리하여 너희들이 정의로운 자는 승자가 되며, 정의로운 자는 이긴다 말하지 않는가?
9 인간 세속에 살아가는 그 작은 너희 단체 속에서도 진실로 살아가는 자, 정의로운 자, 한순간은 정의롭지 못한 자에게 패하여 역경을 겪는다 하여도, 정의는 언젠가 밝은 태양 아래 그 이름 석 자가 밝혀짐이니라.
10 지금 수천 년 동안 오는 그 역사 속에 너무나 얽히고설켰으며 나의 뜻과는 전혀 관계도 없는 그와 같은 이 세상의 흐름 속에서 지금도 나의 피조물 만백성이 몇천 년 동안 구원을 받을 것이며 나의 아들 예수가 와 구원을 해 준다 함이니라.
11 나의 아들이 다시 너희들에게 와 구원을 해 준다 그리 말함이니,
12 지금 너희들 세속에서 2천 년이라는 그 길고도 긴 세월 속에 나의 아들이 다시 세상에 내려오지 아니하였음이니, 2천 년 동안에 너희 조상의 뿌리가 얼마나 많이 죽어 갔는가?
13 그 헤아릴 수 없는 나의 백성들이 나의 아들 예수가 재림하여 다시 기적을 이루며, 구원할 자와 구원하지 못할 자를 구분하러 온다 하여 너희들은 너희 손으로 지은 성전에 가 모두를 다 바치며 너희들의 재물을 바쳐 빌고 또 빌어 기원하고 기도하며 살아왔음이니라.
14 2천 년이라는 길고도 긴 역사 속에 너희들이 속고 또 속아 왔으면 이제쯤은 너희들의 본 자세로 돌아가 너희들 자신을 돌아다봐야 할 때가 아니 되었는가?
15 백 년이요, 2백 년이라는 세월도 아니요, 2천 년이라는 그 길고도 길며 멀

고도 먼 세월 속에 그와 같이 변해 왔
으니, 너희들이 지금은 그것을 돌아다
볼 때가 되지 않았는가?
16 그 많은 세월 속에 너희들이 잘못 가
는 지도자를 따라와 현재까지 흘러왔
음이니,
17 2천 년의 역사가 흐른 지금에도 이는
바로 오지도 아니하였으며, 나의 아들
이 너희들에게 와 기적을 이룬 것도
아니며, 다시 와 너희들을 구원하는
그 역사를 2천 년 전처럼 이룬 것도
아니니라.
18 너희들은 내려올 수도 없으며 내려오
지도 않는 나의 아들이 다시 올 것이
라, 재림할 것이라 하여 2천 년 동안
속인 자도 수없이 속일 만큼 속였으며,
19 속아 온 자, 당하며 살아온 자, 또 너
희 조상의 뿌리도 수없이 그리 당하여
왔으니,
20 지금 이 시점에서 이제는 너희들로서
당하고 잘못 가는 모든 것을 결단내
고 마지막으로 너희들이 결론을 내릴
때가 되지 아니하였는가?
21 너희 스스로 감찰하며 감시 감독하는
그와 같은 시간을 가질 때가 되지 않
았는가?
22 너희들이 지금과 같이 그대로 넘어간
다면 너희들의 사랑하는 후손들이, 너
희 조상들이 당해 왔던 것처럼, 또 너
희들이 당했던 것처럼, 수천 년 동안
영원히 지구가 멸망할 때까지 나의 아
들 예수가 재림할 것이며 구원자가 올
것이며 죽은 자 가운데 살아나게 하는
구원자가 올 것이라는 그와 같은 말로
써 계속 끌고 가는 그들의 간악한 말
에 속아 넘어갈 것이며,
23 너희 후손들은 속아서 고달프고 힘든
삶을 살아가다가 너희들이 감히 상상
할 수도 없는 지옥 불로 흘러가는 그
와 같은 삶을 살게 되니,
24 이것을 너희들은 여기서 단죄하며 여
기서 막아야 할 그와 같은 책임이 있
지 않은가?
25 나는 너희들에게 그 책임을 다하기 위
하여 너희들이 깨달아 볼 수 있는 나
의 법전을 나의 성령으로써 세상에 나
의 아들을 통하여, 그것도 한두 권이
아니요, 열 권, 스무 권이 아니요, 160
권이라는 대장서를 만들어 너희들에
게 내려보냄이니라.
26 이를 너희들이 어찌하여 그리 중히 보
지 아니하며, 너희들의 생명이 죽고
사는 것이 여기에 있다는 것을 어찌하
여 너희들이 깨우쳐 보지 못하는가?
27 사랑하는 나의 아들아!
28 이와 같이 흘러온 지금 세대에서 너와
너의 제자들이 역사하는 것이 무엇이
더냐?
29 창조주인 나 여호와가 만백성을 구원
하고자 잘못 가는 자들을 바로잡기 위
함이며 그들을 깨우치고자 함이니라.
30 내가 앞에서 말했듯이, 하나의 왕을
위하여 진정한 정의로움인 제 소신을
밝히다 당장은 죽어 가도 후세에 그의
정의로움을 알 수 있다 말했듯이,
31 지금 나의 법전이요, 창조주인 나의
성령의 뜻을 받아 천 년에 걸쳐 이루
는 새로운 역사를 기리며 이 지상의
낙원이 영원히 지속될 때까지 만백성
너희들이 존속하며 지켜 가야 할 그

역사의 위대함 속에,
32 어찌하여 너희들은 하나의 단체의 정
의를 위해 목숨을 바치는 자만큼도 그
와 같은 역사를 이룰 자신과 각오가
없는가?
33 너희 생명이요, 너희 목숨이요, 너희
들이 가진 육신의 고달픔에 너희들의
모두를 다 저버리고 포기하는 그와 같
은 삶을 가서는 안 될 것이니라.
34 그 충성스러운 신하가 목숨을 바치는
하나의 집단의 왕보다도 천배 만배 더
위대한 창조주 나 여호와 앞에 너희들
이 목숨을 다 바쳐 나의 법전이 세상
에 나가도록 해야 할 것이며, 이를 행
해야 할 것이 너희들이거늘,
35 너희들이 그들보다 못하며 그들보다
나약한 마음으로써 나의 법전을 만들
어 세상에 전하고 나의 피조물 만백성
을 지옥에서 구원의 길로 인도한다는
그와 같은 마음 자세를 가져서는 안
될 것이니라.
36 이제 너희들은 한 집단의 제왕에게 진
실을 위해 제 목숨을 잃어 가더라도
굽히지 않는 자보다 더한 충성심으로
써, 열배 백배 천배 만배 그와 같은 각
오로 나 여호와의 법전이요, 나의 성
령을 전하여 만백성을 구하는 데, 너
희들이 천 번 만 번 죽어 간다 해도 두
려워하지 말고 겁먹지 말며, 너희들이
계산 두지 말며,
37 오로지 이 길을 위하여 모두를 다 바
치는 그 한 길만을 가는 너희들이 되
어야 될 것이니,
38 이 뜻을 너와 너의 제자들에게 깊이
깨우쳐 가슴에 깊이 심으라 그리 이르
라.

2,847 번째 하나님 말씀

2002년 8월 6일 15시 41분

1 사랑하는 나의 아들아!
2 "네, 아버님! 말씀하옵소서."
3 너의 제자들과 나의 법전을 읽고 나의
성령을 듣는 만백성에게 너는 일깨워
주라.
4 너희들이 나의 법전을 공부하며 나의
성령을 나의 아들을 통하여 내리는 그
음성이요, 그 뜻을 직접 듣는 것이 얼
마나 축복된 것인가?
5 너희들이 그리 갈구하는 하늘나라에
오는 영원한 생명을 구원하는 것이거
늘, 너희들은 그 이상 무엇을 나의 성
전이요, 나의 아들로부터 얻으려 생각
하지 말라.
6 너희들이 그보다 더 큰 영광과 영화가
없으며, 너희들의 생명을 구원하는 그
역사보다 더 소중한 것이 무엇이 있기
에, 그 하나를 깨우치며 그를 깨달으
며 그 길을 가는 것을 알며 내가 역사
하고자 하는 것을 아는 그것으로써 너
희들은 무엇과도 바꿀 수 없거늘, 그
곳에서 또 무엇인가를 얻고자 하는가?
7 그와 같은 너희들의 욕심을 가져서는
아니 되는 것이니라.
8 내가 너희들에게 주는 구원의 생명보
다 더 큰 약속과 영광이 너희들에게는
없을 것이니, 이를 너희들은 깨달아
봐야 될 것이니라.
9 너희들이 정녕 나에게 오르는 길이요,
너희들의 생명이 영원히 사는 나의 나

라에 와 구원을 받는 그것보다도 더
큰 내가 너희들에게 내려 주는 그 영
광이 없으며,
10 또 너희들이 육의 세상에서 얻는 그
어떠한 것도 내가 너희들을 영원히 사
는 나라로 인도하는 그 약속보다 더
큰 것이 없거늘,
11 어찌하여 너희들은 작은 것에 연연하
며 작은 것에 의하여 크나큰 영광을
얻는 것을 보지 못하는가?
12 너희들은 육의 삶에 의하여 모두를 다
잃는 자가 되지 말라.
13 너희들은 육의 삶에 얽매여 너희들이
나에게 구원받는 그것의 감사함을 모
르며 육에서 얻지 못하는 것을 나에게
원망하며 나를 저주하고 나를 의심하
며, 나의 아들을 의심하고 나의 아들
을 핍박하며 나의 아들에게서 등 돌리
는 자들은 정녕 작은 것을 위하여 크
나큰 것을 버리는 그와 같은 우매한
자임을 알아야 할 것이니라.
14 사랑하는 나의 아들아!
15 "네, 아버님! 말씀하옵소서."
16 너희들이 살아가면서 죄를 짓지 아니
한 자 없으니, 불법의 행동으로 나 여
호와를 속이며 인간을 속이며 형제와
부부를 속이고 이웃을 속이며 지은 죄
를 다 먼저 해결하는 그와 같은 삶을
살아야 될 것이니라.
17 너희들은 내가 모르는 줄 알며 너희들
자신은 나에게 죄를 짓지 아니하고 아
름답고 깨끗하게 살아가는 자들이라
말하나,
18 위로는 너희들이 나 여호와를 수없이
속이고 불법의 행위를 하며 죄를 짓고
사는 자들이며,
19 또한 너희들이 인간 세속에서는 너희
형제와 부모를 속이는 삶을 살고 있으
며, 또한 이웃을 속이고 너희들과 더
불어 살아가는 형제인 많은 백성들을
속이며 불법의 행동을 자행하며,
20 그리하면서도 너희들이 '설마, 설마'
하는 마음과 '내일은 고치겠지, 내일
은 고치겠지. 오늘의 행함은 하나님께
서 용서해 주시겠지. 사랑의 하나님이
기 때문에 오늘의 내 실수는 용서해
주시겠지, 내일 회개하며 내일 깨우쳐
야겠다.' 하는 그와 같은 생각을 가지
고 너희들이 살아간다면 구원을 받을
수 없는 길임을 알아야 될 것이니라.
21 이제 너희들은 나를 속이며 모두를 속
여 왔고 불의의 행동에서 살아왔고 불
의의 행위를 하며 살아왔으니, 우선
너희들이 그것부터 회개하며 너희들
이 죄 없는 자가 되는 것이 무엇보다
도 구원의 기초임을 알아야 될 것이니
라.
22 너희들의 죄를 지음을 먼저 용서받아
야 할 것이니, 그리하여 내가 너희들
에게 기도할 때 뭐라 하였느냐?
23 '저의 죄를 용서하여 주옵소서.' 그리
기도를 하라 하였음이니라.
24 그와 같은 기도로써 너희들의 마음을
비우며, 용서를 빌며, 너희들이 천사
의 심성으로 살아갈 수 있도록 그리
변했을 때, 너희들은 또한 그와 같은
기도를 나에게 드리지 아니하며 감사
기도만 드려도 된다는 것을 내가 너희
들에게 일깨워 주었음이니,
25 이와 같은 너희들이 깨우쳐 가는 그

단계의 순서를 알아야 될 것이니라.
26 우선 이웃을 속이고 모두를 속이며 너희 자신을 속이며 자신의 양심을 속여가며 살아온 너희들이 바로 서는 것, 그리고 그 죄를 용서 비는 것만이 너희들이 구원에 올라서는 기초임을 알아야 될 것이니라.
27 사랑하는 나의 아들아!
28 "네, 아버님! 말씀하옵소서."
29 너희들의 믿음은 무엇으로 가느냐?
30 그저 너희들은 축복이요, 영광을 바라며 '저에게 축복을 주옵소서.' 하며 육의 삶의 축복이요, 육의 삶의 부귀영화요, 너희 자식이요, 형제 모두에게 그저 축복을 내려 달라 그리 말하며, 너희들에게 영광된 것을 내려 달라 하며,
31 영광된 구원을 바라보며 그와 같은 조건과 그와 같은 생각 속에서 너희들이 믿음을 믿어 가고 있음이니라.
32 그러나 너희들은 살아가는 속에서 또한 나로부터 영광이요, 축복을 받으며 은혜를 수없이 받아 감이니라.
33 그러나 그것을 알지 못하며 그에 감사하지 못하며 그를 생각지 못하고 살아가는 것이 너희들이니라.
34 수없이 나에게 은혜와 축복과 영광을 받아 가면서 사는 것이 너희들이거늘,
35 너희들이 하루 살며 십 년, 백 년을 살아온 너희들의 삶을 돌이켜 보면, 내가 수없이 너희들에게 사랑과 은혜와 영광을 내렸음을 알게 될 것이니라.
36 사랑하는 나의 아들아!
37 "네, 아버님! 말씀하옵소서."
38 이와 같은 형태로 살아가는 너희들이 어떠한 마음으로 살아가는가?
39 너희들이 축복과 영광을 내렸을 때는 나 여호와를 생각하며, 재앙이 내리고 힘들고 어려울 때에는 나를 기억하지 아니하려 함이니라.
40 너희들은 하나 깨닫고 가야 할 것이니라.
41 너희들이 크나큰 축복을 받으며 영광을 받으며 나로부터 너희들이 축복 속에 변해 갈 때, 때로는 그 못지않은 재앙이 따르며 너희들이 그 재앙에 부딪히게 됨이니,
42 그때마다 나 여호와가 존재함이며 나와 더불어 있음을 믿는 굳은 마음으로써 그 고비를 넘지 못하는 자는 스스로 무너져 감을 알아야 될 것이니라.
43 너희들은 축복의 영광 속에서도 나에게 기도하고 경배하며, 어떠한 시련과 재앙의 어려움이 있다 하여도 너희들이 나를 향하는 마음이 변치 아니하며, 기도하는 마음이 변치 아니하며, 기도하는 자세가 변치 아니하며, 너희가 스스로 버티고 인내하며 스스로 나를 경배하고 나의 품으로 오고자 하는 그와 같은 마음을 가지고 나갈 때, 너희들은 구원의 길을 얻을 수 있는 것을 알아야 될 것이니라.
44 너희들에게 축복과 영광을 내릴 때는 나의 은혜라 하여 감사하나, 재앙이요, 어렵고 힘든 것에 부닥칠 때 거기서 좌절하며 나에 대한 믿음이요, 경배하는 마음이 달라진다 하면, 너희들은 어떠한 상태로써 나를 믿고 따라온 것이던가?
45 너희들은 계산속에서 나를 믿고 나를

따르는 자이니라.
46 그러한 자는 나의 백성이 되지 못함을
알아야 될 것이니라.
47 나 여호와는 크고 작은 역사를 이룸에
있어서 너희들이 모르는 사이에 그 모
두가 이루어지고 또 지워져 가고 지나
가는 것이니, 너희들은 그리 알아야
될 것이니라.
48 너희들이 모르는 사이에 이루어지고
지나가는 영광과 또는 너희들이 부닥
치며 얻어지는 고통과 재앙의 그 모두
를 인내로써 다스리며, 나 여호와를
믿고 나 여호와의 존재함을 믿으며 나
여호와가 너희들을 버리지 아니한다
는 그와 같은 굳건한 믿음을 갖고 사
는 자만이 나의 나라에 올 수 있으며,
나의 뜻을 알 수 있으며, 나의 음성을
들을 수 있으며, 나의 형체를 볼 수 있
다는 것을 너희들은 잊지 말라.

2,848 번째 하나님 말씀

2002년 8월 6일 15시 51분

1 사랑하는 나의 아들아!
2 네가 살아가면서 행동하며 나의 아들
로서 네가 천사와 같은 그 삶으로써
만백성을 깨우쳐 주며, 너를 보고 그
들이 깨우쳐 정녕 하늘에 오를 수 있
는 그 기쁨과 자신을 얻고 영광의 길
을 볼 수 있도록 네가 보여 주는 것은
너무나 아름다운 형태이며 만백성의
가장 큰 영광의 빛이니라.
3 그리고 네가 살아가면서 인간 세속에
너의 형태의 변화를 보여 줘 만백성이
보고 변하는 그 또한 너의 소중한 삶
이니라.
4 그리고 또 인간 세속에서 네가 그와
같이 삶을 살아가는 것이 당연한 것이
며, 그와 같은 형태로써 누구도 넘을
수 없는 그 삶의 길과 누구도 변할 수
없으며 누구도 행할 수 없는 나의 계
명이요, 천사의 심성으로 살아가는 것
이 네가 인간들에게 보여 줄 삶이며
네가 가야 할 길이니라.
5 그러나 너는 여기서 하나 더 깊이 깨
우쳐야 할 것이니, 너는 이를 알아야
될 것이니라.
6 네가 때로 묵상을 하며 기도하며 기도
와 묵상으로 나의 뜻에 따라 행동함이
더욱 소중하며, 나의 명에 따라 네가
움직이는 것이 더 소중함을 알아야 될
것이며,
7 네가 최우선으로 해야 할 것은 내가
묵상과 기도 때 내리는, 그때 지시하
는 나의 뜻을 잊지 말며 그대로 따르
는 것이 더 소중함을 너는 알아야 될
것이니라.
8 이는 너희들 인간은 인간들의 세상에
서 이루어지며 미래에 이루어지는 것
을 모르며 나 여호와가 역사하고자 하
는 것을 모르며 너희들의 변화되는 것
을 알지 못하기 때문이니라.
9 변화되는 그 속에서 미래를 준비하며
미래를 역사하기 위해서 이루어 가는
너는 나에게 묵상과 기도로써 답을 들
어 행하는 것이 최우선이며 가장 소중
하며 네가 제일 우선의 임무로써 해야
될 길이라는 것을 잊어서는 안 되는
것이니라.
10 너희들은 나의 뜻을 모르기에, 너희들

머리로 생각하며 너희들 생각으로 판
단하며 너희들 생각으로 계획하여 행
하며 너희들 생각으로 세상사를 비평
하며 너희들로 하여금 세상사에 평가
를 하고 점수를 매긴다 하면,
11 너희들이 심판관이 되고자 하는 그와
같은 행동으로써 행하는 것은 너무나
무섭고 무서운 결과를 가져오는 그와
같은 형국이 이루어짐이니, 하늘의 뜻
과 인간 세속에 일어난 뜻과는 너희
말대로 하늘과 땅의 차이이니,
12 너희들이 하늘에서 이루어지는 뜻을
모르는 이상 너희들의 머리로써 계산
하며 생각하여 그것으로써 판단하고
심판하는 그와 같은 행위를 해서는 아
니 되는 것이니라.
13 나의 아들로서 만백성을 구하는 너는
나로부터 묵상과 기도로써 내가 내리
는 것에 따라 행하는 것이 최우선으로
네가 가장 먼저 지켜야 될 임무라는
것을 잊지 말라.
14 이를 착각하여 네가 행한다면 너는 걷
잡을 수 없는 그와 같은 형태가 이루
어질 것이며, 누구도 수습할 수 없는
그와 같은 문제가 세상에 도래함이니
라.
15 네 뜻대로 행함이 아니요, 나의 묵상
과 내가 내리는 나의 뜻의 그 명대로
움직여야 되는 것을 잊지 말라.
16 그것이 너의 최상의 생활임을 알라.

2,849 번째 하나님 말씀

2002년 8월 6일 16시 08분

1 사랑하는 나의 아들아!
2 "네, 아버님! 말씀하옵소서."
3 이 세상 만백성에게 전하라.
4 너희들이 불의한 짓을 하며 죄를 짓고
너희 이웃과 형제와 부모를 속이며 모
든 나의 피조물 만백성을 속이고 갈
수 있다 생각하며, 너희가 죄를 짓고
그 죄를 너희 가슴에 묻어 두며 너희
자신이 지울 수 있다 생각하나,
5 나 여호와는 그보다 더 명확하게 너희
가 저지른, 너희들이 행한 불의와 사
악한 행위를 놓치지 않고 다 알고 있
음이며, 거기에서 하나도 빠짐없이 다
너희들이 죄를 받는다는 것을 잊어서
는 아니 될 것이니라.
6 너희들이 어디서 왔으며 어디로 가는
가 그 하나의 이치를 깨달아, 너희들
은 왔을 때의 기쁨처럼 죽어 갈 때도
그저 기쁨과 영광으로 갈 수 있다면
좋겠지만,
7 너희들은 살아온 생활에 대한 대가를
하나도 빠짐없이, 너희 자신이 모르는
것까지도 나 여호와에게 기록되어 있
음이니, 그 모두를 심판받는다는 것을
잊어서는 안 될 것이니,
8 그리하여 너희들은 지금까지 살던 삶
에서 반대로 사는 그와 같은 역사를
이루지 아니하는 자는 구원을 받을 수
없다 내가 하였음이니라.
9 너희들이 나에게 와 심판을 받으며 창
조주인 내 앞에 와 내가 너희들에게
지키고 살라 내린 모든 계명이요, 율
법을 얼마나 지켰느냐에 따라서 너희
들이 심판을 받는다 하였음이니,
10 너희 지상에 살아가는 곳에서 물이 높
은 곳에서 낮은 곳으로 흐르듯이,

11 너희들은 낮은 곳에서 물이 높은 곳으
로 흐르는 것을 기대하지 말며, 그와
같은 역사가 이루어질 것이라 생각하
는 자보다 더 우매한 자가 죽어서 너
희들이 나에게 와 심판을 받지 않는다
는 그와 같은 생각을 하고 있는 자들
이니라.
12 너희들이 지금 살고 있으며 또한 믿음
의 길이요, 구원의 길이라 하여 가고
있는 것이 어떠한 형국인지 아는가?
13 너희들은 물이 낮은 곳에서 높은 곳으
로 흐른다고 억지를 쓰는 것과 똑같음
이니라.
14 물은 절대적 높은 곳에서 낮은 곳으로
흐르며, 낮은 곳에서 높은 곳으로 흐
를 수 없는 것이 물의 흐름이 아니더
냐?
15 이 순리를 거역하며 그를 인정하지 않
으려 하는 것이 지금의 종교 집단들이
니,
16 재물과 금화와 은화를 바치고 눈물로
써 기도하고 회개하면 너희들이 알고
지었든 모르고 지었든 그 죄를 다 용
서받는다 그리 가르치는 자들이 물을
거꾸로 흐르게 할 수 있다 말하는 자
들이니라.
17 너희들이 살아가면서 세상사에 가분
수라는 말이 있지 않더냐?
18 위가 아래보다 무거울 때 그를 지탱하
지 못한다 함이니,
19 지금 너희들이 살아오는 이 시대의 세
상이 어떠한지 아는가?
20 나의 아들이 죽어 2천 년 역사가 흘러
오면서 사악하고 사악한 사탄들의 무
리가 이 세상을 지배하기 시작하였으
며 이 지상을 다 덮었으니, 선한 자 찾
아볼 수 없는 그와 같은 형국이 되었
으니,
21 사악한 자들이 가분수를 넘어 이 지상
을 지배하다시피 그리하고 있음이니
라.
22 이를 창조주 나 여호와가 더 이상 볼
수 없으며, 너희들이 더 이상 악해지
며 간악해지려야 간악해질 수도 없는
그와 같은 마지막 단계에까지 왔음이
니,
23 여기에 내가 나의 겨자씨 하나, 새싹
의 선한 씨요, 나의 성령의 씨를 뿌려
너희들의 굳어져 있는 그 사악한 집단
들을 천 갈래 만 갈래 갈기갈기 찢어
놓도록 하여 너희 몸체를 부수려고 하
는 것이 나의 뜻이니라.
24 나의 성령이요, 나의 법전이 지금은
미약하나, 나의 아들이 너희들이 보기
에는 보잘것없는 한 인간으로서 능력
이 없어 보이나,
25 지금 철옹성보다도 더 굳게 굳어져 이
세상을 다 덮고 있는 그 사악한 무리
들이, 선함이 받쳐 주지 못하며 악함
이 다 선함을 짓누르고 있는 그와 같
은 가분수보다도 더한 형국이 지금 이
루어지고 있음이니,
26 이와 같은 것에 나의 아들이요, 나의
법전이 너희들의 단단한, 철옹성보다
도 더 굳어진 사악한 집단들을 뚫고
갈기갈기 헤쳐 파산시킬 것이며 다 쪼
개 놓을 그날이 머지않았음이니,
27 그게 바로 천 년에 걸쳐 이루어지는
역사요, 너희 사악한 자들이 나의 낙
원에서 뿌리조차도 내리지 못하도록

그리될 것이니, 그때를 대비하여 오늘
에 내가 준비함이니라.
28 거기에 동참하는 너희들이 되어야 될
것이니라.
29 나의 아들과 나의 성령의 법전이 회오
리바람보다 더 무서운 강력한 힘으로
그 사악한 무리들을 깨고 나갈 때, 거
기에 동참하여 바람을 이루는 나의 선
택된 백성이 될 것인가, 그렇지 않으
면 부서져 깨져 지옥으로 날아가는 그
와 같은 형국으로 갈 것인가 이제 너
희들이 생각하고 결정해야 할 때가 되
었음이니라.
30 나의 법전 3부가 세상에 나가면 눈을
뜨는 자 수없이 있을 것이며 깨닫는
자 수없이 있을 것이니,
31 여기서 이웃이 나의 법전을 읽고 하는
말에 귀를 기울일 것이며,
32 그와 같은 나 여호와 하나님의 성령의
말씀이 세상에 내려왔으며 이 시대에
나의 아들이 대신 내려와 그 모두를
역사하고 있다는 것을, 심판의 준비
요, 너희들을 심판하며 구할 자와 구
하지 않을 자를, 나 여호와가 직접 내
려와 심판하고 버릴 자와 구할 자를
구분하고 있는 지금의 대혁명의 역사
가 이루어지고 있다는 것을 친구로부
터, 형제로부터 들을 때,
33 그를 진심으로 받아들여 깨우쳐 나의
법전을 찾아 정독하는 자, 그는 영광
의 빛을 볼 것이며 생명의 빛을 볼 것
이며 구원의 빛을 보게 될 것이니라.
34 그와 같이 전하는 자의 말을 듣지 아
니하며, 너희들이 오만과 자만과 방자
한 마음으로써 지금의 가는 길 외에는
구원이 없으며 나의 아들 예수의 보혈
로써 구원을 받는 것은 너희들이 지은
성전에 와 재물과 금화와 그 모두를
다 바쳐 그들에게 종과 같은 형태로
살아가는 것이 그와 같은 역사의 길이
라고 우기는 자, 그리고 고집하는 자
는 구원받지 못할 것이니라.
35 너희들은 하나를 보면 열을 아는 그
이치를 알면서 어찌 깨우치지 못하는
가?
36 내가 말하지 아니하였더냐?
37 가난하고 어려운 자를 능력 있는 자가
도와줄 때 그는 '감사하다.' 하며 주종
관계 못지않은 그와 같은 예의를 갖추
는 것이 인간사의 평범한 사람들이 살
아가는 것이 아니더냐?
38 너희들은 너희 종교 지도자들에게 수
없는 너희들의 귀한 재물과 시간을 다
바치면서 어찌하여 주종 관계 중에서
종의 역할을 담당하며 살아가는가?
39 갖다 주고 베푸는 자가 주인이요, 받
아먹고 받아쓰는 자가 종이니, 주는
자가 주인이요, 받는 자가 종이라 할
때, 너희들이 주인이고 너희들이 종교
지도자라 하여 세 치의 혓바닥으로 너
희들을 현혹시키고 영수증 하나 없이
그저 거두어들이는 그들이 바로 너희
들의 종이거늘,
40 그들이 거꾸로 적반하장으로 주인 노
릇을 하며 너희들이 종과 같은 형태로
살아감이니,
41 너희들이 주종 관계의 종의 형태로 사
는 것으로 만족함을 너희들로서 그 모
두를 끝내야 될 것이니 그리 알라.
42 너희 자식들과 너희 후손들이요, 사랑

하는 그들도 수없이 갖다 바치고 또
바치면서 종의 역할을 벗어나지 못하
며 종의 형태로써 살아가는 그와 같은
것을 더 이상 너희들이 방치해 두었다
가는 아니 된다는 것을 너희 스스로
깨우쳤을 것이니라.
43 이제 너희들이 단죄할 때가 되었음을
알라.
44 나의 아들이 세상에 살며 나의 성령이
요, 그를 단죄할 수 있는 교본이요, 책
이 내려가 있는 이 시점에, 이 시대에
사는 너희들이 단죄하는 것이 너희들
의 역사이니라.
45 10년 안에 너희들이 단죄하는 그 개
혁의 바람을 불러일으키는 자, 그는
나에게 구원을 받은 자며 나에게 선택
된 백성임을 알라.
46 거기에 동참치 않는 자, 영원히 구원
을 받을 수 없다는 것을 너희들은 알
게 될 것이니 그리 알라.

2,850 번째 하나님 말씀

2002년 8월 6일 16시 16분

1 사랑하는 나의 아들아!
2 "네, 아버님! 말씀하옵소서."
3 너희들 인간 세속에 살아갈 때, 그 사
람을 평가하고자 하면 그 사람과 더불
어 가는 친구를 보라 하였음이니라.
4 한 사람을 평가하기 위하여 그가 만나
는 친구들의 형태를 봄으로써 그 사람
에 대한 것을 알 수 있다 하였음이니
라.
5 그뿐만 아니라 너희들이 한 여성을 선
택하여 너희 가정에 들일 때도 그 여
성의 어머니의 살아가는 모습과 그 어
머니의 행하는 것을 보면 그 여식을
안다 말하여 너희들은 그리 깨우쳐 오
고 있지 않은가?
6 지금 나의 아들을 통하여 너희들이 가
고 있는 믿음이 잘못되었으며 잘못 깨
우쳤으며 잘못 가는 길이라 내가 수차
너희들에게 말하며, 구원의 길이 아니
요, 지옥의 길로 간다 말하였음이니,
7 여기서 너희들은 누구를 보고 너희 스
스로 바른길로 가는지 바르지 못한 길
로 가는지를 깨우쳐야 될 것인가?
8 너희들은 바로 너희 조상의 종교 지도
자들이요, 선배의 뿌리를 봐야 될 것
이니라.
9 최초 내가 2천 년 전에 예수를 이 세
상에 보내 그가 역사를 이루려 했으나
그를 이루지 못하도록 나의 아들을 그
리 죽게 하였을 때 그 종파들이 생겼
음이니,
10 그때 생겼던 그 종파들이 어떻게 저희
들이 행해 왔으며 얼마나 만백성에게
행패를 부렸으며 그들이 행한 행동이
어떠했는가, 그리고 너희 종교 지도자
들의 조상 그들이 과연 나 여호와의
뜻이요, 예수가 전하고자 했던 천사와
같은 마음과 그와 같은 행동으로 만백
성을 다스렸는가?
11 그리하여 그와 같은 다스림이 지금까
지 계속 전승하여 너희들이 예수요,
나의 천사와 같은 마음으로 살아가는
그와 같은 백성으로 그 전통을 살려
왔는가?
12 너희들의 최초의 종파가 너무나도 인
간을 핍박했으며, 사랑이며 선행이며

예수요, 천사와 같은, 또 나 여호와 하
나님과 같은 심성으로 살지 못하여,
13 거기에서 너희들이 추한 모습과 더러
운 형태를 보고 핍박에 견디지 못하여
또 하나의 종파가 생기고 또 하나의
종파가 생겨서 수천, 수만, 수억 개의
종파가 생기는 그와 같은 불쌍한 현실
이 생겼다 하면,
14 지금 그 뿌리로서 가고 있는 너희들
이 정녕 나 여호와에게 오르는 뿌리로
서 계승하여 오는 백성들이요, 또 종
교 지도자라 말할 수 있는가?
15 너희들의 형태요, 너희들이 잘 가고
잘못 가는 것을 돌아보고자 한다면,
너희들이 종교 집단의 뿌리를 공부하
며 더듬어 거슬러 올라가 보라.
16 최초에 너희들의 종교의 집단은 어디
서 시작되었으며, 그들은 과연 천사와
같은 형태로 살았는가, 사랑을 모르며
나의 피조물 만백성을 저희들의 예속
물처럼 핍박하고 고통을 주었는가?
17 그들이 천사와 같이 아름다운 모습으
로써 사랑을 베풀어 왔다면 최초의 종
교 집단이 그대로 계승되었을 것이 아
니던가?
18 그들이 사랑과 사랑으로써 베풀었으
며 나의 아들 예수요, 천사와 같은 마
음으로 살았다면 그들은 그리 전승되
어, 그 밑에서 모든 새로운 종파요, 종
교의 집단이 생기지 아니하였을 것이
며, 천사와 같은 그 심성만이 그대로
유지되었을 것이니라.
19 최초에 천사와 같은 심성이요, 예수의
가르침을 본받아 시작했던 너희들이
그와 같이 가지 못하여 너희들이 잘못
가르치며, 너희들의 그 폭정과 너희들
이 인간 말살을 하고자 하며 인간을
예속의 도구처럼 생각하며 그리 핍박
하여서,
20 나의 피조물 만백성을 가르치는 종교
지도자가 잘못되어 거기서 뛰쳐나오
고 또 뛰쳐나가 수천 수억의 종파가
생겼다 하면 그중 하나의 뿌리가 너희
들이니, 너희들이 잘못되고 있다는 것
을 여기서 알아야 될 것이 아닌가?
21 너희들이 그 사람을 보기 위해서는 그
친구를 보라고 했으며 그 여식을 보기
위해서는 그 어미의 행동하는 걸 보라
하였으니,
22 너희들은 너희 조상들이 흘러온 종교
의 그 발자취가 곧 너희들의 모습이며
너희들과 동일선상에 서 있다는 것을,
흘러온 역사 속에 너희들의 종교 지도
자들이 살아온 형태를 너희들이 깊이
연구해 보아 그를 깨우쳐 얻어야 될
것이니라.
23 너희들의 그 종교 집단이 천사와 같이
이끌고 왔다면 그 후손이 그대로 지탱
되었을 것이니라.
24 그렇지 못하여 거기서 퍼지고 퍼진 종
파가 지금 이와 같이 생겼다 하면, 그
뿌리 중의 하나인 너희들의 종파는 어
떠한 역사를 가지고 있는 것인가?
25 그리하여 너희들이 너희 스스로 지금
진단하고 비춰 보아, 너희들의 조상으
로서 서 있으며 너희들이 잘 가고 있
는가, 잘못 가고 있는가,
26 과연 전통을 계승한 자들인가, 전통을
계승하지 못한 자들인가,
27 정녕 나에게 선택된 자들인가, 나로부

터 선택되지 아니한 너희들의 잘못된
뿌리의 역행하고 가는 삶을, 종교 지
도자의 가르침을 너희들은 지금도 그
리 답습하며 가르치며, 그곳에 가 구
원을 받겠다 하여 울부짖는 너희 신도
들이 아닌가,
28 이를 너희들이 스스로 지금 돌이켜 보
아, 너희들 믿음의 조상의 뿌리의 역
사에 비추어 너희들이 평가받을 때가
되었음이니 그리 알라.
29 반드시 이를 시행하는 자만이 오늘의
깨달음을 얻을 수 있을 것이니라.

2,851 번째 하나님 말씀

2002년 8월 6일 20시 49분

1 사랑하는 나의 아들아!
2 "네, 아버님! 말씀하옵소서."
3 너희들이 살아가면서 가장 지켜야 할
십계명 중에 '네 부모를 공경하라.' 함
이 있음이니라.
4 너희들은 육의 세상에 살아가면서 가
장 근본이요, 너희들이 지켜야 할 것
은, 나이 먹은 자, 인생의 경험을 많이
가지고 사는 자, 얼굴에 주름살이 져
지혜를 가지고 있는 노인을 공경하는
것이 너희가 지상에 살면서 제일 중요
하게 행하고 지켜 나가야 할 것임을
알아야 될 것이니라.
5 나이 먹은 자를 공경하지 아니하는
자, 나이 먹은 자를 무시하는 자, 그와
같은 자는 나 여호와를 공경할 줄 모
르는 자며 나를 공경하지도 아니함이
니라.
6 너희 인간 세속에서 나이 먹은 자가
그 주름진 얼굴 속에 지혜를 가지고
있으며 세상사의 사는 법도를 알고 있
으며 질서를 알고 있음이니라.
7 그와 같이 나이 먹은 자를 젊은이가
공경하지 못한다 하면, 너희들은 인간
의 기본자세를 지키지 못한 자며 근본
이 되어 있지 아니한 자이니,
8 그러한 자는 나 여호와를 공경할 줄도
모르며 나를 믿지도 아니하며 나를 따
르지도 아니할 자이니라.
9 너희들은 여기서 하나 깨우치고 가야
할 것이니라.
10 인간 세속에 너희들이 살아가면서 가
장 중요하고 지킬 것이 부모를 공경하
며, 또한 나이 먹은 자를 공경하는 그
와 같은 마음으로써 사는 것이 너희들
인간의 도리이며 근본이며 기본이며,
나 여호와를 공경하며 나 여호와를 믿
고 따르는 기초라 내가 말하였음이니,
11 나이 먹은 자 공경하지 못하는 자는
나 여호와를 따를 수 없는 자라 내가
말하였음이니라.
12 하물며 너희들이 종교 지도자라 하여
지금 만백성을 가르쳐 하늘에 오른다
하는 자들이 과연 어떠한 행동을 하고
있는가?
13 나이 먹은 자 공경하지 않는 그와 같
은 실수는 하지 아니하는가, 남의 집
노인의 잔치에 가서 제가 상석에 앉지
는 아니하는가,
14 그리고 제가 먼저 기도라 하여 제 생
각대로 하고 싶은 말을 다 지껄여 대
어 많은 사람을 흥분의 도가니로 몰아
놓고 '아멘'이요, '할렐루야' 그리하면
서 제가 먼저 음식에 손을 대지는 아

니하는가, 그리고 가장 상석에 앉아서
거드름 피우며 어른의 행세를 하지는
않는가?
15 그와 같은 행위를 하는 자, 정녕 종교
지도자가 아님을 우선 너희들은 여기
서 알아야 될 것이니라.
16 종교 지도자는 나의 종이요, 만백성의
종이니, 가장 낮은 자세에서 그 자리
의 행사를 빛내는 것은 당연한 것이며
그 도리이거늘, 그 기본도 지키지 못
하며 나이 먹은 자의 잔치에 가서 제
가 상석에 앉으며 어른의 대우를 받으
며 제가 우선적으로 모든 행함을 다
받는다면 그것은 개돼지만도 못한 자
이니라.
17 일반 평민으로 살아가는 백성들도 내
가 뭐라 하였더냐?
18 너희들도 노인을 공경할 줄 알며 어른
을 순종할 줄 앎이니라.
19 그것은 너희들이 임의로 그리 행하나
그것이 너희들의 기본이며 근본이며,
20 육의 세상에 사는 가장 기초적이며 중
요시할 것이 네 부모를 공경하는 것은
물론이며, 그보다 더 중요한 것이 노
인을 공경할 줄 아는 자세를 가져야
되는 것이니라.
21 하물며 종교 지도자라는 자들이, 나의
종이요, 만백성의 종으로서 그들을 깨
우치는 자들이 그 노인의 행사요, 경
사스러운 날에 가서 제가 노인을 제쳐
놓고 상석에 앉으며 제가 온 가족으로
부터 우선적으로 대우를 받으며 제가
좋은 자리에 앉으며 제가 기도한다 하
여 지껄여대고 하고 싶은 말 다 해 놓
고 '아멘'이라 소리 질러 놓고 제가 먼
저 수저를 들며 좋은 것 제가 먼저 취
하는 그와 같은 종교 지도자는 개돼지
만도 못한 자들이니라.
22 그들이 차라리 지도자가 아니며 종교
지도자요, 가르치는 자가 아니요, 나
여호와의 뜻에 따라 행하는 자가 아니
라면 그와 같이 행해도 그들이 사람이
라 대우해 줄 수 있으나,
23 나의 성서에 엄연히 나이 든 자를 공
경하도록 하는 부분이 있을 것이니라.
24 부모를 공경하라는 것이 바로 무엇이
더냐?
25 낳아 준 부모를 공경하는 것이요, 나
이 든 자를 받들어 공경하라는 뜻이
또한 거기에 있음이니라.
26 인간 세속에서 나이 먹은 자를 공경하
지 않는 자는 나에게 오를 수도 없으
며 나와는 관계도 없는 자식이니라.
27 그런 자들이 나를 공경함을 어찌 알
겠는가?
28 너희들은 그리하여 나에게 만백성을
이끌어 깨우쳐 지도한다는 자가 그 기
본의 기초도 지키지 아니하면 그는 바
로 내가 뭐라 했더냐?
29 사람이기 전에 짐승만도 못한 행위를
하고 있는 사악한 자들이니라.
30 그러한 행위를 하는 자, 그와 같은 행
위를 하면서 너희들을 가르친다 나서
는 자, 그를 반드시 단죄해야 될 것이
니라.
31 기본의 기초요, 기본의 질서도 모르는
자라 너희들은 그리 말해야 할 것이며,
32 나의 피조물 만백성이 지금까지 험악
하고 사악한 모습으로써 지금의 말세
의 시대를 이루도록 한 것이 그들이

원조이며 그들이 뿌리임을 알라.
33 이는 간단하니라.
34 너희들이 보통 사람들도 '어른을 공경하라.' 그리 가르치며, 사랑을 베풀며 예의를 갖추고 살아야 하는 종교 지도자들이, 젊은 지도자가 상석으로써 어른의 대우를 받는 걸 보고 있는 그 어린아이들이 무엇을 배우겠는가?
35 그들의 마음은 비뚤어짐이며, 어른들은 거짓말쟁이요, 어른들은 거짓 하는 자들이요, 어른들은 자식들을, 아이들을 속이는 자라 하여 신뢰하지 않게 됨이니, 그들이 무엇을 배우고 따르겠는가?
36 그들의 피는 그때서부터 사악한 피로 흐르니 그 자손이 또한 더 사악한 피가 흐르게 되는 그와 같은 원흉의 사악한 자들이기 때문에,
37 내가 오늘 나의 아들을 통하여 너희들에게 전하노니, 노인의 행사요, 노인의 잔치에 가 그 사람을 제쳐놓고 제가 상석에 앉아 어른 대우를 받는 자, 가장 높은 자처럼 예우를 받는 자, 제왕적인 자세를 하는 자, 그는 인간이기 전에 나와 나의 아들, 우리 부자의 이름을 팔아 사취하고 사악한 재물을 갈취하는 자들이니,
38 내가 오늘 명시하여 그와 같은 자는 개돼지만도 못한 자라 여기 법전에 못을 박으니, 이를 깨우치고도 그러한 자 단죄하지 못하는 나의 피조물 만백성 너희들이 되어서는 아니 될 것이니라.
39 그와 같이 오만한 자, 그와 같이 질서의 기본도 모르는 자, 내가 성령에 기록해 놓은 노인을 공경하라 했던 그것도 지키고 행하지 않는 자가 과연 어찌 천 가지, 만 가지, 수천 가지를 지키고 행할 수 있는가?
40 그러한 종교 지도자를 단죄할 것이 너희들이니라.
41 그와 같은 자가 계속 지속되어 이 세상에 존재한다면 너희 후손들은 더 사악한 그들에게 물들 것이며, 그들로 하여금 지옥으로 끌려가는 그와 같은 억울하고 불행한 일을 너희들이 막아야 될 것이니,
42 내가 지금 성령으로써 과감히 나의 아들을 통하여 법전에 기록하여, 책에 기록하여 너희들에게 전함이니, 노인을 공경하며 부모를 공경하라는 대목이 나의 성경에 없거든 너희들은 나의 법전을 찢어 버리고 태워도 될 것이니라.
43 그러나 나의 성경에 부모를 공경하며 노인을 공경하여 받들라 하는 부분이 있다 하면, 그와 같이 행하지 않는 자는 자격이 없음이니,
44 보통 사람들도 그와 같이 행하거늘, 지도자라는 자들이 그를 역행한다면 그는 천 가지, 만 가지를 다 역행하는 사악한 자이기 때문에, 사람의 자질을 갖추지 못하였으며 인간의 형태를 가졌으나 인간이 아니고 짐승이라 내가 명하니,
45 그와 같은 자가 너희들 주변에 있는가 너희들은 눈을 똑바로 뜨고 그를 봐야 될 것이니라.
46 나의 피조물, 착하고 아름다운 백성들, 어린 천사들과 같은 그 아이들의

마음에 상처를 주며 그들을 삐뚤어지
게 하며, 어른들은 거짓 하는 자요, 속
이는 자요, 기만하는 자라는 그와 같
은 마음을 그들에게 심어 주는 사악한
자들의 행위이니 그리 알라.
47 그들이 이와 같이 모두 사악한 사탄이
요, 말세의 역사를 이루는 장본인이
요, 원흉임을 너희들은 알라.
48 감히 그 원흉에게 너희들이 재물을 바
치며 시간을 바치며 그 앞에 가 눈물
흘려 기도하며 구원을 받겠다는 그와
같은 생각도 말라.
49 그것은 너희들이 꿈에도 생각해서는
아니 될 문제며, 나와는 아무런 관계
도 없는 너희들이 울부짖는 소리가 나
의 귓전에도 스치지 못함을, 너희들의
육의 세상을 벗어나 하늘나라에 그 문
전에도, 문틈으로도 새어 들어오지 못
하는 그 소리라는 것을 너희들은 알아
야 할 것이니라.

2,852 번째 하나님 말씀

2002년 8월 7일 0시

1 사랑하는 나의 아들아!
2 "네, 아버님! 말씀하옵소서."
3 너희들이 세상에 생명을 나로부터 받
아 나가 이 광명 천지에 살아감이니라.
4 그리하여 너희들은 육의 삶을 내가 정
해 준 시간만큼 살다 나에게 와 심판
을 받는 것이 너희들이 변할 수 없으
며 벗어날 수 없는 엄연한 사실이니라.
5 그리하여 내가 너희들에게 말하기를,
너희들이 남에게 잔수를 부리며 남을
속이며 남에게 피해를 주며 너희가 무
엇을 취하고자 하지 말라 그리 깨우쳤
음이니라.
6 너희들이 남에게 잔수를 부리지 아니
하며, 남에게 피해를 주지 아니하며,
너희들이 무엇인가를 얻고자 하는 그
와 같은 행위를 하지 않고 사는 것이
인간으로서 도리이며 나에게 구원받
을 수 있는 길이라 내가 너희들에게
일깨워 주었음이니라.
7 너희들은 오로지 정당한 방법으로써
취하지 아니하며 너희들의 노력으로
써 얻지 아니하며, 추한 방법으로써
무엇을 취하고 이루었을 때, 남을 속
일 수는 있으나 나를 속일 수는 없음
이니라.
8 그리하여 너희들이 정당하게 취하지
아니한 그 죄를 어찌 다 감당할 수 있
다 생각하는가?
9 너희들이 살아오며 수천수만 가지 지
은 그 크고 작은 죄들을 너희들은 감
당할 길이 없을 것이니라.
10 너희들은 그러한 벌을 받지 아니한다
생각할 것이며 '설마 그와 같은 죄의
대가가 이루어질까?' 생각하지만, 이
는 엄연한 사실이니라.
11 육의 삶에서 너희들이 얼마나 바르고
곧게 살아야 하는지 알아야 될 것이니
라.
12 너희들이 공명정대한 삶을 살아야 되
는 것이니라. 그리고 너희들이 바르고
옳게 살아 나에게 오르라 하여, 너희
들이 깨우쳐 하늘에 오를 수 있는 길
이며 구원을 받을 수 있는 십계명을
내가 너희들에게 내려보냈음이니라.
13 그러나 너희들이 이를 지키고 행하지

아니하며, 인간으로서 지킬 수 없다고
그리 그저 버려두며, 나의 십계명을
소중히 생각하지 아니하며, 이것이 너
희들의 영혼을 구원하는 양식이며 생
명이라는 것을 생각지 아니함이니라.
14 그리하여 내가 너희들이 잘못 가는 그
모습을 더 이상 볼 수 없어 너희들에
게 다시 나의 법전을 내려보내니, 이
를 정독하여 깨우치는 자, 정당한 삶
을 살 수 있는 그 기초요, 근본이 거기
에 있음이니라.
15 너희들이 남을 저주하지 아니하며 음
해하지 아니하며 시기와 질투를 하지
아니하며 너희 마음속에 잠재해 있는
욕심을 부리지 못하고는 살 수 없는
그와 같은 것이 너희들 인간의 지금
의 형상이기에,
16 내가 그 마음을 다스리며 너희들을 다
스려 선하고 나의 뜻에 따라 살아가는
그와 같은 마음으로 변하는 그 역사를
이루기 위하여 내가 너희들을 다스리
고자 함이 그 법전이라 너희들에게 수
차 말했음이니라.
17 너희들을 다스릴 수 있으며, 너희들이
바로 살 수 있으며, 너희들이 인간으
로서 털고 또 털어 내도 털지 못하는
그 욕심이라는 뿌리를 다 버릴 수 있
는 것이 이 법전밖에 없다고 너희들
에게 수천수만 번 내가 전함이니,
18 너희들은 이와 같은 나의 뜻을 깊이
들어 법전을 읽고 깨우쳐 스스로 다스
려 가는 그와 같은 삶을 살아가야 될
것이니라.
19 너희들이 정당치 못한 방법으로써 살
아왔을 때 너희들의 그 죄는 어찌 가
는가?
20 너희들의 세대에서 끊어짐이 아니니
라.
21 너희들이 정당치 못하게 추한 모습으
로 살아가는 그 혈통의 피가 결국은
너희 후손들에게 전해지니, 너희들이
살아가는 그 모습을 보고 자란 너희
후손들이 또 어찌 되겠는가?
22 그들 또한 사악한 모습으로써 살아가
게 됨이니, 그 후손이 또한 그리 사악
하게 살아가는 이와 같은 세월의 흐름
으로 인하여 지금에 사악한 사탄과 악
마들이 이 세상을 지배하는 그와 같은
형국이 이루어지고 있음이니,
23 몇천 년의 역사가 흐른다면 그 누구도
이를 바로잡을 수 없기에 내가 오늘
나의 선지자를 통하여 너희들의 손에
법전을 쥐여 주어 너희들을 깨우치고
자 함이 여기 있음을 알아야 할 것이
니라.

2,853 번째 하나님 말씀

2002년 8월 7일 0시 18분

1 사랑하는 나의 아들아!
2 "네, 아버님! 말씀하옵소서."
3 너희들이 믿음을 가는 자, 음식 앞에
너희 말로써 번지르르한 기도를 드림
이니라.
4 세상의 온갖 것을 다 갖다 붙여 그저
앉아 있는 자에게 듣기 좋은 소리, 그
리고 앉아 있는 자가 그 기분에 도취
되며 스스로 그가 영광과 축복을 받는
것같은 말투로써 너희들이 온갖 세상
의 아름다운 말을 다 갖다 붙여 음식

앞에 기도를 함이니라.
5 그리고 너희들은 '아멘'이라는 그 소
리와 함께 이것저것 가릴 것 없이 그
저 남이 볼 새라 너희들이 취하고 싶
은 것을 인정사정없이 갖다 취하는 것
이 지금 너희들의 집단의 행사며, 너
희들이 집단적으로 식사하는 곳에서
그와 같은 형국이 지금 이루어졌음이
니라.
6 내가 너희들에게 음식 앞에서 감사 기
도를 드리는 것을 함부로 하지 말라
하였음이니라.
7 '이 음식을 주셨으니 감사합니다.' 그
런 기도를 하지 말라 하였음이니라.
8 너희들이 그와 같이 기도를 하는 것이
아니라 말하였음이니라.
9 너희들이 과연 그 음식을 먹을 자격이
있는가를 너희 스스로 물어보라 내가
너희들에게 말하였음이니라.
10 그리하여 너희들이 그 음식을 먹을 자
격이 있는가, 또 너희들이 그 자리에
참석해서 먹을 수 있는 사람인가 그
모두를 생각하고 파악하여 나 여호와
에게 물어보는 그와 같은 기도를 드려
야 할 것이라 내가 너희들에게 말하였
느니라.
11 너희들은 어떤 의미의 음식인지도 모
르며 그저 감사하다는 그와 같은 형국
의 기도가 아니라, 너희들 스스로 그
음식을 그 자리에서 접할 자격이 과연
있는가, 그리고 그리할 수 있는가 그
것을 먼저 나 여호와에게 물어보라 그
리 말하였음이니라.
12 그러나 너희들은 여기서 하나를 더 깨
우쳐 가야 될 것이니라.
13 내가 지상에 뿌려 놓은 모든 것을 너
희들이 취하여 먹고살 수 있도록 그리
만들어 놓았음이니, 너희들 앞에 차려
진 그 모든 음식이 또한 나의 것이니,
그게 얼마나 신성하고 깨끗한 것인가
를 너희들은 잘 알 것이니라.
14 너희들은 음식 앞에서 감사하다는 기
도를 드리고 음식을 취하기 전에 하나
더 깨우쳐야 할 것이 있느니라.
15 너희가 과연 하루를 욕되게 살지 아니
하였으며, 지금 그 음식 앞에 기도하
는 너희들의 자세가 과연 그 음식을
섭취해도 나 여호와로부터 하나도 부
끄럽지 않은 하루의 삶을 살았는가,
16 그리고 지금 그 순간에 너희들의 머릿
속에 생각하고 있는 것이 신성하고 깨
끗한 내가 내려 준 그 음식을 먹을 수
있는 것인가를 그때그때 반성하는 그
와 같은 시간을 갖고, 너희들이 내가
내려 준 신성한 그 음식 앞에 그와 같
은 기도를 드리는 방법으로 고쳐 가야
함을 알아야 될 것이니라.
17 너희들이 하루의 삶을 욕되고 추하게
살았다 하면 내가 내린 그 신성한 음
식을 너희들이 과연 먹을 수 있겠는가?
18 너희들 자신이 스스로 그 자격이 있는
가를 물어보아 너희들이 그를 취할 수
있고 없음을 너희 스스로 평해야 될
것이니라.
19 너희들이 과연 하루의 삶에 있어서 내
가 너희에게 내려 준 그 신성한 음식
을 대할 수 있고 취할 수 있는 그러한
행동으로써 지금 살아가고 있는가, 그
리고 오늘도 그와 같은 삶을 살았는가,
20 너희가 지금 생각하고 있는 것이 잘못

된 것은 없으며, 추하고 더러운 생각
을 하면서 내가 내려 준 이 신성한 음
식을 접하지 않는가, 과연 하루의 삶
에 너희들이 하루에 세 끼의 식사를
할 수 있는 자격으로서 살았나 안 살
았나,
21 이것을 반성하고 회개하는 그와 같은
마음을 가지고 너희들이 나로부터 얻
은 그 신성한 음식을 대하는 그와 같
은 삶을 살아야 될 것이니라.
22 너희들이 과일이요, 다과요, 그 모두
를 입에 넣고 취할 때, 과연 너희들은
그를 취하고 내가 내린 그 은혜를 받
을 자격이 있는가 없는가 너희 스스로
물어보고, 그리하고 그를 취하거나 취
하지 않는 그와 같은 자세로 살아야
될 것이니라.
23 너희들 스스로 부끄럽고 추한 행동을
했으며 추한 삶을 살았으며, 너희들이
음식을 취하는 그 순간에도 추한 생각
을 하고 있으며 남을 시기하고 질투하
는 그 욕심의 뿌리가 버려지지 아니하
고 순수한 마음이 아니라면 너희들은
그 음식을 접할 자격이 없음이니라.
24 내가 내려 준 그 신성한 음식을 너희
들이 접할 수 없는 자라는 것을 알아
야 될 것이니, 그때그때 너희들이 후
회하고 반성하고 회개하는 그와 같은
마음으로 음식을 접하며 살아가도록
하라.
25 내가 내려 준 가장 소중하고 신성한,
너희들의 생명을 유지하는 음식을 취
할 때, 너희들이 순간순간에 자격이
있는 자들인가 너희 자신에게 물어보
고 반복하여 너희들이 당당히 먹을 수
있다 생각하면 그 음식을 취해야 될
것이며,
26 그렇지 못한 자 부끄럼을 알아 그 음
식을 취하는 행위를 해서는 안 될 것
이니,
27 너희들은 반성하고 반성하며 회개하
고 회개하는 마음으로 그와 같이 내가
내린 그 신성한 음식을 취하는 깨달음
을 얻도록 그리하라.

2,854 번째 하나님 말씀

2002년 8월 7일 09시 01분

1 사랑하는 나의 아들아!
2 "네, 아버님! 말씀하옵소서."
3 내가 지키라 명한 그 계명을 너보다
더 정성스럽게 많이 암송하는 자 세상
에 없으니,
4 이것 하나를 보더라도, 아버지의 뜻에
따라가는 자식처럼, 네가 나의 아들이
요, 나의 선택된 선지자요, 만백성을
구하는 나의 명을 대역하는 자가 아니
라 누가 감히 말할 수 있는가?
5 너와 같이 나의 계명을 외우며 너와
같이 나에게 모든 정성을 들여 기도하
며 나로부터 음성을 듣는 자 있으면
나와 보라 말하라.
6 사랑하는 아들아!
7 지금 몇천 년 동안 흘러오면서 종교
지도자들이요, 믿음의 길을 가는 자들
이 그리 말할 것이니라.
8 '그래도 우리는 죄를 짓고 하나님께
용서를 빌며, 또 잘못했다고 하나님께
매달려 기도드림이니, 아버님께 기도
드리지 아니하고 사는 백성보다 우리

가 차라리 낫지 않느냐?' 그리 말할
것이며, '우리는 용서라도 빌며 살지
않느냐?' 그리 말할 것이니라.
9 그러나 너희들은 들어야 될 것이니라.
10 어찌하여 너희들은 한 입을 가지고 두
말하는 사람이 되는가?
11 그리고 너희들은 나에게 약속을 하며
맹세를 하고 또 맹세를 함이니라. 그
리고 돌아서서 너희들이 그 짓을 더
함이니, 알면서 하고 또 회개하며 똑
같은 짓을 반복함이니 그 죄가 더 무
섭다는 것이니라.
12 너희들이 차라리 모르고 죄짓는 자,
나에게 한 입 가지고 두말하지 않는
백성들이요, 나에게 그와 같은 죄의
용서를 빌지 아니하고 딴 짓을 하지
아니하는 자만도 못하다 함이니라.
13 하늘에 오르는 길을 깨우쳐 그 길을
보며 나에게 오르는 길이 무엇인지 알
며 내가 존재함을 아는 너희들이 그를
행하지 아니함이니, 그리고 너희들이
한 입 가지고 두말하며, 나에게 약속
하고 돌아서서 번복함이니,
14 그 행위가 모르고 가는 자의 행위보다
더 사악한 것이라 내가 너희들에게 말
하는 것이니라.
15 그리고 너희들은 사과를 하고 용서를
빈다 해서 그것으로써 너희들의 죄가
가벼워진다 생각하는가?
16 너희들은 지금 수천수만 가지 중에서
잘못 가르치는 지도자를 따라 내 뜻에
역행하는 행위가 더 많다 하면, 과연
그를 어찌할 것인가?
17 너희들이 지금 구원을 받는 길이라 하
여 재물과 금화와 은화를 바치며, 그
들의 세 치 혓바닥에 의하여 너희들이
내가 존재하는 그 두려움을 모르며 내
가 원하는 길이 무엇인가를 모르고 그
저 '아멘, 할렐루야!'를 찾으며 광분의
자세로써 그리 가는 그 길이 천 가지
만 가지를 더 잘못하고 있다 하면 어
찌하겠는가?
18 너희들은 나를 향하여 온다는 것이 나
의 아들과 나의 이름을 팔아먹고 사는
그자들 밑에 가서 종의 역할을 하니,
19 그들을 먹여 살리면서, 벌어다 갖다주
면서 너희들이 주인의 역할을 하지 못
하고 종의 역할을 하는 그와 같은 우
매한 짓을 지금 계속 반복하고 있으
며, 너희들로 하여금 너희 후손의 나
의 피조물 만백성까지 잘못 가고 잘못
깨우치도록 너희들이 견인차로서 그
들을 이끌어 가는 그와 같은 역할을
하고 있다면 어찌하겠는가?
20 너희들은 천 가지 중에서 하나의 나에
게 기도하는 것을 제하고 999가지를
잘못한다면, 나를 믿지 않고 나를 따
르지 아니하는 자는 너희들과 그 반대
의 현상을 이룰 것이니, 그를 어찌하
겠는가?
21 그들은 나에게 기도하지 아니하고 나
에게 죄의 용서를 빌지 않는 것 한 가
지를 잘못하나 999가지를 잘한다면,
내가 나의 아들딸들을 놓고 점수를 보
고 너희들을 평가할 때 누가 더 착하
고 아름답게 산다 생각하겠는가?
22 너희들이 그저 허상으로 내 이름을 부
르며 나에게 죄를 용서받았다 하며 지
은 죄를 용서받는 것 그것 하나로써
매달린다면 어찌하겠는가?

23 너희들의 행위가 더 나쁘며, 수만 가
지를 더 잘못하고 있으며 그리 가고
있다는 것을 알아야 될 것이니라.
24 너희들은 너희들 자신이 구원을 받겠
다는 그 욕심 때문에 너희 모두를 다
바쳐도 괜찮으나, 너희들이 그와 같은
행위를 함으로 인해서 나의 피조물 만
백성이 대대손손 그 길을 가게 되는
견인차로서 이끌어 가는 그와 같은 죄
를 짓고 간다는 것을 알아야 될 것이
니라.
25 이와 같은 이치를 깨닫지 못하고 너희
들만이 옳은 것이요, 바른길이요, 너
희들은 구원받은 자요, 선택된 백성이
라 그리 말하지 말라.
26 나의 아들을 죽게 하였음이니, 나의
아들을 죽음으로 이끌어 가면서까지
너희들을 사랑하는 어버이가 너희들
을 어찌 버리겠느냐 그리 생각하지 말
라.
27 내가 나의 아들이 죽는 그 고통을 본
아픔만큼 그 이상으로 너희들이 노력
과 고통 속에서 내가 명한 십계명이
요, 나의 율법을 지키지 아니한다 하
면 너희들이 구원받았다 하는 것은 천
부당만부당한 생각이며, 꿈에도 그런
생각을 하지 말라.
28 절대적 구원을 받지 못하며, 너희들
스스로 예수의 피로써 구원받은 자요,
선택된 백성이라 하지 말라.
29 너희들은 죄의 온상에 가서 지금 그와
같이 하고 있음을 알라.
30 내가 만든 이 지상에 자연의 아름다움
속에서 나의 아들의 죽음을 깨달으며
그의 값짐을 느끼며 나 여호와가 그를
죽도록 했던 마음을 이해하며,
31 자연 속에서, 내가 지은 성전에서 나
에게 용서를 빌며 '아버지께서 내린
십계명을 지키고 살겠다.' 하여 그리
착하게 가는 자,
32 남의 얼굴을 붉히는 말, 남을 화나게
하는 일을 하지 않고, 남을 기만하지
않으며 남을 속이지 아니하는 그와 같
은 마음으로써 이웃과 나누며 더불어
살아가는 그들이 더 나로부터 구원의
길에 가까이 와 있다는 것을 너희들은
알아야 될 것이니라.
33 너희들은 지금 구원을 받는다 하여 가
는 그 길이 죄를 더덕더덕 걸머지고
감이니, 또한 더 큰 죄가 무엇인가?
34 내가 마지막으로 나의 성령을 태워 글
로써 나의 법전을 세상에 내려보냄이
니, '이 모두는 여호와 하나님께서 주
관하는 것이다.' 하여 너희들이 나의
법전의 뚜껑을 열고 읽어 보면, 너희
들이 몇십 년 동안 배우고 다녔던 그
성전에서의 깨우침보다 더 무섭고 너
희 가슴에 와 닿는 게 있어 너희 눈을
뜨게 할 것이거늘,
35 이를 그저 불 속에 집어던지며 사탄이
요, 이단이요, 사악한 자의 것이라 하
여 바라보지 못하게 함이니, 그 죄가
너희들이 얼마나 우매하고 억울하고
불쌍한 길을 가는지,
36 그와 같이 이끌고 지도하는 자의 말에
현혹되어 너희들 자신을 지옥으로 파
는 그와 같은 행위를 하는 자, 그리하
여 너희 후손까지도 나의 법전을 읽지
못하게 하는 그 죄가 얼마나 큰 것인
가를 알게 될 것이니라.

37 이와 같은 이치를 깨우치라.

2,855 번째 하나님 말씀

2002년 8월 7일 09시 06분

1 사랑하는 나의 아들아!
2 "네, 아버님! 말씀하옵소서."
3 너를 사탄이요, 이단이라 말하며 너를 핍박하며 나의 법전을 찢어 버리려 하는 자, 그들에게 물으라.
4 정녕 나 여호와 하나님이 너희들에게 제사를 드리라 한다 하면 너희들은 모든 음식이요, 고기요, 동식물을 가장 깨끗하고 신선한 것으로써 나 여호와에게 제를 올릴 것이니라.
5 그러나 너희들이 나에게 제를 올릴 때 썩은 고기요, 썩은 음식이요, 부패한 것으로써 제를 올리며 예를 갖추며 경배의 기도를 드릴 자 있는가 물어보라.
6 너희들은 정녕 그러한 자가 없을 것이니라.
7 너희들이 나에게 바치는 제물도 가장 신선한 것이요, 가장 깨끗한 것으로 정성을 다해서 씻고 닦아서 나 여호와에게 제를 올릴 것이며, 너희들이 먹을 수 없는 부패하고 썩은 것을 가지고 나에게 제를 올리지 아니할 것이니라.
8 그러나 너희들은 알아야 될 것이니라.
9 너희들의 마음이 천사와 같은 심성으로 살며 나 여호와의 심성으로 살고자 노력하는 자, 나의 계명을 지키고 살고자 몸부림치는 자, 그와 같은 자는 썩지 않은 과일이요, 생선을 제물로써 나에게 올리고자 하는 자인 것을 알라.
10 너희들이 나의 계명을 지킬 수 없다 하며 사랑을 베풀지 아니하며 추하고 더러운 마음으로 살아가며 그를 또 나에게 용서 빌며 눈물로 회개하고 돌아서서 그와 같은 짓을 또 하고 또 하는 자, 바로 그것은 무엇이더냐?
11 썩은 과일이요, 썩은 고기요, 썩은 음식이요, 부패한 것들로 제를 올리는 것이니라.
12 그와 같은 마음으로 나에게 기도하고 경배한다는 것은 부패한 음식을 차려 놓고 제사를 드리는 그와 같은 해괴망측한 짓을 하고 있는 것임을 알라.
13 너희들이 정녕 썩은 음식이요, 부패한 음식이요, 더러운 고기요, 추한 음식을 차려 놓고 나에게 제사를 드리고자 아니 한다면, 너희들의 그 마음부터 고쳐야 될 것이니라.
14 오늘 이후부터 너희들은 나의 법전을 읽어 나의 법전에 기록된 내용대로 행하며, 크게는 십계명에 따라 살고자 노력하는 자, 그러한 뜻을 가지고 사는 자, 나의 십계명 속에 들어 있는 그 내용을 지키며 살아가고자 하는 자, 그리고 그 마음이 천사와 같이 변하고자 하며 천사가 될 수 있다 하여 천사가 되고자 노력하는 자, 그와 같은 자가 나에게 신선한 음식으로써 제를 올리는 자들이니라.
15 그렇지 못한 자들은 부패한 것, 저희들이 먹을 수 없고 더럽고 추한 것으로 나에게 경배드리는 그와 같은 사악한 자들임을 알라.
16 너희들의 마음이 썩고 부패하며 썩은 내가 나는 그 마음과 행동으로써 아무

리 천년만년 울며불며 기도하고 너희
들이 무엇인가를 얻고자 소원한들, 나
는 병들고 썩은 자가 나에게 기도하는
그것을 듣지도 아니하며 보지도 아니
함이니,
17 그리하여 너희들이 울며불며 기도하
는 그 자세를 너희들이 죄의 온상에서
하는 짓이기에 나와는 아무런 관계도
없으니, 나에게 자연의 치는 파도소리
만큼도 그 소리가 들리지 아니하며 강
아지가 짖는 소리만큼도 나에게는 들
리지 않으며 나와 관계없다는 이 무서
운 것을 내가 너희들에게 내렸거늘,
어찌하여 그러한 이치를 깨우치지 못
하는가?
18 사랑하는 나의 아들아, 그들에게 그리
말하라.
19 너희들의 마음이 추하고 나에게 용서
를 빌고 눈물로써 회개하고 또 돌아서
서 그 추한 짓을 하는 자는 썩은 음식
으로써 제물을 바쳐 제사를 지내는 것
과 같으니, 그 제사의 음식을 내가 어
찌 먹겠는가?
20 그러하듯이 그들을 바라보지 아니한
다 말하라.
21 천사가 되고자 발버둥치는 자, 어떠한
역경에서도 나의 십계명을 지키는 자,
그리고 내가 마지막으로 내리는 나의
성령이요, 나의 가슴의 뜻을 직접 들
어 보고 읽고 깨닫는 자, 그와 같은 자
의 드리는 제사가 신선한 제물로써 제
사를 드림이니 그를 내가 받음이라 그
리 가르치라, 나의 아들아!

2,856 번째 하나님 말씀

2002년 8월 7일 09시 14분

1 사랑하는 나의 아들아!
2 "네, 아버님! 말씀하옵소서."
3 내가 너를 사랑함이니라.
4 나의 아들 예수가 그 뜻을 전하고자
먼저 갔으나 그 역사를 이루지 못하고
고통스런 죽음을 당했으며, 그를 바라
보는 나 여호와의 아픈 가슴이 지금도
아물지 않은 이 시대, 이 시점에서 너
를 세상에 내려보내어 너에게 그 멀고
도 먼 광야의 길을 가도록 함이니, 그
리고 끝이 보이지 않는 그 광야의 길
을 네가 가야 하며 오아시스가 없는
사막을 걸어가는 여행하는 자들보다
도 더 고달프고 힘든 길을 네가 가야
함이니,
5 네가 가는 길이 그와 같이 힘들고 어
려운 길임을 너는 알아야 될 것이니
라, 나의 아들아!
6 험악한 광야를 너는 나의 피조물 만백
성에게 나의 법전이요, 나의 성령을
전하기 위하여 그를 그득히 짊어지고
가는 그와 같은 고달프고 힘든 길을
가 이 역사의 기틀을 잡아야 하는 것
이니라.
7 아무도 바라보는 자 없으며 아무도 듣
는 자 없으며 아무도 너를 따르는 자
없다 하여도 너는 그 길을 가야 되며,
그 길을 가지 아니하면 아니 되는 것
이니라.
8 나의 피조물 만백성은 나의 성령이라
그리 부르짖어도 듣지도 않으며 그들
은 이 역사의 소중함과 위대함을 보지

못함이니,
9 이정표도 없는 길을 여행하듯이 그저
넓고도 넓은 광야를 혼자 걸어가야 하
는 그와 같은 어렵고 힘든 길을 가는
나의 아들 너를 바라보는 나 여호와의
마음이 얼마나 아프고 저리겠는가?
10 예수가 죽는 그 고통을 바라보는 것보
다도 더 길고도 긴 세월 동안, 아무도
바라보지도 아니하며 끝도 보이지 않
는 그 멀고도 먼 길을, 잡을 수도 없으
며 돌아볼 수도 없는 광야의 험악한
길을 가야 하는 너의 아픈 마음을 나
여호와가 알고 있음이니라.
11 그러나 사랑하는 아들아, 지금은 네가
물이 없는 사막을 가는 것과 같은 어
렵고 힘든 길을 가나, 너는 그를 넘을
수 있음이니라.
12 그와 같은 것을 넘어야 되며, 그 끝이
보이지 않고 멀고도 먼 광야를 정복했
을 때, 너희들이 생각할 수 없는, 인간
으로서는 얻을 수도 없는, 인간으로서
그리도 원하는 부귀와 영화라는 것보
다 천배 만배 더한, 세상의 제왕보다
도 더한 수천수만 배의 위대한 역사를
이루게 되며, 그곳에서 네가 나에게
오르는 그 영광을 보게 될 것이니라.
13 아무도 듣지도 아니하며 도와주지도
아니하며 바라보지도 아니하며, 너를
해하려 하며 너를 핍박하려 하며 네가
들고 뛰는 그 법전을 불태우고 그를
뺏어 물속에 집어넣으려 하는 자들을
너는 피하고 또 피해서, 나의 법전을
보고 깨우치며 나의 뜻이라고 깨닫는
아름답고 선량한 백성들을 이끌어 가
는 그 역사 속에 터를 닦아 가야 함이
니, 그 어렵고 힘든 길을 가야 하는 것
이 너이니라.
14 네가 지금 이 시점에서 좌절하고 두려
워하며 등을 돌리려 하며 나의 기도를
듣지 않으려 하며 나의 법전을 세상에
내는 것을 두려워하며 그 역사를 이루
는 고통을 네가 고통이라 생각한다면
너는 아무것도 이룰 수 없음이니라,
나의 아들아!
15 네가 주저앉으면 만백성이 다 지옥 불
로 가느니라. 그리고 구원의 길을 볼
수가 없음이니라.
16 사랑하는 아들아!
17 "네, 아버님! 말씀하옵소서."
18 너는 이정표가 없는 광야를 달리는 여
행자와 같으나 그렇지 아니하니라.
19 네가 가는 길에 불기둥으로써 바람기
둥으로써 그를 역사해 줄 것이니, 너
자신이 그리 두려워하지 말며 좌절하
지 말라.
20 아무리 광야가 넓고도 험하다 하여도
너는 넘어야 되며 넘을 수가 있음이
니, 네 마음자리를 굳건히 하지 아니
하면 아니 되느니라.
21 네 마음이 흔들리면 사탄이 너를 밀
것이며 사탄이 너를 해할 것이며 너의
제자들 또한 너를 떠날 것이니라.
22 그리해서는 아무것도 이룰 수가 없으
며 이루어질 것이 없음을 알라.
23 오늘의 고통을 영광으로 생각하며 오
늘의 고통을 축복으로 생각하는 마음
으로 굳건히 네 마음을 잡지 아니하면
이 역사를 이룰 수 없음을 알라, 나의
아들아!

2,857 번째 하나님 말씀

2002년 8월 7일 11시 25분

1 사랑하는 나의 아들아!
2 "네, 아버님! 말씀하옵소서."
3 천군만마의 그 장졸들이 있으면 무엇
하며, 수많은 백성들이 있으면 무엇하
는가?
4 지금 수십억 인구인 나의 백성들이 수
천 년 동안 하늘에 오르는 길이요, 저
희들이 구원을 받고자 몸부림치며, 저
희 손으로 만든 그 성전에 가서 모두
를 다 바치며 울부짖는다 하여도, 그
중에 단 한 사람도 구원할 자 없으며
구원받을 자 없다 내가 너희들에게 말
하였음이니,
5 너희들은 사람이 많고 적음을 생각할
필요가 없는 것이니라.
6 지금 나의 성전에 너희들이 앉아 있으
니, 너희 마음이 하나가 된다 하면 수
십억 인구 중에 한 사람도 없던 그곳
에서 나의 뜻에 따라 행하는 자가 여
기에 그득함이니라.
7 너희들은 들어 깨우쳐야 될 것이니라.
8 나의 성령을 믿는 자, 곧 나의 아들이
나의 아들임을 믿는 자, 그게 곧 나를
믿으며 나를 경배하는 것이라 내가 너
희들에게 일렀음이니, 오늘의 이 가르
침을 너희들이 가슴 깊이 새겨야 될
것이니라.
9 나의 아들을 불 속에서 업고 뛰어나올
수 있는 자가 나 여호와를 둘러업고
나오는 자와 같은 그 이치임을 너희들
은 알라.
10 아버지와 아들의 그 한계는 엄연히 있
으며, 그 또한 임무가 엄연히 있으며
능력이 있으며 한계가 다 정해져 있으
나, 나의 아들이 지금 지상에 나가 나
의 성령을 받아 너희들에게 전하니,
곧 그가 나라 너희들이 그리 생각해야
될 것이니라.
11 그리하여 너희들에게 나의 성령을 믿
는 자요, 나의 아들을 믿는 자가 곧 나
를 믿는 자라 하였음이니, 나의 아들
에게 행함이 곧 나에게 행함이니라.
12 내가 육으로써 세상에 나가 너희들을
통제하지 못함이니, 성령으로써 나의
뜻을 가지고 육의 형체를 가진 나의
아들이 세상에 나가 나의 뜻을 전하며
지배함이니, 그가 나에게 불려오는 그
순간까지 나의 임무를 대행하는 자이
니라.
13 그 뜻을 너희들이 깊이 깨우쳐, 하나
의 마음으로 이루어져야 될 것이니라.
14 나의 성령을 따르며 나의 아들을 믿음
이 나를 믿는 것이라 하였으니, 너희
들이 나를 믿는 그 마음이 과연 어떠
해야 되겠는가?
15 너희들이 그 마음을 먼저 다스려 굳힘
이 중요함을 알아야 될 것이니라.
16 너희들이 인간사 세상에서 살아나가
면서 굴곡 있는 삶을 사는 것이 백 년
도 안 되는 너희들의 육신의 삶이니라.
17 백 년도 안 되는 그 삶에 높고 낮음이
있으며 슬프고 괴로움이라는 인생의
굴곡이 있거늘, 영원히 사는 나의 나
라에 오는 나의 선택된 백성들로서 너
희들이 살아오는 그 굴곡이 얼마나 심
하겠는가?
18 그는 하늘과 땅이 흔들리는 것보다도

더 무서운 굴곡 속에서, 변화 속에서
역사가 이루어짐을 알아야 될 것이니
라.
19 내가 오늘 너희들에게 말함이니, 지금
모여 있는 너희들의 마음이 하나가 될
때, 이 성전에 많은 자들이 그득히 이
루어질 것이며, 그리하여 너희들을 따
르는 자들이 또한 너희들과 같이 될
것이니,
20 오늘 이후 너희들은 마음이 하나가 되
는 것을 깊이 깨우칠 것이며, 이것부
터 너희들이 먼저 행하는 마음을 가져
야 할 것이니라.
21 서로 용서하며 서로 이해하며 서로 양
보하며 그 마음을 들여다볼 때 너희들
은 하나가 될 수 있음이니, 곧 남의 마
음을 알 수 있는 것은 너희들 자신의
마음을 먼저 열어야 함을 알아야 할
것이니라.
22 이제 3부가 세상에 나가면 서서히 개
혁이 이루어지며 세상에 바람이 불 것
이며, 이 법전이 10부가 세상에 나갈
때 세상은 한 번의 피바다의 역사가
이루어지는 그와 같은 무서운 개혁의
바람이 불 것이니라.
23 그 중심에 서 있는 자들이 너희들이
니, 너희들이 과연 어찌 되겠는가?
24 저희들이 서로를 이방인이라 하는 자
들과 지금의 하늘에 오르는 종교 지도
자라 하며 이끄는 그들과의 전쟁 속에
서 그들이 스스로 자멸하는 것을 봐야
될 것인가, 너희들이 거기에 들어서서
그들과 대적하는, 이방인과 너희들이
대적하며 종교 지도자라 하여 믿음을
가는 그 백성들과 대적하며 양쪽의 적
을 받아 너희들이 대적하는 그와 같은
길을 선택하겠는가?
25 너희들이 천사처럼 아름답게 변하는
그 모습 위에 그들이 감히 너희들에게
가격하지 못함이니, 너희들이 변하는
모습을 보고 그들이 스스로 갑론을박
하여 저희끼리 피비린내나는 전쟁을
이루게 될 것이니,
26 그 전쟁을 반드시 한 번 치르고 난 다
음에 세상이 변화되는 것을 그들이 서
서히 보게 되는 그 역사가 이루어짐이
니, 이것이 곧 하늘에서 이루어지는
뜻이며, 내가 너희들에게 알리는 하늘
의 나 여호와의 뜻임을 깊이 새겨 행
하도록 그리하라.

2,858 번째 하나님 말씀

2002년 8월 7일 23시 37분

1 사랑하는 나의 아들아!
2 "네, 아버님! 말씀하옵소서."
3 네가 수십억의 만백성을 구하는 나의
대명을 받아 법전을 기록하여 세상에
냄이니, 이는 한두 명, 몇천 명, 몇억
명의 인구를 구원하고자 함이 아니라,
천 년에 걸쳐 지상의 낙원을 하늘과
같이 이루는 그 역사를 이룸이니, 그
생명을 구하는 숫자는 너희들이 헤아
릴 수도 없을 것이며,
4 그 후부터 아름다운 자, 지상의 낙원
에 살 자격이 있는 자들만이 존재하는
그와 같은 역사를 이루어 그들이 살아
간다는 것은 그 인명의 수를 헤아릴
수 없음이니라.
5 너에게 와 공부하며 너에게 와 제자라

며 머리 숙였다가 떠나는 자 있으나,
너는 그것에 대하여 두려워하지 말며
불안해하지 말며 생각하지 말라.
6 너는 너의 제자들에게 그리 말하느니
라.
7 나의 아들 너 자신이 깨우치지 못하여
모든 역사가 이루어지지 아니하며, 너
의 제자들 또한 그와 같이 시련과 고
통을 겪는 것이라 네가 그리 말하느니
라.
8 그리고 그 모든 책임을 네가 안으며,
네가 변해 가고자 하는 그 노력을 하
여 네가 완벽한 사람으로 서는 것만이
이 성전이 이루어지며 그들 또한 어려
움에서 벗어날 수 있다 네가 그리 말
하느니라.
9 그러나 그 제자들에게 너는 깨우쳐 주
어야 될 것이며, 그 제자들과 나의 법
전을 읽는 백성들은 또한 깨우쳐야 할
것이니라.
10 나의 아들이 잘못하는 것은 내가 나의
아들을 책함이며, 나의 아들이 깨우쳤
다 안 깨우쳤다 하여 너희들의 육의
삶이 행복해지고 행복하지 아니하며
너희들이 구원을 받고 못 받는 그러한
이치가 아님을 알라.
11 나의 아들은 나의 아들로서 잘못됐을
때 그 책임을 그가 지는 것이며, 거기
에 대한 벌을 내가 그에게 내림이니라.
12 그가 깨우쳐 완벽한 사람으로서 살아
가지 못할 때, 천사와 같은 마음으로
살아가지 못할 때, 그가 구원을 받지
못함이며, 그는 나에게 올라올 수 없
으며, 그가 잘못되는 것은 내가 그에
게 체벌함이니라.
13 너희들은 너희들 자신만을 챙기면 되
는 것이니라.
14 너희 스스로 천사가 되고자 노력하면
너희들이 스스로 나로부터 상이요, 은
혜와 영광을 받게 되며, 나의 아들을
통해서 너희들에게 내림이 아님을, 너
희들은 이를 반드시 구분해야 될 것이
니라.
15 너희들에게 얻어지는 것은 너희들 것
이며, 너희들이 얻지 못하는 것도 너
희들 것이니라.
16 너희들이 깨우치지 못하였는데 나의
아들 선지자가 깨우쳤다 해서 너희들
에게 상을 내림이 아니요, 나의 아들
이 깨우치지 못하였다 하여 천사와 같
은 마음으로 살아가는 너희들에게 내
가 상을 안 내림이 아니니라.
17 구원이라는 것은 누가 대신할 수도 없
으며 대신해 줄 수도 없다 내가 말했
음이니,
18 너희들이 바꾸어 놓을 수 있는 것은
너희들 자신의 심성이요, 너희들 자신
의 깨달음이요, 너희들이 가지고 있는
마음의 자세이니라.
19 너희들이 잘못 깨닫고 잘못 가는 것
을, 나의 아들이 깨우치지 못하여 너
희들이 시련과 고통을 겪는다 그리 변
명치 말며 거기다 붙여 생각지 말라.
20 너희들과 나의 아들은 구분되어 있음
이니라.
21 나의 아들은 내가 직접 통제함이요,
너희들은 너희 스스로 그를 깨우쳐 가
는 것이며, 이는 엄연히 구분되어 있
음을 알아야 될 것이니라.
22 나의 아들의 어떠한 깨달음이 부족하

여 너희들의 영혼을 구원함에 문제가
있다거나 너희들이 살아가는 데 부귀
와 영화의 길을 그로 하여금 막는 것
이 아니니라.
23 그렇다면, 그에게 오지 않는 자나 오
는 자들은 또 어찌 그리 내리는가?
24 모두 다 자기 자신의 밥그릇은 자기가
챙기며, 자기의 노력한 만큼 자기가
대가를 받으며 품삯을 받는 이치를 알
라.
25 너희들은 그와 같은 어리석은 짓을 하
지 말라.
26 나의 아들은 내가 가르치며, 내가 묵
상과 기도로써 그를 통제하며 다스려
감이니라.
27 너희들은 너희 몫을 충실히 이행하고
지키면 그것으로써 모든 것은 다 이루
어짐을 알아야 될 것이니라.
28 사랑하는 나의 아들아!
29 "네, 아버님! 말씀하옵소서."
30 너는 너 스스로 한 점의 부끄러움이
없는 천사와 같은 마음으로 살아가도
록 해야 될 것이니라.
31 그렇지 아니하면 네가 만백성의 거울
이요, 기본이요, 근본이 될 수가 없음
이니, 이는 내가 너에게 명함이요, 이
를 지키는 것은 네가 해야 할 일이니
라.
32 그리고 너의 제자들은 제자들로서, 나
의 법전을 읽고 깨우친 자는 깨우친
대로 법전에 있는 그 내용대로 행하고
실천하면 그것으로써 너희들의 임무
는 끝나며,
33 너희들이 나로부터 구원을 받으며 육
의 영혼의 사랑과 은혜와 은총을 받고
못 받는 그것은 너희들 자신의 몫이라
내가 수차 말하였음이니, 너희들은 어
찌하여 그와 같은 이치를 깨우치지 못
하는가?
34 너에게 와 공부하다 떠나는 제자, 가
고자 하는 제자, 그들을 네가 안타까
워하지 말며, 그들을 잡으려 하지 말
라.
35 다 그것은 제 복이며 제 축복이니라.
36 인간의 생각으로써 계산하며 판단하
고 행동하는 것은, 저희들이 그것으로
써 제가 얻고 못 얻는 것은 저 자신에
게 달렸음이니라.
37 오로지 내가 너를 통하여 이루고자 하
는 것은 완벽한 이삭으로서 그를 하나
하나 챙겨 두고자 함이니라.
38 그리하여 그 이삭이 다음에 싹이 틀
수 있는 이삭이 아니면 내가 구원하지
아니함을 알아야 될 것이니라.
39 이와 같은 나의 이치를 네가 안다 하
면, 네가 여기에 남는 제자들을 머릿
수로 계산할 것이 없으며, 그 숫자로
써 네가 생각하지 말라.
40 오로지 한 명을 구원하면 될 것이니라.
41 그리고 내가 너희들에게 상을 내릴 것
이며, 네가 5달란트의 그 역사를 이루
는 많은 제자들이 이루어질 것이며,
그를 거느리게 될 날이 머지않았음이
니라.
42 네가 만백성을 위하여, 그 제자들을
가르치며 육성하기 위하여 나의 성령
이요, 나의 법전을 가지고 목이 터지
라 그들을 가르치고 깨우치거늘,
43 어찌하여 그들이 그를 배우는 것이요,
그 깨달음을 얻는 것을 영광으로 생각

하지 아니하고 저희들이 이 성전에 나
오는 것을 축복이라 생각하지 아니하
는가?
44 저희들이 이 성전에 나오는 것이 나의
아들 너를 위하여 나오는 것과 같은
생각을 하며 이 성전에 자리를 채우고
빛을 내는 것이 우선인 것처럼 그와
같이 생각하는 자들은 백날 여기를 나
와도 깨달음이 없을 것이니,
45 그와 같은 자들에게 네가 신경 쓸 것
이 없으며, 관심을 가지려고 애쓸 것
도 없느니라.
46 너희들은 이와 같은 이치의 깨달음을
알아야 될 것이니라.
47 그들에게 네가 십일조를 바치라 함도
아니요, 헌금을 바치라 함도 아니요,
재물을 바치라 함도 아니니라.
48 종교 지도자들이 무엇을 거두어들이
고자, 제가 필요할 때 그 머릿수를 따
져야 되며, 주일을 지키라 강요해야
되며, 주일을 지키지 아니하는 자는
나 여호와로부터 벌을 받으며 저희들
로부터 고통을 받으며 저희들이 하고
자 하는 일이 되지 아니하며 이룰 수
없다 그와 같이 반 협박적으로 가며,
49 그곳에서 대우를 받던 그 습성과 그곳
에서 머릿수를 따지며 그 머릿수가 곧
재물이요, 헌금이요, 십일조인 그와
같은 계산속에서 대우받던 그 습성을
버리지 못하는 자, 이 성전에 와 제가
설 자리가 없음을 그들에게 일깨워 주
어야 될 것이니라.
50 너는 십일조를 받기 위하여 사람의 머
릿수를 따지는 것도 아니요, 헌금을
받기 위해서 머릿수를 따지는 것도 아
님이니라.
51 오로지 저희들이 구원을 받기 위하여
너에게 와 성령을 배우는 것이며 주종
의 관계가 확실하거늘, 어찌하여 그들
이 저희가 주인의 역할을 하려 하며,
너를 위해서 오며 나의 성전을 그득히
채워 저희들이 빛을 내는 것같이 착각
하는가?
52 그와 같은 망상 속에 살아가는 자, 그
들이 천 명, 만 명이 모여도 하나도 쓸
모가 없음이니,
53 너는 이와 같은 뜻을 알아, 한 사람의
제자를 육성하더라도 바른 자를 육성
하는 데 최선을 다할 것이며, 네가 그
와 같은 제자들을 가르쳐야 될 것이니
라.
54 천 명의 잘못된 제자를 길러 너희 세
속에서 입신양명하여 사회에서 필요
한 사람으로 한 사람도 나가지 못한다
하면 무슨 소용이 있겠는가?
55 하나의 제자를 똑바로 가르쳐 그를 국
익을 위하며 만백성을 위해 필요한 사
람으로 내세운다면 그가 더 많은 역사
를 이룬다는 것을 너는 알아야 될 것
이니라.
56 이와 같은 이치를 깨우쳐 너 자신이
흔들리는 일이 없도록 그리해야 함을
잊지 말라.

부 록

【하나님께서 가르쳐 주신 운동】

천재지변이 일어날 때, 동물이나 미물들은 미리 알고 대피하지만, 인간은 알지 못하고 큰 화를 당합니다. 하나님께서 인간에게 가장 높은 지혜를 주시고 완벽하게 창조해 주셨기에 동물들보다 더 잘 알 수 있지만, 욕심으로 마음이 혼탁해져서 한 치 앞을 보지 못하는 것입니다.

마찬가지로, 인간은 누구나 스스로 필요한 운동을 해서 건강을 지킬 수 있도록 하나님께서 만들어 주셨습니다. 우리의 머리에서 우리 몸에 필요한 동작을 해 달라고 끊임없이 신호를 보내지만, 인간이 혼탁하게 살아서 그 신호를 알아채지 못합니다. 그러니 자연스럽게 자기 몸이 원하는 그 신호를 따라서 운동하는 것이 하나님께서 가르쳐 주신 운동 방법입니다. 바로, 우리의 영이 육을 이끄는 운동입니다.

▶ 하나님 운동법

1. 눈을 감고, 발을 어깨너비로 벌리고 바르게 선다.
2. 몸에 힘을 풀고, 허리를 숙이면서 손과 머리를 아래로 내린다.
3. 허리를 펴고 싶을 때, 천천히 펴면서 하고 싶은 동작을 하면 운동이 시작된다. (사람마다 다르다.)
4. 멈추지 말고, 어떤 동작이든지 자기 몸의 느낌대로 계속 이어서 한다.

▶ 참고 사항

① 눈을 감은 상태로 아무 생각 하지 않고, 자기 몸의 느낌대로 움직입니다.
② 마음을 비우고, 욕심을 버리고, 지난날의 잘못을 반성하면서 몇 차례 시도하다 보면, 자기도 모르게 하고 싶은 동작이 끊임없이 생깁니다.
③ 운동 장소는 방 안이든 운동장이든 관계없으며, 걷거나 달리고 싶을 때는 눈을 떠도 됩니다.
④ 매일 40분 이상, 주 4회 이상, 3개월 이상 하면 음식 조절에 들어갑니다.
- 음식으로 생긴 병은 음식으로 치료하게 되며, 어떤 음식을 먹어야 하는지 스스로 알게 됩니다.
(자기 몸에 필요한 음식만 먹고 싶어집니다.)
⑤ 사랑하는 사람과 함께 운동하면 서로 치료해 주기도 합니다.
⑥ 운동을 하다가 몸의 어느 한 부분을 계속 손으로 자극한다면 그쪽에 이상이 있는 것이니, 의사에게 상담을 받고 적절한 치료를 받으면 됩니다.
⑦ 다이어트 및 기타 건강관리에 효과적입니다.
⑧ 꾸준히 운동하여 영이 맑아지면, 자신의 과거와 미래를 스스로 보게 됩니다.

누구나 스스로 하실 수 있습니다.

간행사

《새로운 성경》은:

· 새로운 성경은, 하나님께서 선량하고 선한 자를 선택하여 십계명을 암송하도록 하시고, 십계명을 암송한 다음에 음성으로써 들려주시는 말씀을 듣고 그대로 카세트테이프에 녹음해서 받아쓴 책입니다.

· 90분짜리 녹음테이프 700여 개에 달하는 말씀으로, 1999년 8월부터 2004년 7월까지 총 160권(권당 288쪽)을 완성하였으며, 그 이후에도 현재까지 계속 말씀을 내려 주고 계십니다.

· 새로운 성경은 "하늘을 두루마리 삼고 바닷물을 먹물 삼아 쓰고 써도 다 못 쓴다"는, 끝없이 방대한 하나님의 말씀이 두루마리로 직접 내려오는 것입니다. 이러한 새로운 성경은 구약과 신약을 폐하려는 것이 아니라 "인봉된 성서의 비유의 뜻"을 상세히 설명하여 완성하고자 하나님께서 직접 내려 주신 말씀입니다.

《새로운 성경》의 구성:

· 제 목: 2013년, 160권 모음집을 발간하면서, 본 도서의 제목을 "하나님! 말씀하옵소서"에서 《새로운 성경》으로 명해 주셨습니다.

· 단행본: 각 권당 288쪽(신국판) 책이 160권까지 시리즈로 출판됩니다.
(모음집은 단행본을 16권씩 묶어서, 총 10부로 구성됩니다.)

《새로운 성경》의 성경적 근거:

· 신약 성경 [요한복음] 16장 13절에 "진리의 성령이 오시면 그가 너희를 모든 진리 가운데로 인도하시리니 그가 자의로 말하지 않고, 오직 듣는 것만을 말하며" 하신 말씀처럼 하나님의 음성을 들은 것만 기록하였으며,

· "장래 일을 너희에게 알리시리라" 하신 말씀과 같이 개인, 나라, 인류의 "장래"일을 하나님께서 알려 주시는 것만 기록하여 책으로 만들었습니다.

《새로운 성경》의 기록 방법:

- 1999년 8월부터 하나님께서 저에게 들려주시는 음성을 기록하였습니다. 처음에는 제가 들은 말씀을 불러 주면 저의 아내가 기록하여, 2000년 1월 29일에 1권 초판이 세상에 나왔습니다. 2000년 4월부터는 주시는 말씀을 받아 녹음기에 기록하여 시리즈로 출간하기 시작하였습니다.

- 녹음을 시작하면서 하나님의 말씀을 받는 데 가속도가 붙었고, 2001년 5월 3일에 1부(1~16권까지)를 인쇄하여 출판하였으며, 2004년 7월까지 총160권 분량의 말씀을 받아 기록하였습니다.

하나님께서 저에게 주신 것은:

- 첫째, 만백성을 상대로 내려 주시는 "기도", 둘째, 수시로 내려 주시는 "묵상", 셋째, 개인의 과거, 현재, 미래를 알려 주시는 "개인 기도", 넷째, 개인의 건강을 위해서 내려 주시는 "음식 처방", 다섯째, 하나님께서 가르쳐 주신 "운동"등이 있습니다. 이 중에 첫 번째, "기도"를 책으로 편찬하였습니다. 사람의 생사, 개인의 미래에 관한 천기는 수록하지 말라 하셨습니다.

강론 안내:

- 하나님께서는 지금도 매일 저에게 새로운 하늘의 비밀의 말씀을 내려 주고 계십니다. 수시로 내려 주시는 말씀을 정리해서 제자를 육성하라는 말씀에 따라 매주 강론을 하고 있습니다. 누구나 무료로 들으실 수 있습니다. (book160.com)

《새로운 성경》을 읽는 분들에게 드리는 선물:

- 개인 기도: 개인의 과거, 현재, 미래에 관하여 말씀을 내려 주십니다.

- 음식 처방: 사람은 음식을 먹고살다가 건강을 잃으니, 음식과 운동으로 건강을 되찾는 방법을 알려 드립니다. 단, 하나님이 계심을 믿고, 십계명을 지키겠다고 진실로 서약하는 분들께 알려드립니다.

《새로운 성경》의 은혜와 기적:

- 새로운 성경 전160권은 16권씩 묶어서 총 10부의 모음집으로 구성됩니다. 모음집 한 부를 읽고 깨우치는 자에게 하나님께서 다음과 같은 기적이 있다고 하셨습니다.

· "첫째, 그가 죽어 하늘에 갔을 때 그의 죄를 묻지 아니하며, 구원을 받는 위대한 은혜가 있으며, 둘째, 그의 소원과 소망이 이루어지고, 셋째, 죽은 자(부모, 형제, 자식, 사랑하고 은혜 입은 분)의 이름으로 구입한 책을 읽고 누군가 한 사람이 깨우칠 때, 그 죽은 자가 지옥에서 천국으로 구원을 받게 되며, 넷째, 유산, 중절 수술 등으로 태어나지 못한 아이를 위하여 구입한 책을 보고 한 명이 깨우쳤을 때, 그 아이가 사람으로 다시 한 번 태어나는 은혜를 받는다."

· "새로운 성경"을 3회 이상 정성을 다해 정독하는 자, 성서의 비밀을 알게 되고, 세상의 이치를 알게 되며, 세상을 지배하고 통제할 수 있는 지혜를 다 얻게 된다고 하셨습니다. 이 책은 만백성이 정독하고 이웃에게 전하여, 평생 가슴에 묻은 슬픔과 고통의 짐을 벗고 미래를 위한 힘찬 삶을 살아가도록 하는 책입니다.

끝으로

· 하나님께서는 흰 눈이 세상을 덮듯이 새로운 성경을 온 세상에 전하라고 하셨습니다. 《새로운 성경》을 각국어로 번역해서 온 인류에게 구원의 길을 깨우쳐 주고, 그 수익으로 가난하고 어려운 백성을 구제하여, 만백성의 영과 육을 함께 구원하는 선지자의 임무를 수행하라고 저에게 명하셨습니다.

· 하늘에서 내려 주신 말씀의 보화를 만백성에게 나누어 주는 것이 선지자의 임무라고 하셨습니다. 새로운 성경을 통해서 얻는 재물을 사용할 곳도 하나님께서 일일이 명해 주십니다. 모든 재물은 저의 자의로 쓸 수 없고, 하나님께서 명하시는 대로만 쓰여집니다.

· 어떤 명분으로든 십일조나 각종 헌금을 거두어들이지 말라 하셨으며, 국내뿐 아니라 각국에 성전과 단독 서점을 운영하며, 한국의 많은 젊은이들을 전 세계에 지도자로 내보내라고 하셨습니다.

· 우리는 세계적으로 새로운 성경을 보급하며 어려운 이들을 돕는 역사를 해 나갈 것입니다. 지금까지 비록 몇 명 안 되는 제자들과 함께 이러한 일을 역사했지만, 앞으로도 계속 하나님께서 기뻐하시는 일들을 해 나갈 것입니다. 부족한 저희에게 여러분들의 지혜와 성원을 보내 주시기를 바랍니다. 많은 분들의 참여와 도움을 간절히 기다립니다. 감사합니다.

한국어로 내려온 《새로운 성경》 단행본을 출간하며
2016년 4월 10일

발행인 **김 용 철**

한국어로 내려온

새로운 **성 경** · 3부 · 제38권

지은이 하나님 말씀
대역자 김용철

초판인쇄 1쇄 2009년 11월 21일
재판인쇄 1쇄 2017년 4월 3일

펴낸 곳 도서출판 하얀마음
등록번호 제 10-2107호 (2001년 2월 14일)
주소 서울시 노원구 덕릉로86길5, 2층
전화번호 02) 313-1114
팩스 02) 393-5554
전자우편 book160@hanmail.net
편집위원 조나영 김미향 이석교
제작지원 김철종 조현숙 김영환 이계숙

도서상담 1600-7527
ISBN 978-89-5875-138-0 (04230)
978-89-5875-100-7 (세 트)

값 10,000원
잘못된 책은 구입하신 곳에서 바꾸어 드립니다.

※이 책은 10부로 제작되며, 각 부 16권씩 총160권으로 구성됩니다.※

1부	2부	**3부**	4부	5부	6부	7부	8부	9부	10부
1권	17권	33권	49권	65권	81권	97권	113권	129권	145권
2권	18권	34권	50권	66권	82권	98권	114권	130권	146권
3권	19권	35권	51권	67권	83권	99권	115권	131권	147권
4권	20권	36권	52권	68권	84권	100권	116권	132권	148권
5권	21권	37권	53권	69권	85권	101권	117권	133권	149권
6권	22권	38권	54권	70권	86권	102권	118권	134권	150권
7권	23권	39권	55권	71권	87권	103권	119권	135권	151권
8권	24권	40권	56권	72권	88권	104권	120권	136권	152권
9권	25권	41권	57권	73권	89권	105권	121권	137권	153권
10권	26권	42권	58권	74권	90권	106권	122권	138권	154권
11권	27권	43권	59권	75권	91권	107권	123권	139권	155권
12권	28권	44권	60권	76권	92권	108권	124권	140권	156권
13권	29권	45권	61권	77권	93권	109권	125권	141권	157권
14권	30권	46권	62권	78권	94권	110권	126권	142권	158권
15권	31권	47권	63권	79권	95권	111권	127권	143권	159권
16권	32권	48권	64권	80권	96권	112권	128권	144권	160권